Flexible Biografien?

Manfred Seifert, Dr. phil., ist Privatdozent für Europäische Ethnologie/Volkskunde an der Universität Passau. *Irene Götz* ist Professorin für Europäische Ethnologie an der Humboldt-Universität Berlin. *Birgit Huber*, Dr. phil., ist wissenschaftliche Mitarbeiterin am Max-Planck-Institut for Social Anthropology, Halle.

Manfred Seifert, Irene Götz, Birgit Huber

Flexible Biografien?

Horizonte und Brüche im Arbeitsleben der Gegenwart

Campus Verlag
Frankfurt/New York

Gedruckt mit Unterstützung der Hans-Böckler-Stiftung sowie der Ernst-Pietsch-Stiftung/Deggendorf

Bibliografische Information der Deutschen Nationalbibliothek
Die Deutsche Nationalbibliothek verzeichnet diese Publikation in der Deutschen Nationalbibliografie; detaillierte bibliografische Daten sind im Internet unter http://dnb.d-nb.de abrufbar.
ISBN 978-3-593-38486-3

Gedruckt auf säurefreiem und chlorfrei gebleichtem Papier.
Printed in Germany

Besuchen Sie uns im Internet: www.campus.de

Inhalt

Vorwort

Flexibilisierung hat sich in den letzten Jahren nicht allein als vielstimmige Forderung von Wirtschaftsmanagern an die Arbeitnehmer etabliert, sie bildet mittlerweile auch eine prominente sozial- und kulturwissenschaftliche Diagnose zur veränderten Arbeits- und Lebenswelt von Beschäftigten in der Gegenwart. Diese Diagnose sieht die Freiheitsgewinne in deutlicher Ambivalenz und wachsender Konkurrenz zu neuen Belastungen der Arbeitenden, wobei als markanter Gesichtspunkt das Ausgreifen der Arbeitssphäre auf die gesamte Lebenswelt der Berufstätigen hervortritt. Diese Verschränkung von Arbeit und Privatleben vollzieht sich dabei mehrdimensional: in praktisch-organisatorischer Hinsicht, auf psychischer Ebene, als Gestaltungsrahmen der gesamten Lebensführung wie auch als geistig-mentales Schema der Lebensorientierung. Arbeitsbiografien haben sich damit merklich entfernt von den klassischen Berufsbiografien früherer Jahre. Heute sehen sich die Arbeitenden Brüchen und widersprüchlichen Entwicklungen gegenüber, die von ihnen alltagspraktisch wie mental synchronisiert und verarbeitet werden müssen. Der vorliegende Tagungsband widmet sich den Auswirkungen auf die Biografie der Arbeitenden und möchte die Hintergründe, Formen und Strategien für deren subjektive Verarbeitung erhellen.

Der Band geht auf eine Tagung zurück, die selbst unter dem Eindruck der neuen Prekarität stand. Wurde sie doch im Herbst 2005 vom Fach Europäische Ethnologie/Volkskunde an der Universität Passau veranstaltet, das selbst erst wenige Monate davor als Lehrstuhleinheit aufgelöst worden war und nur noch für einige Zeit als Oberassistentur ohne die bisherige Infrastruktur (Budget und Sekretariat) existierte. Dafür, dass die Tagung wie auch der vorliegende Band dennoch umgesetzt werden konnten, haben wir verschiedenen Personen und Institutionen zu danken. Die Tagung selbst wurde vom Rektor der Universität in großzügiger Weise unterstützt und von der Universitätsverwaltung umsichtig begleitet.

Christine Lorenz und Stefanie Steiner unterstützten als Magistrantinnen des Faches ebenso wie Gabriele Schleicher als ehemalige Sekretärin des Lehrstuhles engagiert die Tagungsorganisation. Bei der Erstellung des Tagungsbandes leisteten Stefanie Zeller/München und Nadine Kulbe/Dresden wichtige Hilfen. Die Finanzierung des Tagungsbandes wurde ermöglicht durch Druckkostenzuschüsse der Hans-Böckler-Stiftung sowie der Ernst-Pietsch-Stiftung/Deggendorf. Dem Campus Verlag danken wir für die Aufnahme und redaktionelle Betreuung.

Dresden, München und Halle, im Juni 2007

Manfred Seifert
Irene Götz
Birgit Huber

Arbeitswelten in biografischer Dimension. Zur Einführung

Manfred Seifert

In den letzten zwei Jahrzehnten unterliegen die Strukturen und Formen von Arbeit zunehmenden Veränderungen. Hierin wird ein fundamentaler Gestaltwandel der Arbeit von einem fordistischen Paradigma hin zu einem postfordistischen Paradigma diagnostiziert. Als Rahmenfaktoren dieses Wandels gelten die Globalisierung, die Deindustrialisierung und veränderte Managementkonzepte ebenso wie der breite Einsatz neuer Informations- und Kommunikationstechniken. Unter diesen Bedingungen entwickeln sich neue Arbeitsanforderungen, die auf eine Flexibilisierung und Subjektivierung der Arbeitsarrangements zielen.[1]

Im Blick des vorliegenden Bandes stehen diese aktuellen Veränderungen in den Arbeitswelten mit ihren Auswirkungen auf die Arbeitsorganisation, die Einstellungen zur Arbeit und die lebensweltlichen Entwürfe der Erwerbstätigen. Der Band basiert auf den Referaten und Ergebnissen einer Tagung, die im Herbst 2005 unter dem Titel »Arbeitsleben und biografische (Um-) Brüche in der späten Moderne« von der Fachvertretung für Europäische Ethnologie/Volkskunde an der Universität Passau in Zusammenarbeit mit der Kommission *Arbeitskulturen* der Deutschen Gesellschaft für Volkskunde veranstaltet wurde.

Die thematische Perspektivierung des Sammelbandes

Die Passauer Tagung wendete sich den Wechselwirkungen zwischen Arbeitswelt und Lebenswelt zu. Im Zentrum standen dabei die Berufsbiografien und die Formen der Lebensplanung in einer Gesellschaft, die zuneh-

1 Für die anregenden Diskussionen zu diesem Text danke ich Irene Götz.

mend von Jugendarbeitslosigkeit, Flexibilisierungsforderungen und demografischer Alterung geprägt ist; in einer Gesellschaft, in der Arbeit (angeblich) knapper und demnach neu verteilt sowie durch politische und ökonomische Strategien und Konzepte als Wert und Ressource persönlicher Identität umgestaltet wird. Dementsprechend sollten die Herausforderungen für die Berufsbiografien und die Lebensplanungen der Arbeitenden intensiv erörtert werden: Wie begegnen die arbeitenden Subjekte dem Aufbruch der klassischen Normalarbeitsverhältnisse hin zu prekären und fluiden Formen aus ihrer Perspektive und mit Blick auf ihre biografischen Orientierungen? Und wie managen sie die zeitlichen, räumlichen und institutionellen Flexibilisierungen in ihrer Auswirkung auf die Arbeitsorganisation, die Einstellung zur Arbeit und die lebensweltlichen Konzeptualisierungen?

Dabei sollten die spezifischen Kompetenzen und Stärken der Europäischen Ethnologie/Volkskunde zur Analyse des aktuellen Arbeitswandels in die Debatte eingebracht werden. Diese werden gesehen in einer subjektorientierten Forschungsperspektive unter Einschluss des lebensweltlichen Kontextes ebenso wie der historischen Dimension, die methodisch insbesondere in dichten biografischen und ethnografischen Zugängen verfolgt wird. Neben dieser fachlichen Forschungsperspektive trug ein breiterer Einbezug jüngerer Fachkollegen und Fachkolleginnen dazu bei, die Tätigkeit der Kommission *Arbeitskulturen* in deutlichem Kontext zu aktuellen Fachdiskursen und Forschungsprofilen des Faches Europäische Ethnologie/Volkskunde weiter zu entwickeln.

Die Tagung stellte sich zur Aufgabe, die bisher vorliegenden Ansätze und Erkenntnisse zur subjektiven Verarbeitung und Gestaltung der neuen Arbeitsverhältnisse abzuwägen. Ausgehend von den Diagnosen einer Auflösung der bisherigen Grenzen zwischen Arbeit und Freizeit, der Genese eines neuen Arbeitnehmer-Leitbildes im Typus des »Arbeitskraftunternehmers« (Voß/Pongratz 1998) sowie der sozialpsychologischen Formierung der jenen Flexibilisierungen ausgesetzten Arbeitnehmer (Sennett 1998) sollten die verschiedenen Ansätze und Befunde aus den Wirtschaftswissenschaften, der Soziologie, der Psychologie und den Kulturwissenschaften verglichen und inhaltlich weitergeführt werden.

Der Aspekt der personalen Bruchlinien im Kontext der biografischen Orientierungen bot einen geeigneten Ansatz, den Leistungen dieser Diagnosen im Hinblick auf umfassendere und längerfristige Auswirkungen auf die subjektiven Lebenskonzepte und Einstellungen zur Arbeit nachzuspüren, sich mit ihnen reflexiv auseinander zu setzen und sie zu ergänzen. Empirischen Studien auf der Mikroebene konnten hierzu über ihre Nähe zu den alltäglichen Lebenswelten konkrete Einblicke und Befunde bereitstellen, die geeignet sind, strukturelle und typisierende Diagnosen kritisch zu prüfen und zu differenzieren. Der lebensweltliche Ansatz verharrt dabei nicht auf der Mikroebene, sondern er bezieht die Makroebene gesellschaftlicher Strukturen (kapitalistisches Wirtschaftssystem, politische Entscheidungen und administrative Regelungen, Sozialstruktur) mit ein.

Der aktuelle Wandel der Arbeitswelt als interdisziplinäres Forschungsfeld

In der seit den 1990er Jahren geführten Debatte um die aktuellen Veränderungen in der Arbeitswelt liegen inzwischen namentlich aus der Soziologie, der Psychologie und der Geschichtswissenschaft sowie mittlerweile auch aus der Volkskunde/Europäischen Ethnologie Untersuchungen vor, die sich den subjektbezogenen Anteilen innerhalb des Gestaltwandels der Arbeit in der Gegenwart zuwenden. Die Soziologie ist hierbei am weitesten mit Systematisierungsvorschlägen dieses Wandels vorgestoßen. Der von Voss und Pongratz entwickelte Typus des »Arbeitskraftunternehmers« (Voss/Pongratz 1998) steht exemplarisch für das Bemühen um die Formulierung neuartiger Strukturierungsprinzipien des Arbeitslebens. Die Beschäftigung mit den sozialpsychologischen Folgen der Flexibilisierung für die Arbeitenden erhielt mit einer Studie von Sennett (1998) einen bereits klassischen Ausgangspunkt.

Zusammen mit den betriebsorganisatorischen Veränderungen der Arbeitsvollzüge, erhöhtem Risikomanagement und dem Abbau bisheriger Gratifikationspraktiken (Stichwort: Berufskarriere) geriet die neue Verschränkung von Arbeit und Freizeit zum paradigmatischen Befund. Neben den erhöhten Ansprüchen der Betriebe an subjektgebundene Fähigkeit und Einsatzwilligkeit kamen auch die gesteigerten Ambitionen der Arbeitenden (Stichwort: normative Subjektivierung) in den Blick (Baethge 1991; Eichendorff 1998).

Im Zusammenhang der umfassenden Flexiblisierung der Arbeitsverhältnisse stehen einerseits aktuelle Managementkonzepte (Stichwort: Empowerment bzw. Emotionsengagement) wie auch die arbeitsmarktpolitische

Debatte um die erhöhte Eigenverantwortlichkeit der Beschäftigten für ihre eigene Beschäftigungsfähigkeit (Employability) (Bosch 1998; Subjektivität in der »New Work« 2002). Andererseits diagnostiziert man bei den unter solchen Bedingungen Arbeitenden steigende Lebensängste und ein »subjektives Gefährdungsbewusstsein« (Linne/Vogel 2003) als Reaktion auf die lose Kopplung von Phasen der Arbeit und der Nichtbeschäftigung (Eichendorff 1998). Entsprechend konstatiert Beck (1999): »Das entstehende Risikoregime der Arbeit steckt voller Ambivalenzen: Niemals war die Kreativität der Menschen so wichtig wie heute, aber niemals auch waren die Arbeitenden so verletzlich wie heute, wo sie individualisiert und abhängiger denn je in flexiblen Netzen arbeiten, deren Regeln für viele unentzifferbar geworden sind.« Von hier aus wurden erste Überlegungen angestellt zur Bedeutung der Arbeit innerhalb der Lebenskonzepte der Arbeitenden (vgl. Interdisziplinäres Verbundprojekt *Grenzen der Entgrenzung von Arbeit*) sowie zu den individuellen Koordinationsleistungen und Stilbildungen über die verschiedenen Lebenssphären hinweg (Voß 1995, 1998).

Solche Überlegungen werden von Seiten der Psychologie gestützt durch Ansätze der Sozial-, Motivations- und Emotionspsychologie sowie insbesondere von der Theorie des »Flow-Erlebnisses« (Czikszentmihalyi 2000), die ebenfalls für eine Verschränkung der ehemals differenzierten Sphären Arbeit und Freizeit argumentieren. In jüngster Zeit haben geschichtswissenschaftliche Studien diese Debatte aufgenommen und daran Fragen zum lebensweltlichen Orientierungswandel sowie zur Lebenslauf-Strukturierung angeschlossen (Bosch 1998; Kocka/Offe 2000; Pfister/Studer/Tanner 1996).

Innerhalb der Europäischen Ethnologie/Volkskunde wird diese fächerübergreifende Debatte von der Kommission *Arbeitskulturen* mit eigenen Akzentsetzungen begleitet, die ihre Qualität namentlich durch fachspezifische methodisch-konzeptionelle Zugriffe (lebensweltliche empirische Zugänge, multi-sited ethnography, gendersensible Forschungsperspektive) erlangen. Neben diversen Einzelbeiträgen liegen unter anderem aus der Sektion *Arbeit* des Volkskundekongresses 2003 in Berlin (Malli 2005; Eggmann 2005) und den Bänden von Gruber/Löffler/Thien (2002), von Hess/Moser (2003), Schönberger/Springer (2003) und Hirschfelder/Huber (2004) erste Publikationen vor, die die Postfordismusdiskussion explizit aufgreifen und den Folgen flexibilisierter bzw. individualisierter Arbeitsarrangements für subjektive Orientierungen, für die Lebensführung und die Strukturierung von Lebensläufen nachgehen.

Die aktuelle Relevanz des biografischen Ansatzes innerhalb dieser Postfordismusdiskussion war damit über die Diskursentwicklung in mehreren Wissenschaften gegeben, erste Ausgangsthesen und exemplarische Sondierungen bildeten eine anschlussfähige Grundlage. Die Passauer Tagung sollte vom Stand dieser Debatte ausgehend die Diskussion inhaltlich weiterführen und die bisherigen Diagnosen empirisch anreichern bzw. korrigieren. Beabsichtigt war, über differenzierte empirische Studien in Kombination mit der Analyse der übergeordneten sozioökonomischen Strukturen die aus diesen Fach- und Forschungskontexten vorgelegten Fragestellungen und Befunde zu überprüfen und gegebenenfalls zu ergänzen. Dabei sollte auch deutlich gemacht werden, inwiefern die Europäische Ethnologie/Volks-kunde als Fachdisziplin Maßgebliches zu den fächerübergreifenden Forschungen zum Thema Arbeit beitragen kann. Potenziale hierfür bietet namentlich der ethnografisch arbeitende Lebenswelt-Ansatz, da er situations- und milieuspezifische Zugänge verlangt und gerade nicht auf idealtypischen Konstruktionen und generalisierenden Tendenzen beruht.

Zur Entwicklung des Forschungsganges in der Kommission *Arbeitskulturen*

Mit der Passauer Tagung führt die Kommission *Arbeitskulturen* ihre neue Ausrichtung auf die Analyse gegenwärtiger Entwicklungen der Arbeitswelt konsequent fort, der sie sich nach ihrer Neukonzeption im Jahre 1998 bereits auf mehreren Tagungen zugewandt hat.[2] Zunächst standen dabei Fragen der Organisationsethnografie im Vordergrund, wobei auch die Möglichkeiten und Probleme einer anwendungsbezogenen Wissensproduktion und kulturwissenschaftlichen Beratungstätigkeit erörtert wurden (Götz/Wittel 2000; Beck/Kaschuba/Bachmann 2001).

Bereits bei der Tagung *Das Innenleben der Organisation* in Berlin 2001 (Beck/Kaschuba/Bachmann 2001) wie dann auch bei der Tagung *Neue Medien und Arbeitswelt* in Bonn 2002 (Hirschfelder/Huber 2004) ging es deutlich um die Virulenz »weicher« Faktoren und lebensweltlicher Einschlüsse in den gegenwärtigen Arbeitswelten. Die Bonner Tagung konzen-

2 Ihr Vorläufer ist die im Jahr 1979 gegründete Kommission *Arbeiterkultur*, deren Fokus in gesellschaftskritischer Orientierung auf den Arbeits- und Lebensverhältnissen der klassischen Industriearbeiterschaft lag.

trierte sich thematisch auf die Umgangsformen und Auswirkungen beim Einsatz neuer Informations- und Kommunikationstechniken in der aktuellen Arbeitswelt. Für die Organisation der Passauer Tagung wurde im Anschluss daran versucht, verschiedene Ansatzpunkte und diverse Beobachtungsfelder exemplarisch auszuwählen, um die lebensweltlichen Auswirkungen der aktuellen Veränderungen des Arbeitslebens in biografischer Perspektive zu erschließen.

Reflexionen zu den Ergebnissen und Diskussionen der Tagung

Die bisher modellhaft unterstellte Phasenabfolge von präfordistischen über fordistische hin zu postfordistischen Arbeitsparadigmen und Lebenskonzepten ist revisionsbedürftig. Es lassen sich keine epochalen hegemonialen Veränderungen in der Realität der Arbeitswelten wie auch in den subjektiven Konstruktionen fixieren. Vielmehr bestehen Gleichzeitigkeiten zwischen fordistischen und postfordistischen Orientierungen. Ebenso lassen sich Ungleichzeitigkeiten dieser Orientierungen diagnostizieren, etwa wenn Bergarbeiter schon in der Periode der fordistischen Industriearbeit mit prekären Arbeitsverhältnissen konfrontiert werden, die sie entsprechend relativ ›modern‹ verarbeiten[3], oder etwa wenn ausländische Jugendliche angesichts der gegenwärtigen Arbeitswelt an klassisch fordistischen Auffassungen von Arbeit festhalten. Dies heißt aber auch: unser fachliches Verständnis von Arbeit ist insgesamt nach wie vor zu idealtypisch und auch zu perspektivisch angelegt. Hier können das Lebensweltkonzept, das aus der Soziologie stammende Konzept der alltäglichen Lebensführung oder auch ethnografische Fallstudien in einzelnen Arbeitsmilieus und Berufsgruppen infolge ihres kontextsensiblen und die gesamte Lebensführung einschließenden Ansatzes den Blick für mehr Differenzierung öffnen.

Die Frage nach den Wechselwirkungen zwischen der Arbeitsrealität und den subjektiven Verarbeitungen zeigt zum einen keine Einsinnigkeiten, sondern Brüche und Widersprüche, Umdeutungen der Chancenlosig-

3 Dieses Beispiel bezieht sich auf den Tagungsvortrag von Ulrich Reiff mit dem Titel »Kali im Wendland. Soziale und mentalitätsgeschichtliche Folgen eines spekulativen Industriegründungsprojekts im hannoverschen Wendland und die Konstruktion einer Bergmannsidentität bei den Belegschaften der Kaliwerke ›Teutonia‹ und ›Wendland‹ 1905–1926«, der im vorliegenden Tagungsband nicht enthalten ist.

keit zu alternativen Strategien, sowie Konstruktionen einer Erfolgsgeschichte. Das heißt: Freiräume werden auch in realiter schlechten Situationen und Konstellationen wahrgenommen. So sehen zum Beispiel Jugendliche ihre Arbeitslosigkeit als aktiv gewählten Ausweg oder Abweg. Registrierte Gewinne und Verluste werden als individuelle Optionen interpretiert oder berufliche Auszeiten und Phasen der Arbeitslosigkeit als »Sabbaticals« zur Neuorientierung und Regeneration genutzt.

Allerdings ist dabei durchweg zu beachten: die persönlichen Strategien und subjektiven Einstellungen zur Arbeit stehen regelmäßig in Wechselwirkung mit den jeweiligen situativen und sozioökonomischen Kontexten sowie den diskursiv vermittelten Deutungsangeboten. Nur folgen die Interpretationen und Entscheidungswege vielfach einem Eigensinn, der abseits von professioneller Marktanalyse und kompetenter Situationsanalytik liegt. Derlei Orientierungen an den jeweils im eigenen lebensweltlichen Umfeld virulenten Kontexten zeigen sich beispielsweise in einer deutlichen Aufstiegsorientierung ausländischer Jugendlicher. Auch in den Köpfen der Ich-AGler ist das klassische Unternehmerleitbild noch vorhanden, auch wenn es in diesem Personenkreis nicht mehr realisiert werden kann. In managementorientierter Wahrnehmung werden gar die Beschäftigten der ostdeutschen Automobilindustrie als »Avantgardisten« der New Economy bewertet. Und schließlich werden auch in persönlichen Berichten vom Erwerbsleben verschiedene Erklärungsmuster für berufsbiografische Brüche herangezogen, die als Synchronisationsleistungen des fragilen Alltags in Anlehnung an gesellschaftliche Interpretationsschemata und Erwartungshaltungen diagnostiziert werden können.

Für diese Wechselwirkungsprozesse und dabei auftretende Verwerfungen schafft eine diachrone Perspektive beziehungsweise eine an Wandlungsvorgängen interessierte Orientierung bei der biografischen Analyse ein gutes kontextuelles Verständnis. Dieses an der Akteursperspektive orientierte Verständnis sorgt allerdings im fachspezifischen Zugriff der Europäischen Ethnologie/Volkskunde immer wieder für die problematische Konsequenz, die Analyse in Differenzierungen aufgehen zu lassen und kaum Schritte zur Bündelung zu unternehmen. Wenn das Fach jedoch an der gesellschaftspolitischen Diskussion teilnehmen will, kommt es nicht umhin, sich auch der Aufgabe zuzuwenden, die großen Linien bei Arbeitsauffassung und Lebensführung herauszuarbeiten.

Ohnedies erfordert ein umfassenderer kulturwissenschaftlicher Zugriff auch, den Wechselwirkungen zwischen Leitbildern und der Praxis nachzuspüren. Wie werden gesellschaftliche Leitbilder in die jeweilige Erwerbsbiografie bzw. Nichterwerbsbiografie eingepasst und durch die eigene alltagsweltliche Praxis modifiziert? Welche Rolle spielen sie im Selbstverständnis und welche Dynamiken entfalten sie? Zu prüfen ist hierbei außerdem, wie es um die hegemonialen Leitbilder bestellt ist, die das Bewusstsein des fordistischen Zeitalters geprägt haben. Hier gibt es angesichts der gesellschaftlichen Pluralisierung in der Gegenwart Anzeichen ihres sukzessiven Zurücktretens gegenüber solchen von lediglich sektoraler Reichweite. Mehrere Beiträge der Tagung stützten zudem den Befund, wonach für die Subjekte die systemische Integration (DDR) und die soziale Integration (Jugendliche) in der jüngsten Zeit merklich nachlässt. Der Einzelne kann heute nicht mehr davon ausgehen, in dauerhaften sozialen Bezugssystemen eingebunden zu sein. Angesichts dieser Tendenz bleibt es freilich auch von Interesse, ob und in welcher Form sich neue Typen von soziokultureller Vergesellschaftung etablieren werden.

In dem nun vorliegenden Tagungsband konnten selbstverständlich nicht alle der angerissenen Fragen abschließend beantwortet werden. Vielmehr stand im Vordergrund, den biografischen Zugang neben dem ethnografischen Ansatz als eine wesentliche Dimension einer kultur- und sozialwissenschaftlichen Arbeitsforschung zu fokussieren und exemplarische Zugriffe zu eröffnen. Der Reigen der Beiträge spannt hierzu einen Bogen von spezifischen Fallanalysen bis hin zu generellen Überlegungen der Charakteristik des Arbeitslebens in der Gegenwart. Mit dieser breiten Perspektivierung sollte eine tragfähige Basis geschaffen sowie die Motivation für weiterführende Studien gegeben werden. Denn der Wandel der Implementierungen von Arbeit in gesamtgesellschaftliche Entwürfe wie individuelle Konzepte bis hin zum Problem der schieren Verfügbarkeit von (anerkannter) Arbeit in der postindustriellen Phase bleibt jenseits der öffentlichen Debatten ein wichtiger und lohnender Gegenstand der Kultur- und Sozialanalyse.

Literatur

Baethge, Martin (1991), »Arbeit, Vergesellschaftung, Identität – Zur zunehmenden normativen Subjektivierung der Arbeit«, in: *Soziale Welt*, Jg. 42, Nr. 1, S. 6–19.

Beck, Stefan/Kaschuba, Wolfgang/Bachmann, Götz (2001) (Hg.), »Das Innenleben der Organisation. Ethnographisches Wissen in der Organisationsberatung«

(Tagung der Kommission Arbeitskulturen in Berlin 2001), Tagungsband nur online verfügbar unter: www.arbeitskulturen.de/texte.htm [16.11.2004].
Beck, Ulrich (1999), *Schöne neue Arbeitswelt. Vision: Weltbürgergesellschaft,* Frankfurt a.M.
Bosch, Gerhard (1998) (Hg.), *Zukunft der Erwerbsarbeit. Strategien für Arbeit und Umwelt*, Frankfurt a.M.
Czikszentmihalyi, Mihalyi (2000), *Das Flow-Erlebnis. Jenseits von Angst und Langeweile: im Tun aufgehen*, Stuttgart (8. Auflage).
Eggmann, Sabine (2005), »Velokurier(e): Oszillationen von Ort, Arbeit und Körper«, in: Beate Binder/Silke Göttsch/Wolfgang Kaschuba/Konrad Vanja (Hg.), *Ort. Arbeit. Körper. Ethnografie Europäischer Modernen. 34. Kongress der Deutschen Gesellschaft für Volkskunde, Berlin 2003*, Münster/New York/München, S. 345–352.
Eichendorff, Walter (1998), *Work it out. Beiträge zur Zukunft der Arbeit*, Wiesbaden.
Götz, Irene/Wittel, Andreas (2000) (Hg.), *Arbeitskulturen im Umbruch, Zur Ethnografie von Arbeit und Organisation*, Münster u.a.
Gruber, Sabine/Löffler, Klara/Thien, Klaus (2002) (Hg.), *Bewegte Zeiten. Arbeit und Freizeit nach der Moderne*, München u.a.
Hess, Sabine/Moser, Johannes (2003) (Hg.), *Kultur der Arbeit – Kultur der neuen Ökonomie. Kulturwissenschaftliche Beiträge zu neoliberalen Arbeits- und Lebenswelten*, Graz.
Hirschfelder, Gunther/Huber, Birgit (2004) (Hg.), *Die Virtualisierung der Arbeit. Zur Ethnographie neuer Arbeits- und Organisationsformen*, Frankfurt a.M./New York.
Interdisziplinäres Verbundprojekt *Grenzen der Entgrenzung von Arbeit – Notwendigkeit einer Neuformierung der Arbeitsforschung.* (Projektinformationen verfügbar unter: http://www.netzwerkarbeitsforschung.de [05.06.2007]).
Kocka, Jürgen/Offe, Claus (2000) (Hg.), *Geschichte und Zukunft der Arbeit*, Frankfurt a.M./New York.
Linne, Gudrun/Vogel, Berthold (2003), *Leiharbeit und befristete Beschäftigung: neue Formen sozialer Gefährdung oder Chance auf Arbeitsmarktintegration?* (Arbeitspapier der Hans-Böckler-Stiftung Nr. 68), Düsseldorf.
Malli, Gerlinde (2005), »Begrenzte Spielräume. Verkäuferinnen in der urbanen Dienstleistungsökonomie«, in: Beate Binder/Silke Göttsch/Wolfgang Kaschuba/Konrad Vanja (Hg.), *Ort. Arbeit. Körper. Ethnografie Europäischer Modernen. 34. Kongress der Deutschen Gesellschaft für Volkskunde, Berlin 2003*, Münster/New York/München, S. 337–343.
Pfister, Ulrich/Studer, Brigitte/Tanner, Jakob (1996) (Hg.), *Arbeit im Wandel. Deutung, Organisation und Herrschaft vom Mittelalter bis zur Gegenwart*, Zürich.
Schönberger, Klaus/Springer, Stefanie (2003) (Hg.), Subjektivierte Arbeit. Mensch – Technik – Organisation in einer entgrenzten Arbeitswelt, Frankfurt a.M.
Sennett, Richard (1998), *Der flexible Mensch. Die Kultur des neuen Kapitalismus*, Berlin.
Subjektivität in der »New Work« – Aufwertung, Unterwerfung, oder beides? Frühjahrstagung 2002 der Sektion Arbeits- und Industriesoziologie (Informationen verfügbar unter: http://www.arbsoz.de/8.html [11.06.2007].

Voß, Günter G. (1995), »Entwicklung und Eckpunkte des theoretischen Konzepts«, in: Projektgruppe »Alltägliche Lebensführung« (Hg.), *Alltägliche Lebensführung. Arrangements zwischen Traditionalität und Modernisierung*, Opladen, S. 23–43.

– (1998), »Die Entgrenzung von Arbeit und Arbeitskraft. Eine subjektorientierte Interpretation des Wandels der Arbeit«, in: *Mitteilungen aus der Arbeitsmarkt- und Berufsforschung*, 31 (1998) 3, S. 473–487.

Voß, Günter G./Pongratz, Hans Joachim (Hg.) (1998), »Der Arbeitskraftunternehmer. Eine neue Grundform der Ware Arbeitskraft?«, in: *Kölner Zeitschrift für Soziologie und Sozialpsychologie*, Heft 1, S. 131–158.

Lebensperspektiven im Gefolge sich wandelnder Arbeitsbedingungen

Lokale und periphere Gemeinschaften als Rückzugsorte postfordistischer Lebensführung?

Irene Götz

Die drei Beiträge des folgenden thematischen Blockes von Michaela Heid, Diana Reiners und Klaus Schönberger widmen sich in unterschiedlicher Weise mit unterschiedlichen Facetten dem zentralen Tagungsthema des *Umbruchs* oder hier des *Übergangs*. Zunächst beschäftigten sich Diana Reiners (2007) und Michaela Heid (2007) in ihren empirischen – biografisch und ethnografisch orientierten – Projekten mit Jugendlichen oder jungen Erwachsenen, denen die lebensgeschichtlich bedeutsame biografische Übergangsphase des Berufseinstiegs unterschiedlich gut, beziehungsweise in den hier vorgestellten Fallstudien, eher schlecht gelingt. Zumindest stellt sich dies bei einer Betrachtung von außen, nach herkömmlichen bildungsbürgerlichen Maßstäben und vor dem Wertehorizont des »fordistischen Leitbildes der alltäglichen Lebensführung« so dar, was Klaus Schönbergers Beitrag (Schönberger 2007) unter anderem auf der Basis der »Subjektorientierten Soziologie« (Voß/Pongratz 1997) in Abgrenzung von einem neuen »postfordistischen Konzept alltäglicher Lebensführung« beschreibt.

Jedoch zeigt gerade die durch geduldige Näherungsarbeit eingenommene Innensicht der Ethnologinnen, dass die Selbstbilder der Punks, beziehungsweise der Neuntklässler ohne konkrete Lehrstellenaussicht nicht mehr in jedem Fall der überkommenen, an der bürgerlichen Normalkarriere orientierten Deutung folgen. Nicht zwangsläufig erleben sie sich selbst als nach bürgerlichen Maßstäben gescheitert oder als »verunsichert«, beziehungsweise als ein vom Staat zu subventionierender Risikofall, sondern die von den beiden Autorinnen sorgfältig kontextualisierten Fallstudien exemplifizieren das, was Klaus Schönberger dann in seinem Beitrag über den historischen Übergang, den gesellschaftlichen Wandel der Lohnarbeit fordistischer Prägung hin zu einem »postfordistischen Konzept alltäglicher Lebensführung«, systematisch-theoretisch ausführt: Mehrere objektive und subjektive Faktoren bestimmen in jeweils unterschiedlichen Gemengelagen, wie dem Einzelnen seine alltägliche Lebensführung, das ökonomische und psychische Bestehen in der postfordistischen Arbeits- und entsprechend gewandelten Lebenswelt gelingt, wie er sich Bewältigungs- und Legitimationsstrategien zimmert, die »objektive Prozesse der Freisetzung« zum subjektiven Erleben von aktiv gewollten Freiräumen werden lassen. So zum Beispiel die SchulabgängerInnen, die sich mit der Lehrstelle, die sie objektiv nicht bekommen, scheinbar subjektiv »Zeit lassen« und in einen neuen gemeinschaftlichen Schonraum, ein weiteres Schuljahr, flüchten. So sind es nach Schönberger die unterschiedlichen »basalen Lebensformen«, also vor allem die biografischen und familiären Ausgangslagen, natürlich auch mitgebrachte ökonomische, soziale und kulturelle Kapitalien sowie die in den öffentlichen Diskursen vermittelten Leitbilder und Normensysteme, die mit den von ihm beschriebenen objektiven Strukturveränderungen des Arbeitsmarktes zusammenwirken und die erstaunliche Varianz von Reaktionen auf die eigentlich prekären Arbeitsverhältnisse bedingen.

Inwieweit zeigen die von Reiners und Heid analysierten Fälle ganz konkret, ob und inwieweit sich in der jungen Generation Umrisse eines von Schönberger ausgemachten »postfordistischen Konzepts alltäglicher Lebensführung« als neues Leitbild abzeichnen? Inwieweit und wodurch arrangieren sich gerade Jugendliche, die sich erst an der Schwelle zu einer sich verändernden Arbeitswelt befinden und somit noch orientieren können und müssen, mit ihrer erwartbar prekären Situation? Und wie sollte man gegebenenfalls ein solches Arrangement oder Sich-Einrichten in einer Zukunft ohne im herkömmlichen Sinn feste Arbeit als vergesellschaftendes und identitätsstiftendes Moment im Hinblick nicht nur auf die einzelnen Lebensverläufe, sondern auch im Hinblick auf die funktionierende Zivilgesellschaft bewerten, die doch nur durch sozialen Austausch, verantwortliche Teilhabe und die ökonomische Produktivität der nachwachsenden Generationen erhalten werden kann?

In den beiden empirischen Fallstudien spielen ganz offensichtlich lokale und periphere Gemeinschaftsbindungen ganz anderer Art für diese Arrangements mit den fehlenden Berufsperspektiven eine entscheidende Rolle. Das Punk-Milieu oder der so lang wie möglich beibehaltene Schonraum Schule und das Netzwerk des Stadtviertels sind im Sennett'schen Sinne »defensive Gemeinschaften«. Nach Richard Sennett bilden solche Gemeinschaften eher eine »Mauer gegen die feindliche Wirtschaftsordnung« (Sennett 2000: 190), als dass sie deren Grundmaximen im Sinne einer flexiblen postfordistischen Lebensführung einüben und produktiv umsetzen helfen.

Sicherlich sind die hier vorgestellten Fälle der mit wenig ökonomischem und kulturellem Kapital ausgestatteten, im Falle der Punks aus anomischen Familienverhältnissen kommenden Jugendlichen aus unter- oder kleinbürgerlichen Milieus in gewisser Weise Sonderfälle. Aber sie sind eben doch auch prototypisch und, wie die untersuchte Schweizer Schulklasse selbst gelassen wahrnimmt, längst ein neuer »Normalfall«, insofern als sie für das jährlich wachsende Heer lehrstellen- und beschäftigungsloser Jugendlicher stehen, die in ihrem sozialen Umfeld mit dem Wissen aufgewachsen sind, dass ihnen die dauerhafte problemlose Integration in eine von Lohnarbeit bestimmte Lebensform schwer gelingen wird. Gerade sie – dies verdeutlicht Michaela Heids ethnografische Studie, die insbesondere nach lebensgeschichtliche Kontinuität stiftenden Einbindungen in das Quartier und die Familie fragt, – haben offensichtlich mit diesen sozialen Netzwerken längst alternative identitätsstiftende Orientierungen entwickelt. Doch sollte das tatsächlich nicht beruhigen; denn die gesellschaftliche Spaltung wird größer. So sind – und darauf richtet auch die Studie von Diana Reiners ihr Augenmerk – gerade die Jugendlichen ohne höhere Bildungsabschlüsse aus unterschichtlichen Problemfamilien durch die neoliberalen Entwicklungen besonders von strukturellen Ausschlüssen und dem Verlust der mit der Arbeit einhergehenden sozialen Bindung gefährdet. Gerade für diese Gruppe, die den besonders Jugendlichen zugeschriebenen und abverlangten Anforderungen des »flexiblen«, ungebundenen und belastbaren Menschen (Sennett 2000) nicht entsprechen kann und will, ist der »Entzug oder die Negation alter Arbeitsorientierungen« (Reiners) besonders gravierend. Sie scheitern doppelt.

Es gelingt ihnen erstens nicht, den flexiblen Habitus zu internalisieren. In ihren defensiven Gemeinschaften – ob Schule, Viertel, Szene oder Familie – werden sie zwar aufgefangen, aber auf die Welt mit ihren neuen Arbeitsmaximen draußen nicht wirklich vorbereitet. Und zweitens kann ihnen auch die alte Arbeitsethik der Moderne, an der ihre arbeitslosen Eltern bereits scheiterten, keine Orientierung mehr geben, wenngleich sie sich bisweilen – gerade in der trotzigen Verweigerung oder in ihren Wunschträumen, doch irgendwann, irgendwie »Karriere« zu machen – an dieser weiterhin abarbeiten.

Wie Reiners', aber auch Heids Fallbeispiele plastisch zeigen, sind die Annahme individualisierter Alltagsbewältigungsstrategien und alternativer Identitätssuchen jenseits der Lohnarbeit, worin Schönberger ein neues Modell postfordistischer Lebensführung vermutet, keinesfalls selbst gewählte Optionen, sondern Produkte des Mangels, der Exklusion und der Orientierungslosigkeit, auch wenn diese im Selbstbild als selbst gewählte Lebensform und Freiraum verkauft und zum Teil aktiv angegangen werden. Insofern hat sich zwar die deregulierte Arbeitswelt im Leben dieser Jugendlichen festgesetzt – sie zeitigt gewisse subjektive Aufwertungs- und Legitimierungsstrategien –, doch handeln die Betroffenen nicht nach einem postfordistischen Leitbild der Arbeits- und Lebensführung.

Allerdings und nochmals: Die Fallstudien der beiden Autorinnen sind sicherlich für die Leitfrage Schönbergers nach dem neuen Arbeitsparadigma und dessen Auswirkungen auf die Lebenswelten sehr extreme Beispiele: Die Rede ist von Punks, die – trotz aller trotzig-anarchischen Deklaration der strukturellen »Freisetzung« als Freiheit von bürgerlichen Zwängen – tatsächlich im »Schatten des Neoliberalismus«, auf dessen Verliererseite, stehen. Die Rede ist ferner von bestimmten, eher traditionalen Migrantenmilieus wie den SchulabgängerInnen auf Lehrstellensuche mit ihren Orientierungen an Familie, Eigenheim und inzwischen schwer realisierbarer kleinbürgerlicher Normalbiografie.

Müsste man demnach Exempel für ein postfordistisches Konzept alltäglicher Lebensführung nicht zum Beispiel gerade dort suchen, wo Kerstin Pietsch mit ihrem Beitrag in diesem Band ansetzt: bei den aus dem Normalarbeitsverhältnis freigesetzten oder sich selbst auf Zeit freisetzenden gut Ausgebildeten, die prekäre Arbeitsverhältnisse oder vorübergehende Arbeitslosigkeit als »Sabbatical« feiern, die sich tatsächlich flexibel und sinnerfüllt mit den erzwungenen oder durch die neuen Arbeitsformen ermöglichten Brüchen und Umbrüchen in ihrer Biografie – auch im Sinne der Regeneration ihrer Arbeitsfähigkeit für die Gesellschaft – positiv und aktiv arrangieren?

So viel ist klar – dies impliziert Klaus Schönbergers anfängliche Annahme: Auch oder gerade in der späten Moderne scheint es weniger denn je das eine hegemoniale Leitbild für die alltägliche Lebensführung im Kontext ›Arbeit‹ zu geben, sondern eben nur plurale, sektorale Leitbilder in unterschiedlichen Lebenswelten, Milieus und sozialen Teilkulturen. Und diese sind immer seltener miteinander verbunden. Identifikationen mit Leitbildern – ob fordistisch oder postfordistisch – scheinen sogar innerhalb der eigenen Biografie je nach Kontext zu variieren, sich zu überlagern oder zu widersprechen. Dies zeigt gerade die von Michaela Heid porträtierte Schulabgängerin, die einerseits den bürgerlichen zielorientierten Rollenerwartungen politisch korrekt folgt – wieweit waren diese Aussagen im übrigen jedoch auch ein politisch korrektes Interviewartefakt, das die Forscherin mit akademischem Bildungshintergrund, der man entsprechen wollte, mit evoziert hat? –, die sich aber andererseits angesichts der fehlenden Lehrstelle auf ihr soziales familiäres Netz verlässt und sich in ihrer von außen betrachtet prekären Situation zunächst einmal gelassen einrichtet.

Wieweit sind im übrigen gerade Migrantenmilieus mit ihren kollektivistischen und klientelistischen Orientierungen, mit ihren traditionalen lokalen Netzwerken in Familie und ethnischer Ökonomie besser auf die postfordistischen flexiblen und prekären Arbeitszumutungen vorbereitet, weil sie eben in ihren oft zunächst beziehungs- und nicht zuvorderst leistungsorientierten Lebensformen Puffer und Alternativen und zum Teil überdies eigene ökonomische Subysteme haben, die ihnen Erwerbsarbeit außerhalb ihrer Gemeinschaften und Netzwerke weniger als die zentrale identitätsstiftende Säule unverzichtbar erscheinen lassen und die überdies nachhaltige soziale Stabilität geben?

Wie wichtig jedoch generell auch in anderen Milieus für Jugendliche gerade die familiäre Bindung angesichts der prekären Arbeitsverhältnisse ist, zeigen im übrigen auch ex negativo die von Diana Reiners interviewten Punks, deren beruflicher Ausstieg nicht durch das familiäre Netz aufgefangen werden kann. Wenn nun aber nach den Scheidungsstatistiken Ehen und Familien zunehmend auseinander brechen, ist zu erwarten, dass sich für die zunehmend von Arbeitslosigkeit bedrohten Jugendlichen auch aus den mittleren Schichten die Probleme mittelfristig potenzieren. Hier zeigt sich das von Richard Sennett (Sennett 2000) eindrücklich beschriebene tragische Paradox des »flexiblen Menschen«: Einerseits bedarf er, in seiner Identität durch die spätkapitalistischen Freisetzungsprozesse existentiell bedroht, jetzt besonders der sozialen Auffangnetze, sehnt sich nach Gemeinschaft, dem »›Wir‹ als Abwehr gegen Verwirrung und Entwurzelung« (Sennett 2000: 190), andererseits sieht er sich einer Werteordnung gegenüber gestellt, die soziale Bindung und gegenseitige Abhängigkeit als risikofeindliche »Sünde« abqualifiziert und die sozialen Auffangnetze, zum Beispiel den Sozialstaat, bewusst zerstört oder zumindest diejenigen, die sich auf ihn verlassen müssen, als »Parasiten« und überflüssige Verlierer stigmatisiert.

Zum volkskundlichen Feldbegriff in der spätmodernen Arbeitsforschung

Dieser Kommentar, als Einleitung in den folgenden thematischen Block, will nun abschließend den Forschungshorizont über die hier vorgestellten konkreten Einzelfallstudien hinaus öffnen, indem er die von Klaus Schönberger aufgeworfene Frage nach dem volkskundlichen Feld- und Arbeitsbegriff in einer von geringer Konstanz und Entgrenzungsphänomenen geprägten Arbeits- und Lebenswelt aufgreift: Dass die Bewältigungsstrategien prekärer Arbeitsverhältnisse wie im Fall der Punks oder der Jugendlichen ohne Lehrstelle ganz andere sind als es neoliberale Programme zum »flexiblen Menschen« nahelegen, dies vermögen zunächst ethnografische oder auch biografische Fallstudien zu zeigen, wenn sie sich in differenzierter Weise um die Innensichten, die Akteursperspektiven und die lebensweltlichen Praxen in ihren Wechselverhältnissen mit den objektivierten Strukturen bemühen. Setzt man entsprechend bei den konkreten Lebenswelten an, dann dekonstruieren sich allzu schematische Annahmen, vor denen auch Klaus Schönberger in seinem Beitrag warnt. Das postfordistische Arbeitsparadigma kommt in unterschiedlichen Leben ganz unterschiedlich oder eben auch gar nicht an. Die Umgangsweisen mit diesem sind schon deshalb plural und widersprüchlich, weil Arbeit als vergesellschaftende Kraft ersten Ranges ja gerade angesichts ihrer Prekarisierung schwächer wird. Klassen, Gewerkschaften oder Betriebe bündeln und formen auch aus diesem Grund inzwischen weniger Lebensweise und Bewusstsein als die Peer-Groups, die Familie, das Viertel, die Szenen mit ihren Lebensstilen oder das Fernsehen.

Und es stellt sich einmal mehr die Frage, wie sich mittelfristig diese Auflösung der vergesellschaftenden, identitäts- und statusstiftenden Funktion von Arbeit als Leitwert und Bindemittel der Gesellschaft insbesondere für die junge Generation auswirken wird. Die weitere Partikularisierung und Atomisierung unserer Zivilgesellschaft, ihr Zerfall in parallele Welten weithin unverbundener Teilökonomien, in Schatten- und Subsistenzwirtschaften, in reguläre und schwarze Arbeitsverhältnisse, in der Einzelne nicht mehr ohne Weiteres von außen erreicht, identifiziert und gebunden werden, ist in ihren Konsequenzen für die alltäglichen Lebensformen und das Funktionieren von Gesellschaft als Ganzer noch nicht zu Ende gedacht worden.

Wenn der neoliberale Staat seine sozialen Bündnisse aufkündigt, über die die Menschen sich ihm bislang vor allem verpflichtet fühlen, über die sie staatsbürgerliche, ja nationale Identität, zumal im ansonsten vergleichsweise unpatriotischen Sozialstaat Deutschland, herstellen, was fördert dann Gemeinsinn, garantiert dann Teilhabe? Sind es eher die neuen alten großen Erzählungen, zum Beispiel aus dem Fundus nationaler und religiöser Mythen, oder auch gleichzeitig lokale Praxen und Bindungen?

Um dies herauszufinden, gilt es, den Feldzugang auf der konkreten Ebene der Vielzahl von auseinanderdriftenden Arbeits- und Lebenswelten ganz induktiv, von unten und innen anzusetzen. Das heißt, angesichts der Krise der Repräsentation ist es umso wichtiger, wie in den hier versammelten Fallstudien beim Einzelfall anzufangen. Ob wir dabei den Fokus eher auf Arbeitskulturen oder ArbeiterInnenkulturen legen – in jedem Fall muss sich unser Blick, zumal angesichts der Entgrenzung von Arbeit und Leben, weiten: Nicht mehr nur dort, wo Arbeit ist, sondern auch dort, wo sie – als herkömmliche Erwerbsarbeit – eben nicht oder nicht mehr ist oder wo andere Vergesellschaftungsmotive im Kleinen oder Großen wirksam werden, müssen ethnografische und biografische Fallstudien ansetzen: in den Szenen und Milieus im »Schatten«, aber auch im »Lichtzentrum« des Neoliberalismus. Dem postfordistischen Arbeitsmodell Rechnung tragend, gilt es, insbesondere die oft nicht mehr klar begrenzten Übergänge zu beachten, wo sich räumlich, alltags- und lebenszeitlich Arbeit und Lebenswelt immer mehr überlappen und durchdringen.

Zum Feld gehören so etwa auch soziale Räume und Zeiten, in denen man sich auf die Arbeit beziehungsweise Arbeitslosigkeit vorbereitet, wie in den Schulen oder an der Universität, die inzwischen ja auch dem neoliberalen Zeitgeist einer ökonomisierten Kultur mit ihren rationelleren, passförmigen Ausbildungen (B.A.- und Masterprogramme) Rechnung trägt. Und zum Feld gehören auch soziale Räume und Zeiten, in denen man nach dem herkömmlichen fordistischen Modell eigentlich nicht mehr arbeitet, aber zunehmend doch weiterhin tätig sein muss und will: zum Beispiel das angesichts der Nebenjobs zur Aufbesserung der Pensionen nur noch formal als solches zu bezeichnende Rentenleben oder die »Freizeit« von ehedem – jetzt mit Fragezeichen oder Anführungszeichen zu versehen.

In solchen alltäglichen, saisonalen oder lebensgeschichtlichen Zeiten der Freisetzung – dies zeigt vor allem auch der ethnografische Blick von innen aus der Akteursperspektive – schaffen und nutzen dort, wo die

Lohnarbeitsverhältnisse prekärer werden, immer mehr Menschen verschiedenen Alters und aus verschiedenen Milieus neue semiöffentliche Arbeitsformen jenseits der Lohnarbeit, die mit erfahrungsfernen Begriffen wie »Bürgerarbeit« (Beck 1999) oder »Eigenarbeit« nur zum Teil gefasst werden können, die jedoch mit dem postfordistischen Arbeits- und Lebensmodell in einer noch genauer zu analysierenden Beziehung stehen. Es sind dies, wie die Berliner Magisterarbeit von Christine Nebelung (2007) über »Eigenarbeit« in einer stillgelegten Landwirtschaftlichen Produktionsgenossenschaft (LPG) in Mecklenburg-Vorpommern zeigt, zum Beispiel die alte Subsistenzwirtschaft, ehrenamtliche Tätigkeiten, Arbeiten im nachbarschaftlichen Tausch und Miteinander, kurz: neue alte Arbeitsformen einer ländlich-kleingewerblichen lokalen Ökonomie, wo »etwas schaffen« als zentrale Tugend für soziale Anerkennung sorgt und nicht nur das Überleben des Einzelnen und der lokalen Gemeinschaft sichert. Diese Formen von Arbeit scheinen hier die vergesellschaftende Funktion der Lohnarbeit zu übernehmen, sie vor allem sind es, die in der lokalen Lebenswelt Status und Identität stiften. Und genau dieses individuelle und kollektive Aufgehen oder Eintauchen im lokalen sozioökonomischen Kreislauf ist es, der aus der Sicht des Nahraums Gesellschaft und Staat zu zunehmend fernen und abstrakten Größen werden lässt, denen man auch nicht viel schuldet.

Im »neuen Kapitalismus« werden die Prinzipien des Tausches im Sinne einer wechselseitigen Abhängigkeit aufgekündigt (Sennett 2000). Nicht nur vom Staat und den Betrieben, sondern dann auch konsequenterweise oft vom Einzelnen, der sich selbst versorgt und neu bindet. Diese Konsequenz sollte nicht nur die Politik interessieren, wenn sie wohlfahrtsstaatliche Programme und den Sozialstaat abwickelt, sondern auch die Volkskunde. Wie die hier kommentierten Beiträge zeigen, muss und kann sie angesichts der sich verschärfenden sozialen Spaltungen, angesichts der neuen Vergemeinschaftungen und Klassenbildung von Gewinnern und Verlierern des Neoliberalismus, verstärkt auch wieder ihrem etwas aus der Mode gekommenen Ethos der engagierten Ungleichheitsforschung folgen. Gibt es doch immer mehr Gruppen gerade auch jugendlichen Alters zu erforschen, die sich vom Status des Lohnarbeiters oder Angestellten auf Zeit oder auf Dauer verabschiedet haben, verabschieden mussten oder wollten, wobei hier einerseits Selbstdeutungen, subjektive Legitimierungs- und Bewältigungsstrategien mit andererseits Fremdbildern und objektiven Freisetzungen in komplexer Weise amalgamieren. Auf diesem sehr weiten und diffizilen Feld geht der Volkskunde mit ihrem sensiblen Blick für diese feinen Unterschiede und für das Zusammenwirken von Ideologien, Diskursen und individuellen Praxen ihre Arbeit jedenfalls so schnell nicht aus.

Literatur

Beck, Ulrich (1999), *Schöne neue Arbeitswelt. Vision: Weltbürgergesellschaft*, Frankfurt a.M.

Heid, Michaela (2007), »Lebensplanung und Berufseinstieg von Jugendlichen. Zum Verhältnis von Zukunftsperspektiven und Wertorientierungen bei Jugendlichen einer Schweizer Schulklasse«, in: Manfred Seifert/Irene Götz/Birgit Huber (Hg.), *Flexible Biografien? Horizonte und Brüche im Arbeitsleben der Gegenwart*, Frankfurt a.M., S. 31-47.

Nebelung, Christine (2007), *Eigenarbeit in der ostdeutschen ländlichen Gesellschaft. Eine ethnographische Fallstudie*, Münster (Berliner Ethnographische Studien), im Druck.

Reiners, Diana (2007), »No future. Marginalisierte Jugendliche ohne Arbeitsmarktchancen«, in: Manfred Seifert/Irene Götz/Birgit Huber (Hg.), *Flexible Biografien? Horizonte und Brüche im Arbeitsleben der Gegenwart*, Frankfurt a.M., S. 49-61.

Sennett, Richard (2000), *Der flexible Mensch. Die Kultur des neuen Kapitalismus*, Berlin.

Schönberger, Klaus (2007), »Widerständigkeit der Biografie. Zu den Grenzen der Entgrenzung neuer Konzepte alltäglicher Lebensführung im Übergang vom fordistischen zum postfordistischen Arbeitsparadigma«, in: Manfred Seifert/Irene Götz/Birgit Huber (Hg.), *Flexible Biografien? Horizonte und Brüche im Arbeitsleben der Gegenwart*, Frankfurt a.M., S. 63-94.

Voß, Günter G./Pongratz, Hans Joachim (1997) (Hg.), *Subjektorientierte Soziologie. Karl Martin Bolte zum 70. Geburtstag*, Opladen.

Lebensplanung und Berufseinstieg von Jugendlichen

Zum Verhältnis von Zukunftsperspektiven und Wertorientierungen bei Jugendlichen einer Schweizer Schulklasse

Michaela Heid

Die Überlegungen, die im Folgenden zum Thema Orientierungs- und Handlungsmuster von Jugendlichen im Übergang zwischen Schulabschluss und Berufsausbildung angestellt werden, entstammen meiner Forschungstätigkeit innerhalb des Forschungsprojektes »Integrations- und Ausschlussprozesse bei Jugendlichen in Ausbildungsgruppen«, welches Identitäts- und Gruppenbildungsprozesse von Jugendlichen im Übergang von der Schule in die Berufsausbildung untersucht und dabei das Spannungsfeld von Ein- und Ausgrenzung fokussiert. Es handelt sich um eine Studie des Schweizerischen Nationalfonds im Rahmen des Nationalen Forschungsprogramms 51 »Integration und Ausschluss« mit einer Laufzeit von drei Jahren (2003–2006).

Nach neun Jahren obligatorischer Schulbildung beginnen in der Schweiz rund zwei Drittel der Jugendlichen mit einer beruflichen Grundausbildung in Form einer Berufslehre, ungefähr 22 Prozent besuchen das Gymnasium. Dieser Übergang von der obligatorischen Schulbildung in die berufliche Ausbildung stellt für die Jugendlichen eine kritische Phase dar, die meistens bereits gegen Ende des achten Schuljahres und verstärkt ab dem neunten Schuljahr beginnt, wenn die Jugendlichen anfangen, sich bei einem Lehrbetrieb für eine Lehrstelle zu bewerben.

Dies ist einer der Gründe, weshalb wir den für das Lebensalter Jugend zentralen Ort Schule als Ausgangspunkt der Untersuchung wählten. Sie bietet sich als geeigneter Ort für eine ethnografische Untersuchung an, in der es um ein Verstehen der Bedingungen und Möglichkeiten von Ein- und Ausschluss geht. Die Studie bewegt sich auf einer lebensweltlichen Ebene und fragt, wie Jugendliche ihre soziale Umwelt wahrnehmen und mit welchen Handlungsstrategien sie versuchen, sich in ihr zu positionieren. Der Wechsel von der Schule in die Berufsausbildung bietet unseres

Erachtens deshalb eine interessante Ausgangslage, weil dieser Übergang mit sehr viel Unsicherheit, Erfahrungen der Neuorientierung und damit einhergehenden Integrationsbemühungen verbunden ist. Während im institutionellen Bereich der Ausbildungssysteme immer noch Vorstellungen existieren, die von klar umrissenen Übergängen ausgehen, haben sich diese auf der individuellen Ebene jedoch grundlegend verändert.

In diesem Beitrag soll es neben der Thematik der Bewältigung des Übergangs vom Bildungs- ins Beschäftigungssystem um die Frage gehen, inwiefern Jugendliche mit ihren Strategien und Verhaltensmustern auf die Risiken antworten, welche diese Lebensphase in einer Gesellschaft mit sich bringt, in der die zentrale Rolle von Arbeit in Frage gestellt ist. Welche Möglichkeiten erkennen und nutzen Jugendliche, um die selbst gesteckten Ziele zu erreichen, und auf welche Ressourcen greifen sie dabei zurück?

Gerade wegen der Schwierigkeit der Konzeption von Integration und Ausschluss besteht die Notwendigkeit, reflexiv mit den gewählten Begriffen und Ansätzen umzugehen. Die Begriffe von Integration und Ausschluss werden in erster Linie nicht auf gesellschaftliche Zuschreibungen an die Jugendlichen bezogen, sondern auf ihre Selbsterfahrungen und Selbstbeschreibungen. Soziale Integration wird zum einen über die Teilhabe an materiellen und kulturellen Gütern sichergestellt, zum anderen über das Vorliegen eines subjektiven Zugehörigkeitsverständnisses des Einzelnen zum Kollektiv. Unsere Analyse konzentriert sich auf diesen Zugehörigkeitsaspekt, auf die emische Perspektive der Jugendlichen.

Seit den 1960er Jahren ist ein zentrales Strukturmerkmal von Jugend deren umfassende Scholarisierung. Jugendliche sehen sich in zunehmendem Maße mit Institutionen, Leistungs- und Bildungsverpflichtungen konfrontiert, die unter dem von Jürgen Zinnecker geprägten Begriff des Bildungsmoratoriums gefasst werden (Zinnecker 2003). Danach bestimmen Bildungslaufbahnen und der Erwerb von Bildungszertifikaten das gesellschaftliche Ziel und die individuelle Aufgabe von Jugendlichen maßgeblich mit. An die Stelle beruflicher Zwänge traten Laufbahnen des Bildungssystems. Die Jugendphase wird zwar als Schonraum gesehen, insofern man als Jugendlicher weniger Pflichten hat als Erwachsene und noch mit Verhaltenskonzepten, Beziehungen und Überzeugungen experimentieren darf, es besteht in dieser Phase jedoch die Verpflichtung zur Aneignung von Bildungskapital und Bildungstiteln. Hinzu kommt die gesellschaftliche Forderung nach einem schnellen und gelingenden Berufseinstieg gleich im Anschluss an die obligatorische Schulzeit.[1]

Ethnografischer Zugang in die Lebenswelt ›Schule‹

Die Annäherung an die Schule erfolgte aus einer ethnologischen Perspektive: Eine ausgesuchte Schulklasse wurde als eigener Mikrokosmos angesehen, als eine »fremde« Lebenswelt mit eigenen Handlungsmustern und Werten, mit eigenen Regeln und spezifischen Ritualen. Dieser ethnologische Blick bedeutet, sich auf die Jugendlichen einzulassen, sie in ihrer Lebenswelt und als Fachleute für sich selbst ernst zu nehmen. In der Ethnografie sahen wir die geeignete Methode, einen intersubjektiv nachvollziehbaren Zugang zu den Lebens- und Denkformen der Jugendlichen zu erhalten. Zudem bietet sie einen Zugang zu einer offenen Wirklichkeit, die jederzeit Unvorhersehbares für die Forscherin und den Forscher bereithält.

Ich habe eine neunte Abschlussklasse in Bern während des gesamten Schuljahres 2003/2004 begleitet. Die Klasse bestand aus fünfzehn Schülerinnen und Schülern der Jahrgänge 1987, 1988 und 1989. Nur drei SchülerInnen hatten einen Schweizer Pass, zwölf einen ausländischen. Die ausländischen Schülerinnen und Schüler bzw. deren Eltern kommen aus folgenden Ländern: Portugal, Spanien, Italien, Deutschland, England, Frankreich, Ecuador, Sri Lanka, Kroatien und dem Kosovo. Die Schule liegt in einem der beiden Nordquartiere der Stadt Bern, in denen sich die Bevölkerungsstruktur stark verändert hat. Es kam zu einer Abnahme der älteren schweizerischen Bevölkerung, während die Anteile an jüngeren Schweizer Personen und an ausländischer Bevölkerung zunahmen. Der Zuzug von AusländerInnen, den seit den 1980er Jahren viele Quartiere der Stadt Bern verzeichnen, liegt in den beiden Nordquartieren über dem städtischen Durchschnitt.

1 Zur Konzeption von Jugend als »Time Out« enthält der Sammelband von Heinz Reinders und Elke Wild wertvolle Beiträge, welche die unterschiedlichen Perspektiven des Moratoriumsbegriffes aufgreifen und diskutieren. Besonders Jürgen Zinneckers Essay »Jugend als Moratorium« (2003) zeichnet detailliert die Geschichte und Bedeutung des Bildungsmoratoriums nach und beleuchtet dabei die verschiedenen Aspekte und Anwendungsmöglichkeiten dieses Forschungskonzeptes.

Die Schule arbeitet nach »Schultyp 4«, das heißt mit einer »integrierten Oberstufe«. Dies bedeutet, dass SchülerInnen des Real- und Sekundarniveaus in einer Klasse gleichzeitig (parallel) unterrichtet werden. Realniveau entspricht in Deutschland dem Hauptschulniveau, das Sekundarniveau stellt die Bedingung dar, um nach der achten oder neunten Klasse ins Gymnasium wechseln zu können. Dieses Schulmodell ist nicht besonders verbreitet und stellt somit ein besonders interessantes Untersuchungsfeld dar, wenn es um die Thematik von Integration und Ausschluss geht, weil die Zugehörigkeit zu einem der beiden Leistungsniveaus offenbar Einfluss auf die Stellung des Einzelnen innerhalb der Klasse hat.

Für die teilnehmende Beobachtung hielt ich mich während des Unterrichts und in den Pausen in der Klasse auf. Die ersten Monate waren die schwierigsten, weil ich mich erst als Nicht-Lehrerin beweisen musste. Diese Phase des gegenseitigen Sich-Annäherns erforderte von mir, dass ich jeden Tag immer wieder aufs Neue Position beziehen musste. Den Einstieg und die Etablierung in einer Klasse von 15- bis 16jährigen habe ich als problematisch erlebt. Ich dachte am Anfang, dass ich unser Ziel, nämlich den so genannten »insider point of view« zu finden, niemals erreichen würde. Da unser zeitlicher Rahmen das gesamte Schuljahr vorsah, konnte ich den Jugendlichen jedoch Zeit geben und musste nichts forcieren, was sich im Nachhinein als sehr förderlich erwies. Anhand meiner eigenen Integration in die Klasse ließ sich der prozesshafte Charakter von Integration sehr gut nachvollziehen. Auch ich steckte in dem Dilemma, in dem sich sehr viele teilnehmende Beobachter befinden, nämlich einerseits als distanzierte Beobachterin die theoretischen Vorgaben und Fragestellungen im Auge zu behalten und andererseits sich im Feld, das heißt in der Klasse, als soziale Person zu integrieren.

Normalität im subjektzentrierten Kontext

Die beobachtete Klasse zeichnete sich dadurch aus, dass trotz bestehender potentieller Ausgrenzungsfaktoren wie Sprachfehler, Übergewicht oder »abweichendes Verhalten« niemand in der Klasse sichtbar ausgegrenzt wurde. Die untersuchte Klasse kann als Beispiel dafür gesehen werden, wie Integration in einem sozialen Verband hergestellt werden kann, auch wenn die Voraussetzungen eher schwierig sind. Eine mögliche Erklärung liegt meines Erachtens darin, dass das institutionelle Setting, die Schule, aber auch das Quartier als integrationsförderndes Umfeld eine gewisse strukturelle Hilfe bieten.

Die Szenerie und Raumwirkung des Quartiers spielt bei der Betrachtung der Schule eine wichtige Rolle, nicht zuletzt weil die Jugendlichen und deren Familien in unmittelbarer Umgebung der Schule und zum überwiegenden Teil im Quartier leben. Die Jugendlichen kennen sich zum Teil bereits seit dem Kindergarten. Auch dadurch, dass es in der Schule feste Klassenverbände gibt und man weiß, dass man eine ganze Weile miteinander zusammen sein wird und mit den anderen auskommen »muss«, scheint ein integrativer Umgang mit Störfaktoren gefördert zu werden. Die Schule war keine – wie dies häufig anzutreffen ist – vom soziokulturellen Umfeld abgekoppelte Bildungsinstitution, sondern dessen integraler Bestandteil. Die Identifikation mit der Schule und das Wohlbefinden der Jugendlichen in der Klassengemeinschaft wurden von mir als hoch eingeschätzt. Dies zeigte sich in der aktiven Aneignung des Klassenraumes genauso wie daran, dass die Schule in ihrer Funktion als Tagesschule von den Jugendlichen auch als Lebensraum wahrgenommen wurde.

Die Besonderheit des Quartiers liegt darin, dass sehr viele Quartierbewohner im eigenen Stadtteil arbeiten. Es gibt etwa 140 Betriebe, davon viele Handwerksbetriebe, Kleingewerbe, Quartierläden und Dienstleistungsbetriebe für die Quartierbevölkerung. Aufgrund des relativ hohen Anteils an Altliegenschaften mit günstigem Wohnraum weist das Quartier einen sehr hohen Anteil an ausländischer Wohnbevölkerung auf (in einigen Straßenzügen von über 50 Prozent) und einen hohen Anteil allein erziehender Mütter. Es gibt durch die verwinkelte Bauweise Orte und Plätze, wo Kinder ungestört spielen und Jugendliche sich treffen können.

Im Folgenden möchte ich zwei Beispiele von konkreten Integrations- und Aushandlungsprozessen aufzeigen. Sowohl die teilnehmende Beobachtung als auch die Interviews mit der Klasse ergaben, dass viele SchülerInnen und auch Lehrpersonen das provokante und aggressive Verhalten eines bestimmten Schülers, den ich hier Mike nenne, als sehr störend und belastend empfanden. Dennoch wurde auch Mike von der Klasse toleriert. Der Umgang der Klasse mit diesem Schüler führte zur Frage nach den Produktions- und Existenzbedingungen von »Normalität«. Nachfragen ergaben, dass man sich im Laufe der Jahre an Mike gewöhnt hatte, sein »abweichendes Verhalten«, welches immer wieder zu Konflikten führte, war in der Klasse zur »Normalität« geworden. Devianz ist keine Qualität eines

Handelns an sich, sondern das Ergebnis von Definitionen und sozialen Prozessen der Zuschreibung, sie muss – wie das Beispiel von Mike zeigt – nicht zwangsweise zu einem Ausschlussprozess führen. Goffman hat dies auf den Nenner gebracht, wenn er konstatiert, dass der ›Normale‹ und der ›Stigmatisierte‹ nicht Personen, sondern eher Perspektiven sind. (Goffman 1996: 170). Die Gründe dafür, dass ein Jugendlicher in die Gruppe aufgenommen und toleriert wird, obwohl er den sozialen Erwartungen der Gruppe nicht voll entspricht, liegen meinen Ergebnissen zufolge unter anderem in der gemeinsamen Geschichte. Aus früheren Interaktionen weiß man bereits, dass der Betreffende nicht die nötigen Voraussetzungen mitbringt, um den Erwartungen überhaupt entsprechen zu können. Aussagen von Mikes MitschülerInnen unterstreichen diesen Erklärungsansatz: »Wir wissen alle, dass Mike so ist, er wird sich nie ändern. Er wird, glaube ich, das ganze Leben so bleiben. Aber ja, man muss mit ihm einfach umgehen können.« Innerhalb der Klassengemeinschaft hatte sich über die Jahre hinweg ein emotional tragendes Beziehungsnetz entwickelt, welches auch das zum Teil recht schwer zu ertragende Verhalten von Mike aufzufangen in der Lage war. Das Beispiel von Mike macht deutlich, dass Konflikte auch integrierend wirken können. Die individuelle Kapitalausstattung im Sinne Bourdieus spielt als Einflussfaktor bei der Konfliktbewältigung ebenso eine Rolle wie schichtspezifische Dimensionen, die hier nicht vernachlässigt werden dürfen.[2] Reimund Anhut geht davon aus, dass »sofern Konflikte zur Bewusstwerdung eines Hintergrundkonsenses führen, eine eher integrative Wirkung erwartet werden« darf (Anhut 2005: 393). Vor allem in den individuellen Merkmalen wie Rollenkompetenz, Reflexivität und in der Fähigkeit, gedanklich die Position des anderen übernehmen zu können, sehe ich eine wichtige Leistung der Jugendlichen, welche die Konfliktfähigkeit maßgeblich mitbestimmt.

Ähnliches lässt sich auch in Bezug auf die Bewerbungserfolge der Schülerinnen und Schüler feststellen. Nur bei zwei Schülern hatte die Bewerbung um eine Lehrstelle zum Erfolg geführt. Dass nur zwei von fünfzehn eine Zusage für eine Lehrstelle hatten, zeigt die besonders prekäre Lage

---

2 Nach Bourdieu (1983; 1991) entstehen Konflikte dann, wenn unvereinbare Habitusdispositionen und Normen aufeinander stoßen. Alle Ressourcen, welche die Habitusdispositionen erzeugen und somit für die von den Akteuren ausgeübten sozialen Praktiken verantwortlich oder zumindest mitbestimmend sind, nennt Bourdieu »Kapital«. Relevante Beiträge zur jüngeren Debatte um die konflikttheoretische Diskussion enthält der Sammelband von Thorsten Bonacker (2005).

von Jugendlichen mit relativ niedrigen Bildungsabschlüssen. Keine Lehrstelle gefunden zu haben, galt in der Klasse jedoch nicht als »Stigma« im Goffman'schen Sinn, wurde also nicht als Versagen gewertet. Da dreizehn von fünfzehn Jugendlichen nach der neunten Klasse keine Lehrstelle hatten, galt dies unter ihnen einfach als »normal«, der Lehrstellenmangel wurde in der Klasse als Kollektivschicksal gedeutet. Hätten umgekehrt nur zwei von fünfzehn keine Lehrstelle gefunden, hätte die Situation wahrscheinlich anders ausgesehen. Daran wird deutlich, dass die Frage der »Normalität« entscheidend vom gegebenen Rahmen abhängt und ihre Grenzen kontextabhängig ständig neu verhandelt werden. Jürgen Link spricht in diesem Zusammenhang vom »Paradox der Normalitätsgrenze«, denn »Normalitätsgrenzen sind dort wirklich, wo sie de facto ›gelten‹ – und sie ›gelten‹ dort, wo sie von der Mehrheit einer Population gesehen werden. [...] Das große Paradox liegt [...] im Zusammenspiel von Kontinuitätspostulat und Toleranzpostulat [...]« (Link 1999: 339). Zur Charakterisierung dieses Zusammenspiels benutzt Link den Begriff »normalisierendes Floating«.[3]

Bewältigungsstrategien der nachschulischen Übergangsphase

Wie sind die Jugendlichen mit ihrer »nachschulischen Situation« umgegangen, welche Strategien setzen sie zu deren Bewältigung ein und wie formulieren sie ihre Lebensplanung? Dem Erziehungswissenschaftler Jürgen Zinnecker zufolge entspricht das Hineinwachsen in Ausbildung und Beruf einer der drei wichtigsten Statuspassagen von der Jugend ins Erwachsenendasein (Zinnecker/Behnken 1992: 129). Dieser Übergang dehnte sich für dreizehn von fünfzehn SchülerInnen zeitlich um ein volles Jahr aus. Die Mehrheit entschied sich für ein zehntes Schuljahr an einer öffentlichen oder privaten Schule. Das zehnte Schuljahr erfüllt verschiedene Funktionen: zum einen wird es von den SchülerInnen als »Zwischenlösung« gesehen, mit dem man seine Chancen auf dem Lehrstellenmarkt zu verbessern sucht. Aber die Jugendlichen benutzen es auch bewusst und strategisch als zeitlichen Aufschub, bevor es sozusagen »ernst wird«. So differieren auch die Motive und Begründungen, weshalb sie sich mehrheitlich für ein zehntes Schuljahr entschieden. Hier lässt sich sagen, dass die Schweizer Jugend-

3 Link (1999: 333) bezieht sich dabei auf den als interdiskursive Kategorie von Jean Baudrillard eingeführten Begriff »Floating«.

lichen eher offen zum Ausdruck bringen, dass sie sich noch Zeit geben wollen, während Jugendliche mit Migrationshintergrund sich in dieser Hinsicht mehr zurückhalten. Zunächst die Begründung eines Schweizer Jugendlichen: »Also ich habe einige Bewerbungen geschrieben, aber nicht abgeschickt. Also ich habe gedacht, nein lieber nicht, irgendwie, ich will noch ein Zehntes machen. Und also, ich hätte die Lehrstelle auf 100 bekommen, ich war der einzige der an diesem Ort nachgefragt hat [...]«. Auf die Frage, weshalb er ein zehntes Schuljahr mache, meint er: »Ich bin dann einfach ein Jahr älter, es ist einfach noch wie ein bisschen mehr Zeit zum Denken.«

Jugendliche mit Migrationshintergrund äußerten sich zu diesem Thema zurückhaltend oder gaben an, ein zehntes Schuljahr schütze auch davor, auf der Straße herumzuhängen und möglicherweise auf dumme Gedanken zu kommen. Während sie ein eher defensives Konzept von »nicht vom richtigen Weg abweichen« in Anspruch nehmen, können Schweizer Jugendliche auf ein positives Konzept von »Selbstverwirklichung« zurückgreifen, indem sie sich mehr Zeit lassen, um den richtigen Weg zu finden.

Auffallend sind die unterschiedlichen Images der berufsvorbereitenden Schulen. Während die öffentlichen Schulen lediglich als Orte gelten, an denen man das zehnte Schuljahr »absitzt«, haben die privaten Schulen bei den Jugendlichen den Ruf, dass man dort »wirklich« etwas lerne. Für die Jugendlichen scheint zwischen Schul*kosten* und Schul*leistung* ein Zusammenhang zu bestehen. Je teurer die Schule, desto mehr haftet ihr der Ruf an, dort werde einem etwas vermittelt. Die Bereitschaft der Eltern, diese hohen Kosten zu zahlen, um ihren Kindern den Besuch eines zehnten Schuljahres an einer privaten Schule zu ermöglichen, ist gekoppelt an das Versprechen, dafür auch fleißig zu lernen und »sich reinzuhängen«. Ein spanischer Jugendlicher fasst die Motivation seiner Eltern wie folgt zusammen: »Also meine Eltern haben zu mir gesagt, solange du bereit bist, alles zu geben, zahlen wir Dir alles.« Berufliche Qualifikation in Form eines guten Schulabschlusses hat gerade in Familien mit Migrationshintergrund einen hohen Stellenwert, nicht zuletzt weil die Kinder es weiterbringen sollen als die Eltern.

Bezeichnenderweise war es die Gruppe der ausländischen Mädchen war, die auch ohne Lehrstelle kein zehntes Schuljahr machen wollte. Die Mädchen arrangieren sich mit Aushilfsjobs. Sie haben zwar klare Berufswünsche, zeigten aber am wenigsten konkrete Handlungsentwürfe zu deren Umsetzung. Eine der Arbeitshypothesen war, dass Jugendliche, die nicht über ausreichende ökonomische, kulturelle und soziale Ressourcen verfügen, zu einem kleineren Handlungsspielraum neigen, was Lebensgestaltung und -planung anbelangt. Befragt nach ihren Zukunftsplänen, sei dies beruflich oder privat, hatten die Jugendlichen mit Migrationshintergrund zumindest die klareren Muster in ihren Köpfen, wozu die Gründung einer Familie unabdingbar dazugehört. Befragt nach seinen Zukunftsplänen, meint beispielsweise ein portugiesischer Jugendlicher: »Ich möchte schon eine portugiesische Frau heiraten. Ich möchte gerne mal nach Portugal zurückkehren«. Auf die Frage, weshalb es denn eine Portugiesin sein sollte, antwortete er:

> »Eine Frau, die nur in die Discos gehen will so bis fünf Uhr morgens, kann keine Familie haben. Die Portugiesen, sie wollen auf jeden Fall, spielt jetzt keine Rolle, ob Frau oder Mann, auf jeden Fall Familie. Sehr wichtig. Bei den Schweizern nicht gerade so, nicht so wichtig, schon Kinder, aber nicht heiraten. Und wir Portugiesen wollen schon heiraten.«

Er selbst schreibt also seine deutlich an einer so genannten Normalbiografie orientierte Lebensplanung seinem ethnisch-kulturellen Hintergrund zu. Zu seiner Zukunftsplanung sagt er weiter: »Man sollte schon seine Jugend genießen, aber nicht gerade Pause machen. Oder Ferien machen für ein, zwei Jahre, nein.« Seiner Meinung nach sollte man lieber »jung arbeiten«, um später, wenn man älter ist, es langsamer angehen zu können. »Ich will schon meine Zukunft, zum Beispiel einen eigenen Laden haben mit 40, dann kann ich mich hinsetzen, verdiene meine Kohle, und die anderen machen meine Arbeit.«

Was ihre weitere Zukunft betrifft, thematisieren *ausschließlich* die Schweizer Jugendlichen, auch mal eine Auszeit nehmen zu wollen, für die Jugendlichen mit Migrationshintergrund hingegen ist dies kein Thema. Zwei Aussagen von Schweizer Jugendlichen dazu: »Also ich will einfach die Lehre schaffen und als Polymechaniker arbeiten und sicher mal ein Jahr Ferien haben.« Sein Klassenkollege meint: »Vielleicht gehe ich auch mal weg auf Reisen, aber ich weiß nicht, ich kann das wirklich nicht sagen. So wie's kommt, ich überlege nicht soweit voraus.«

Bei aller Heterogenität der SchülerInnen-Aussagen bezüglich ihrer Zukunftsentwürfe sind zwei Tendenzen auffallend, die gleichzeitig ihre Bereitschaft zeigen, sich mit der prekären beruflichen Zukunft zu arrangieren.

Offenheit und Flexibilität als Reaktionen auf eine unsichere Zukunft

Je offener und ungeklärter ihre spezifische Ausbildungssituation ist, desto klarer werden die Visionen beruflicher Zukunft formuliert, und umgekehrt beschreiben gerade die Schweizer Jugendlichen, die eine Lehrstelle oder die Zusage auf eine Lehrstelle haben, ihre Vorstellungen sehr viel vager und offener. Sich lebenslang weiterzuentwickeln und sich nicht bereits im Alter von 15 oder 16 Jahren festzulegen, ist wichtiger Bestandteil ihrer Zukunftsperspektiven. Mit der Aussage – »so wie's kommt, ich überlege nicht soweit voraus« – charakterisiert der Jugendliche eine Zukunft, die ihm zu unsicher erscheint, um sich langfristig auf eine bestimmte berufliche Perspektive oder auch private Lebensentscheidung einrichten oder festlegen zu können. Die Konsequenz dieser von ihm empfundenen Unsicherheit liegt darin, dass er seine Zukunftsperspektiven unter dem Prinzip der Veränderbarkeit sieht und darauf seine Lebenspläne einstellt. Die Jugendlichen mit dieser Einschätzung einer Zukunft unter unsicheren und für sie nicht einschätzbaren Rahmenbedingungen reagieren als Schlussfolgerung darauf mit der Bereitschaft zur Offenheit für immer neue Lern- und Arbeitsbedingungen und für Veränderungen ihrer Lebenssituationen.

Familienorientierung als Alternative

Bei den Jugendlichen mit Migrationshintergrund steht dagegen der Wunsch nach einer eigenen Familie im Zentrum ihrer Zukunftswünsche. In ihrer Lebenswelt nimmt die Familie einen besonderen Stellenwert ein. Sie bietet den emotionalen Rückhalt und die Anerkennung, welche ihnen auf beruflicher Ebene noch verwehrt bleibt. Besonders in der prekären Lage des Übergangs, welche durch ein Spannungsverhältnis zwischen unzureichenden Zugangschancen zu gesellschaftlichen Funktionssystemen wie dem Lehrstellenmarkt und sozialer Anerkennung und Wertschätzung charakterisiert werden kann, schätzen die Jugendlichen die sozialen Unterstützungsleistungen der Familie, aber auch der familienexternen Netzwerke (Verwandte, Freunde) als besonders hoch ein.

Da der Beruf den Jugendlichen bisher nicht als Identifikationsschablone dienen kann, sehen sie im privaten Bereich, in der Familie, den zentralen Wert, um sich im sozialen Raum zu positionieren. Auch Freundschaften messen sie einen extrem hohen Stellenwert zu. Die Jugendlichen mit Migrationshintergrund beschreiben ihre Zukunft, in der eine eigene Familie fester Bestandteil sein sollte, als selbstverständliche und fraglos erscheinende Perspektive. Ein erstaunliches Ergebnis liegt darin, dass der Einfluss und die Vorbildfunktion ihrer Herkunftsfamilie auf künftige Lebensziele und -entwürfe (wie Ausbildung und Beruf) bedeutend größer ist als der Einfluss der *Peers*. Es verweist auf die Bedeutung der Familie als zentralem Ort der jugendspezifischen Lebenswelt.

Dass bei den Jugendlichen mit Migrationshintergrund der Wunsch nach einer eigenen Familie im Zentrum ihrer Zukunftswünsche steht, könnte damit zu erklären sein, dass sie ihre eigenen Herkunftsfamilien in problematischen Situationen als Stütze erleben, die ihnen Halt gibt. Es stellt sich die Frage, ob die Hinwendung oder Orientierung an einer so genannten »Normalbiografie« mit mangelnden Ressourcen in anderen Bereichen zu tun hat oder sie vor allem auch Ausdruck eines traditionell stärkeren Familienbezugs sowie einer generellen kollektivistischen Orientierung ist, wie sie sich auch in der zweiten Generation der Einwanderer noch finden lassen.

Zukunftswünsche, wie einmal Chef eines Betriebes, Direktor und selbständig sein zu wollen, zum Beispiel ein Restaurant oder einen Laden zu besitzen, äußern nur die Jugendlichen mit Migrationshintergrund. Hier werden eine Orientierung am kleingewerblichen Umfeld, welches sie kennen, und eine deutliche Aufstiegsorientierung sichtbar. Anscheinend sehen sie in beruflicher Autonomie und Unabhängigkeit gegenüber betrieblichen Unsicherheiten auch ein wichtiges Element ihrer zukünftigen Lebensgestaltung und sicherlich zum Teil auch einen Elternauftrag der Einwanderergeneration im Sinne von »unser Kind soll es einmal besser haben«.

Die Mädchen mit Migrationshintergrund nehmen die »Gefährdungslage«, in der sie sich befinden, nur als vage Bedrohung wahr und scheinen die Risiken noch zu verdrängen. Am Beispiel des Mädchens Laura möchte ich die Unterschiede zwischen Fremd- und Selbstwahrnehmung aufzeigen. Die Schülerin, die aus Kroatien stammt, erklärte mir, dass sie die Bewerbungsphase verbummelt habe und zu spät dran war, sowohl was die Bewerbungen für eine Lehrstelle als auch für einen Platz an einer Schule für das zehnte Schuljahr betrifft. Aus Erwachsenenperspektive würde man vermuten, dass sie ohne Lehrstelle und ohne die schulische Einbindung in ein zehntes Schuljahr unzufrieden, wenn nicht sogar unglücklich sein müsste. Tatsächlich ließ sich jedoch Anderes beobachten. Sie habe zwar ein zehntes Schuljahr machen wollen, bemerkte sie im Interview, aber gleichzeitig betonte sie, dass sie hinsichtlich einer Bewerbung um eine Lehrstelle keinen Vorteil sehe, ein weiteres Schuljahr zu absolvieren. Sie war sich sicher, wie sie sagte, früher oder später eine Lehrstelle zu finden. Tatsächlich hat sie nach einem Jahr *Auszeit* im August 2005 eine Lehrstelle als Servicefachangestellte, in ihrem Wunschberuf, angetreten und zwar in dem Hotel, in dem ihre Mutter arbeitet.

An ihrem Beispiel lassen sich verschiedene Merkmale deutlich machen: erstens, dass die gesellschaftliche Forderung nach einem gelingenden Berufseinstieg zwar übernommen wird, denn die Schülerin betonte wie alle anderen ihrer Klasse, wie wichtig ein Ausbildungsplatz für ihre Zukunftsplanung sei. Indem sie sich aber zu spät bewarb, um direkt im Anschluss an die neunte Klasse eine Lehrstelle bekommen zu können, steuerte sie sich in eine Situation hinein, die gesellschaftlich als problematisch definiert wird – offensichtlich ohne sie selbst als problematisch zu empfinden.[4] Die von uns erwartete »Unsicherheit« in einer solchen Phase erweist sich aus der Perspektive dieser Jugendlichen als persönlicher Freiraum, den sie sich mehr oder weniger bewusst geschaffen hat. Möglicherweise entwickeln gerade jene Jugendliche eigene Strategien der Vermeidung und des Verbummelns, die sich nicht erlauben können, öffentlich einzugestehen, dass sie noch ein Jahr mit dem Lehrstellenantritt warten möchten. Laura identifizierte sich in keiner Weise mit der Rolle, welche stellenlosen Jugendlichen gerne zugewiesen wird, nämlich ein Problem- oder Risikofall zu sein. Zudem ist sie ein Beispiel dafür, wie groß das Vertrauen gerade bei den Migranten-Jugendlichen auf die familiäre Unterstützung ist. Die familiären Netzwerke geben ihnen eine Sicherheit, aus der heraus sie ihre Situation mit einer zum Teil verblüffenden Gelassenheit angehen. Dementsprechend taucht das Thema Familie auch in Lauras eigenen Zukunftsvorstellungen und Plänen immer wieder auf. Auch sie meint auf die Frage, was ihr am wichtigsten sei: »Bei mir ist mir meine Familie am wichtigsten. Und danach erst alles andere.«

Meine Ergebnisse decken sich nur zum Teil mit denen der Sozialisationsforschung. Ludwig Stecher beschreibt in seinem Buch »Die Wirkung sozialer Beziehungen« (Stecher 2001) den Weg in die berufliche Ausbil-

4 Andreas Walter (2002) geht in seinem Aufsatz »Benachteiligte Jugendliche: Widersprüche eines sozialpolitischen Deutungsmusters« auf die Wirkungsweise des Benachteiligungsprinzips als dominantes institutionelles Deutungsmuster in Bezug auf Übergangsprobleme ein.

dung anhand schichtspezifischer Aspekte. Er geht dabei von Jürgen Zinneckers Sozialisationsmodell aus und greift auf das Konzept des Habitus und das Ressourcenmodell von Bourdieu zurück.[5] Verfügt man demnach im Sinne von Bourdieu über eine reiche Ausstattung an materiellen, kulturellen und sozialen Ressourcen, hat man Chancen für eine Wahl offener und aufgeklärter Identitäten. Ist man jedoch arm an Ressourcen, läuft man Gefahr, auf defensive Identitäten zurückzugreifen. Während in Familien mit großem Kapitalvolumen die Selbstentfaltung der Jugendlichen im Vordergrund und biografische Zeit in großem Umfang zur Verfügung steht, besteht das Ziel jugendlichen Aufwachsens in Familien mit geringem Kapitalvolumen in der raschen ökonomischen Selbständigkeit der Jugendlichen. Jugend wird aus dieser Perspektive als kurze Übergangszeit in die Erwachsenengesellschaft verstanden. In Abhängigkeit der zur Disposition stehenden Ressourcen gibt es Zinnecker zufolge unterschiedliche »Toleranzspielräume gegenüber Umwegen, Fehlschlägen, Experimentierphasen in jugendlichen Biografien« (Zinnecker 1986: 106). Alle Jugendlichen sind demnach in ihrer Entwicklung von ihrer Ressourcenausstattung abhängig, gefördert oder auch behindert.

Meinen Ergebnissen zufolge haben auch Jugendliche mit Migrationshintergrund, die nach Bourdieu aus Familien mit geringem Kapitalvolumen kommen, durchaus das Potenzial zu entscheiden, zu welchem Zeitpunkt und mit welchen Auflagen sie bestimmte Übergänge bewältigen wollen. Sie verfügen über Strategien, sich zeitliche Freiräume für ihre Selbstentfaltung zu schaffen, und setzen sich erfolgreich gegen die normative Kraft von gesellschaftlichen Zuschreibungen zur Wehr, die ihnen sagen: »Tu was, und zwar zur ›richtigen‹ Zeit!« Sicher kann nicht außer Acht gelassen werden, dass ein solcher Handlungsentwurf Konfliktpotenzial enthalten und problematische Verläufe nach sich ziehen kann. Sieht man ihr Handeln aber im Kontext ihrer konkreten Lebenswelt, so wirkt die Einschätzung des Mädchens, am Arbeitsort der Mutter einen Ausbildungsplatz zu erhalten, sicherlich nicht unrealistisch. Eng verknüpft mit dem Wunsch nach einer eigenen Familie scheint für die Mädchen auch der Wunsch nach einem eigenen Haus zu sein. Von den männlichen Jugendlichen hat dieses Thema keiner angeschnitten. Dazu nochmals Laura:

---

5 Stecher verfolgt das Ziel, den Sozialkapital-Ansatz von James S. Coleman für die Sozialisation fruchtbar zu machen: »Kernthese von Colemans Sozialkapital-Ansatz ist, dass die sozialen Beziehungen zwischen Menschen eine *Ressource* darstellen, die dem Einzelnen ermöglicht, seine Interessen durchsetzen zu können.« (Stecher 2001: 307).

»Ich möchte auf jeden Fall arbeiten, dann mal, ich weiß auch nicht, wenn ich 27 bin, heiraten, Kinder haben, vielleicht ein Restaurant aufmachen, das habe ich auch geplant, ja weiß auch nicht [...] ich möchte ein Haus in Kroatien bauen für mich. Das sind Träume, aber ob das alles wahr wird, kann man nie wissen.«

In diesem Zusammenhang stellt sich die Frage, inwiefern Jürgen Zinnecker und Ludwig Stecher einen doch eher westlich orientierten kulturellen Ansatz bezüglich dessen vertreten, was eine soziale Ressource oder ein Kapital darstellt, denn die beschriebenen kollektivistischen und familialen Netzwerke stellen durchaus ein bedeutendes Kapital für Jugendliche mit Migrationshintergrund dar.

Zusammenfassende Überlegungen

In der Auseinandersetzung mit den strukturellen Lebensbedingungen der Erwachsenenwelt entwickeln Jugendliche aus ihren jugendspezifischen Lebenswelten heraus ganz unterschiedliche Anpassungs- und Orientierungsleistungen. Die Diskrepanz zwischen Nachfrage und Angebot auf dem Arbeitsmarkt, die Arbeitserfahrungen und beruflichen Werdegänge strukturieren die Erfahrungen ihrer Eltern, älteren Geschwister und Freunde und fließen damit auch in ihre Wahrnehmungen ein. So haben die Jugendlichen der von mir untersuchten Klasse bereits in der ersten Hälfte des neunten Schuljahres aus den vorgefundenen aber auch aus den antizipierten Restriktionen für sich die Folgerung gezogen, dass eine weitere Lehrstellensuche möglicherweise ohne Erfolg bleibt, und sich daher relativ früh auf eine Überbrückung eingestellt. Während es gesellschaftlich als höchst problematisch angesehen wird, wenn Jugendliche im Anschluss an die obligatorische Schule nicht sofort eine Lehrstelle finden, wird die Hinauszögerung des Übergangs durch Überbrückungsangebote von vielen Jugendlichen als Zeitgewinn für die persönliche Entwicklung erachtet. Wie wir gesehen haben, balancieren Jugendliche in unterschiedlicher Art und Weise ihre Zukunftsvorstellungen mit wahrgenommenen Optionen aus und entfalten daraus ihre weiteren Perspektiven. Dabei sehen Schweizer Jugendliche die Notwendigkeit stärker als Jugendliche mit Migrationshintergrund, in ihrer Zukunft immer wieder auf sich verändernde Anforderungen reagieren können zu müssen. Sie versuchen daher, sich Optionen offen zu halten.

Auffallend ist, dass die Schule, in der man bis zur neunten Klasse zusammen war, ein Gefühl der emotionalen Geborgenheit bot. Laura meinte dazu: »Schule ist besser als Arbeit, weil bei der Arbeit ist es strenger.« Ihre Antwort auf die Frage, was streng bedeute: »In der Schule hast Du mehr Freiheit und so, Arbeit ist einfach streng, ich weiß nicht, wie ich's sagen soll. In der Schule kannst Du Spaß haben, bei der Arbeit weniger.« Schule wird als Schonraum angesehen, in dem man noch Fehler machen darf, ohne dass einem Konsequenzen drohen, von schlechten Zensuren einmal abgesehen. Ein Jugendlicher beschreibt es so: »Hier sagt man, wenn man einen Fehler macht, o.k. kein Problem, aber bei der Arbeit, wenn man eine Lehrstelle hat, da wird man rausgeschmissen, wenn man einen Fehler macht.« Diese Aussagen zeigen, dass die Arbeitswelt – noch bevor man in sie eingetreten ist – als hartes Pflaster empfunden wird. Hier kommen deutlich Ängste vor dem Übergang zum Vorschein. Vielleicht liegt in der Einschätzung von Schule als Schonraum auch einer der Gründe, weshalb sich die Mehrheit für ein zehntes Schuljahr entschieden hatte.

Die jugendlichen Akteure setzen sich unterschiedlich mit den Risiken, die Ulrich Beck in seiner »Risikogesellschaft« (Beck 1986) beschrieben hat, auseinander. Die Jugendlichen mit Migrationshintergrund zeigen, dass sie nicht nur von den Verhältnissen und Lebenslagen geformt sind, sondern dass sie eigene Potenziale und Kreativität für sich zu nutzen in der Lage sind. Das sozialräumliche Umfeld, in dem die Jugendlichen aufwachsen und leben, das Quartier und der Stadtteil als unmittelbare Erlebniswelten, haben großen Einfluss auf ihre alltäglichen Aktivitäten ebenso wie auf ihre Handlungsmuster. Sie scheinen für sich erkannt zu haben, dass eine solide Verankerung sich nur noch in den Beziehungsnetzwerken der Familie oder in der Quartiergemeinschaft abspielen kann.

Ihre Antworten, wie sie ihre Zukunft einschätzen, umfassen ein breites Spektrum von »gut« und »relativ positiv« mit der Begründung »denn ich weiß, was ich will« bis hin zu »düster« oder »mit gemischten Gefühlen«. Hier ist zu beobachten, dass die Jugendlichen mit Migrationshintergrund ihre Zukunft eher positiv einschätzten, während die Schweizer Jugendlichen hingegen ihre Zukunftspläne sehr viel offener formulierten bzw. sich gar nicht dazu äußern wollten. Keine Aussicht auf eine Lehrstelle zu haben, beeinträchtigt demzufolge nicht die Fähigkeit der Jugendlichen, Zukunftsperspektiven zu entwerfen. Entgegen der Diagnose vom *Strukturwandel privater Lebensformen* und dem *Umbruch der Familie* (Beck/Beck-Gernsheim 1990) wird von den Jugendlichen mit Migrationshintergrund die familiäre

Lebenswelt als stabilisierender Faktor ihrer zukünftigen Lebensführung eingeschätzt. Mit dem Bedeutungsverlust von Arbeit für die eigene Identität gehen die beschriebene Orientierung an der familiären Lebenswelt und das Vertrauen auf die Effizienz der sozialen Netzwerke einher.

Die Schweizer Jugendlichen scheinen für sich erkannt zu haben, dass ihre Zukunft, vor allem die berufliche, weder berechenbar noch vorhersagbar ist. Ihre vagen Aussagen sind ein Hinweis auf eine Zukunftseinschätzung, die gekennzeichnet ist durch Unsicherheit, Unkalkulierbarkeit und wenig Kontrollmöglichkeit. Indem sie keine konkreten Zukunftspläne äußern, zeigen sie die Bereitschaft zu Flexibilität, die nach Richard Sennett das Kennzeichen des »neuen Kapitalismus« (Sennett 2005) ausmacht.

Literatur

Anhut, Reimund (2005), »Die Konflikttheorie der Desintegrationstheorie«, in: Thorsten Bonacker (Hg.), *Sozialwissenschaftliche Konflikttheorien. Eine Einführung*, Wiesbaden, S. 381–407.

Beck, Ulrich (1986), *Risikogesellschaft. Auf dem Weg in eine andere Moderne*, Frankfurt a.M.

Beck, Ulrich/Beck-Gernsheim, Elisabeth (1990), *Das ganz normale Chaos der Liebe*, Frankfurt a.M.

Bonacker, Thorsten (2005) (Hg.), *Sozialwissenschaftliche Konflikttheorien. Eine Einführung*, Wiesbaden.

Bourdieu, Pierre (1983), »Ökonomisches Kapital, kulturelles Kapital, soziales Kapital«, in: Reinhard Kreckel (Hg.), *Soziale Ungleichheiten. Soziale Welt, Sonderband 2*, Göttingen, S. 183–198.

Bourdieu, Pierre (1991), *Die feinen Unterschiede. Kritik der gesellschaftlichen Urteilskraft*, Frankfurt a.M.

Goffman, Erving (1996), *Stigma. Über Techniken der Bewältigung beschädigter Identität*, Frankfurt a.M.

Link, Jürgen (1999), *Versuch über den Normalismus. Wie Normalität produziert wird*, Wiesbaden.

Reinders, Heinz/Wild, Elke (2003) (Hg.), *Jugendzeit – Time Out? Zur Ausgestaltung des Jugendalters als Moratorium*, Opladen.

Sennett, Richard (2005), *Der flexible Mensch. Die Kultur des neuen Kapitalismus*, Berlin.

Stecher, Ludwig (2001), *Die Wirkung sozialer Beziehungen. Empirische Ergebnisse zur Bedeutung sozialen Kapitals für die Entwicklung von Kindern und Jugendlichen*, Weinheim.

Walter, Andreas (2002), »Benachteiligte Jugendliche: Widersprüche eines sozialpolitischen Deutungsmusters« in: *Soziale Welt* 53 (2003), S. 87–105.

Zinnecker, Jürgen (1986), »Jugend im Raum gesellschaftlicher Klassen«, in: Wilhelm Heitmeyer (Hg.), *Interdisziplinäre Jugendforschung: Fragestellungen, Problemlagen, Neuorientierungen*, Weinheim/München, S. 99–132.

Zinnecker, Jürgen/Behnken, Imbke (1992), »Lebenslaufereignisse, Statuspassagen und biographische Muster in Kindheit und Jugend«, in: Jugendwerk der Deutschen Shell (Hg.): *Jugend 92. Lebenslagen, Orientierungen und Entwicklungsperspektiven im vereinigten Deutschland. Band 2: Im Spiegel der Wissenschaften,* Opladen, S. 127–144.

Zinnecker, Jürgen (2003), »Jugend als Moratorium. Essay zur Geschichte und Bedeutung eines Forschungskonzeptes«, in: Heinz Reinders/Elke Wild (Hg.), *Jugendzeit – Time Out? Zur Ausgestaltung des Jugendalters als Moratorium*, Opladen, S. 37–64.

No future. Marginalisierte Jugendliche ohne Arbeitsmarktchancen

Diana Reiners

Seit den 1980er Jahren, spätestens aber nach dem Ende der sozialistischen Staaten, wird eine staatliche Regulierung des Arbeitsmarktes im Zuge der politisch-ökonomischen Entwicklungen nach neoliberalen Grundsätzen und Strategien zurückgedrängt – eine Regulierung, die ArbeitnehmerInnen einen stabilen und dauerhaft institutionalisierten Status sicherte[1], der soziale und ökonomische Teilhabe garantierte (Castel 2000). Im Zentrum des radikalisierten Kapitalismus steht eine selbstreferentiell gewordene Wirtschaft. Mit dem als Verschlankung euphemisierten massenhaften Abbau von Arbeitsplätzen, dem gleichzeitigen Rückzug des Staates und wachsender Konkurrenz unter einer Reservearmee an freigesetzten ArbeitnehmerInnen ist der Arbeitsmarkt zum Selbstbedienungsmarkt der Arbeitgeber geworden (Zilian/Verhovsek 1998). Die prekären und so genannten »atypischen Beschäftigungsverhältnisse«, in die immer mehr Menschen gedrängt werden, sind für Viele wohl inzwischen als typische Verhältnisse zu bezeichnen.

Mit den sozialen Ungleichheiten, die aus den wirtschaftlichen Transformationsprozessen resultieren, ist mit alarmierender Vehemenz eine neue soziale Frage in die Diskussion zurückgekehrt. Die Gräben durch die Gesellschaft vertiefen sich und erfassen alle gesellschaftlichen Milieus. Immer weitere Teile der Bevölkerung sind von Arbeitslosigkeit, Abnahme sozialstaatlicher Absicherungen und Armutsgefährdung betroffen. Die Verschiebungen sozialer Milieus (Vester 2000) führen zu einer regelrechten Wiederherstellung lange überwunden geglaubter Klassengrenzen: Es beginnt sich abzuzeichnen, dass in Zukunft ein Drittel der Bevölkerung, hochqualifiziert, ökonomisch privilegiert, abgesichert und integriert, einem Drittel

---

1 Die sozialstaatlichen Absicherungen des Arbeitsrechts, die die soziale Marktwirtschaft und den rheinischen Kapitalismus prägten, wurden in den 1930er Jahren in Europa eingeführt, um die desolaten sozialen Arbeitsbedingungen des 19. Jahrhunderts aufzufangen. Vgl. Castel 2000.

der Bevölkerung gegenüberstehen wird, das von sozialem, ökonomischem und kulturellem Ausschluss gezeichnet ist (Schultheis 2004).

Doch hinter materiellem Elend liegt auch ein Leiden, das Bourdieu (1997) als »positionsspezifisches« Elend bezeichnet hat. Es meint mehr als fehlendes ökonomisches Kapital: Mangel an Selbstbestimmung, soziale Nichtachtung, Verletzung der Würde, vielfältige Formen der Ausgrenzung, Verlust an Perspektiven und Handlungskompetenzen (Katschnig-Fasch 2003). Es gilt, beide Miseren, substantielle ökonomische Notlagen *und* das subjektive Leiden unter relativer Benachteiligung – in Bezug auf das, was man erhofft und erwartet hat, oder in Bezug zu Anderen – in gleicher Weise ernst zu nehmen. Obwohl die Erwartungen an die *sozialen Strukturen* – eine sichere Arbeit, eine lineare Karriere – in der neoliberalen Ökonomie oft nicht mehr zu erreichen sind, wirken die *mentalen und kulturellen Strukturen* der Moderne weiter.[2] Zwischen den Werten und Erwartungen der Elterngeneration und der Lebensrealität heutiger Jugendlicher liegt aber ein Bruch, der weit mehr als die Arbeitsmarktchancen betrifft. Die abhanden gekommenen generationenübergreifenden Selbstverständlichkeiten bedeuten für die Jugendlichen auch, dass sie mit den leistungs- und aufstiegsorientierten Denkmustern in einen Konflikt geraten, der sie zur Anpassung oder zur Suche nach alternativen Bewältigungsformen und Handlungsfeldern zwingt.

Denn die neuen Anforderungen an die flexibilisierten ArbeitnehmerInnen der Zukunft, die in der europäischen Beschäftigungspolitik festgeschrieben werden, sprechen eine andere Sprache. Die Eigenschaften des »flexiblen Menschen« (Sennett 1998), die im hegemonialen Konzept der *employability* Substanz annehmen, umfassen das ganze Spektrum von diskursiven Zuschreibungen, die gerade Jugendliche zu verkörpern scheinen: Flexibilität, Belastbarkeit, Mobilität, Plastizität, Verbesserungsbereitschaft, Wettbewerbsdenken, Ungebundenheit und Kostengünstigkeit. Indem ArbeitnehmerInnen diese doppelbödige »ewige Jugend« verliehen wird, müssen sie als Schicksal akzeptieren, in einem unendlichen Rennen ohne Ziel mitzulaufen, ziellos mangels Aussichten, jemals eine stabile, gesicherte und anerkannte Position zu erreichen. So bleiben die in dieser Warteschlaufe

2 Insbesondere für die aufstiegsorientierten Mittelschichten sind es noch immer die Werte einer Leistungsgesellschaft, Projekte und Erwartungen gesellschaftlicher Anerkennung von Zielstrebigkeit, Fleiß, Leistung und Loyalität, an die der Selbstwert und die soziale Identität geknüpft sind (Katschnig-Fasch 2003).

Gefangenen tatsächlich auf dem inferioren Status ewiger Jugendlicher, denen auf Dauer ein legitimer sozialer Status versagt bleibt (Schultheis 2004).

An der Schnittstelle zwischen Schule und Arbeitsmarkt entsteht für immer mehr Jugendliche eine Phase des anhaltenden Provisoriums. Bereits Ende der 1970er Jahre zeichnete sich ab, dass die Demokratisierung der Schulbildung, von der man einen automatischen Zuwachs an qualifizierten ArbeitnehmerInnen und eine Demokratisierung der Chancen auf Aufstieg und Wohlstand erwartet hatte, einen gegenteiligen Effekt bewirkte: Ohne Schaffung zusätzlicher Arbeitsplätze bei gleichzeitiger Demokratisierung von Bildungsabschlüssen werde ein »Verdrängungswettbewerb« (Heinemann 1978) entstehen.

In der Bildungspolitik wurde besonders deutlich, dass man zu optimistisch die demografische und soziale Entwicklung der Nachkriegszeit sowie Phänomene wie das Wirtschaftswunder und den Übergang von der Industrie- zur Dienstleistungsgesellschaft als Basis einer zukünftigen Gesellschaftsentwicklung angenommen hatte. In der sozialen Struktur, in die heutige Jugendliche eintreten, hat sich die Zahl der Arbeitsplätze im mittleren und oberen Arbeitsmarktsegment jedoch nicht entsprechend vervielfacht, um dem Zuwachs jener Jugendlicher gerecht zu werden, die durch die Demokratisierung der Bildungschancen heute im Besitz höherer Qualifikationen sind. Dadurch kommt es zu einer regelrechten Inflation des Wertes der Ausbildungsabschlüsse und zu einer Stagnation bzw. einer Inversion der sozialen Aufwärtsmobilität (Chauvel 1999).

Eine der einschneidendsten Veränderungen in der gegenwärtigen Ökonomie ist aber die Entwertung von Bildungsabschlüssen nicht nur hinsichtlich wachsender interner Konkurrenz Gleichqualifizierter um eine beschränkte Zahl von Arbeitsplätzen, sondern vor allem die Ausbeutung des Arbeitskräftereservoirs in dem Sinne, dass für niedrigqualifizierte Jobs möglichst weit überqualifizierte BewerberInnen bevorzugt werden, ohne dass ihre Qualifikation entsprechend entlohnt würde (Baudelot/Establet 2000). Damit steigt zugleich am unteren Ende der Skala die Zahl der »Überflüssigen« (Bude 1997), die ohne jede Chance auf eine ihrer Ausbildung entsprechende Stelle bleiben.

Auch in Berufsausbildungen spiegelt sich der Einbruch der Flexibilisierung. In einer von Kurzfristigkeit der Beschäftigungspolitiken geprägten Zeit scheint die Investition in traditionelle, auf Langfristigkeit und Kontinuität ausgelegte Ausbildungsformen obsolet. Das Angebot an Lehrstellen schrumpfte in den letzten neun Jahren in Österreich um ein Drittel. Lehrlinge werden in Betrieben zunehmend nicht mehr als zukünftige ArbeitnehmerInnen angesehen, die möglichst gut auszubilden sind, sondern als billige Arbeitskräfte auf Zeit eingesetzt. Arbeitslose Jugendliche werden in Schulungsmaßnahmen untergebracht, die ihnen zum Teil zwar keinen realen Zugewinn an Qualifikationen bringen, sie aber in Statistiken unsichtbar machen. Dabei sind Jugendliche in der Arbeitslosenstatistik gegenüber anderen Bevölkerungsgruppen überrepräsentiert. Ausländische Jugendliche, auch wenn sie in Österreich geboren sind, werden durch gesetzliche Hürden des Arbeitsmarktes zusätzlich benachteiligt: So arbeiten 39 Prozent der ausländischen Jugendlichen als ungelernte und angelernte ArbeiterInnen. Nur 18 Prozent der MigrantInnen der zweiten Generation gelingt der Aufstieg in den Angestelltenstatus.[3]

Die Realität vieler Jugendlicher wird zunehmend von prekären Lebensverhältnissen, mangelnden Ausbildungs- und Arbeitsplätzen, dequalifizierten »Jobs« und ungewissen Zukunftsperspektiven bestimmt. Die vielfach diskutierten und oftmals optimistisch gedeuteten spätmodernen Formen der Individualisierung und Pluralisierung der Lebensstile vernachlässigen die Reproduktionslogik des Status von Jugendlichen unterschiedlicher sozialer Milieus. Die Möglichkeit, durch Selbstbehauptung und Individualität zum Erfolg zu gelangen, ist an den Besitz von ganz bestimmten Kapitalien in Form von Bildungsabschlüssen oder ökonomischen Ressourcen gebunden, die von den habituellen und feldspezifischen Dispositionen abhängen. Diese neuen Ungleichheiten bedeuten für die neuen Generationen, dass sich durch die stagnierenden bis rückläufigen Aufstiegsmobilitäten alte Klassengrenzen wieder herstellen (Chauvel 1999).

Dabei ist es aus einer kulturanthropologischen Perspektive zentral, den Blick auf die Wirkungen dieser ökonomischen und sozialen Umbrüche auf die alltäglichen Lebensrealitäten Jugendlicher zu richten, auf ihre Probleme, Umgangsstrategien, Widerständigkeiten und verbleibenden Handlungsspielräume.[4] Mit dem praxeologischen Verstehenskonzept Pierre Bourdieus (1997), in dem die Dilthey'sche Unterscheidung von Verstehen und Erklären aufgehoben wird, können in der individuellen Erfahrung die habituali-

---

3 In Deutschland, ebenfalls ein klassisches GastarbeiterInnenland, schaffen es dagegen 48 Prozent (Volf/Bauböck 2001).

4 Diese Perspektive auf die Alltagswelten und Strategien Jugendlicher im Umgang mit den veränderten sozialen Realitäten steht im Zentrum des derzeit laufenden DOC-Team-Projektes der Österreichischen Akademie der Wissenschaften »Müssen nur wollen. Eine kulturwissenschaftliche Bestandsaufnahme sozialer Umbrüche in jugendlichen Lebenswelten« von Gerlinde Malli, Gilles Reckinger und Diana Reiners.

sierten Strukturen der sozialen Welt und die Veränderungen der objektiven Strukturen transparent werden, in die die Lebenswelten eingebettet sind. In der Spannung zwischen der Innensicht der einzelnen Jugendlichen und den objektiven Strukturen der sozialen Welt, die sich in ihrer alltäglichen Erfahrung spiegelt, können strukturelle Bedingungen für problematische Biografien, Leiden und Ängste aufgedeckt werden, die zugleich als Diagnosen der Veränderungen der Gegenwartsgesellschaft verstehbar sind.

Jugendliche befinden sich in einer Phase der Übergänge, die deutliche Einschnitte in ihren Biografien markieren und sich angesichts der gegenwärtigen Prozesse der Individualisierung als besonders sensible Schnittstellen mit Konflikt- und Verletzbarkeitspotenzial darstellen. Die Versprechungen, die von individualisierten Diskursen ausgehen, verkörpern für Jugendliche in ihrer Identitätsbildung und Emanzipation von den Lebensentwürfen der Eltern Alternativen und Vorbilder. Unter dem Druck der Individualisierung ist Anerkennung jedoch heute an das Gelingen der individuellen Erfolgsstory gebunden, die damit als Ergebnis der eigenen Wahl erscheint – doch zugleich verschwimmen die Perspektiven, wie diese diskursiv hoch bewerteten Positionen erlangt werden können. Gerade wenn Arbeit mit der Bedeutung von Selbstverwirklichung aufgeladen wird, wiegen Erfahrungen der Prekarität, der Austauschbarkeit und Entbehrlichkeit schwer. Scheitern wird unter dem Druck, »es schaffen zu müssen«, als Unzulänglichkeit und Versagen des Selbst erlebt (Ehrenberg 1998).

Zugleich aber wird heute die Erfahrung des Scheiterns nicht mehr sozial aufgefangen, weil in der Individualisierung auch traditionelle Verliererkulturen verschwinden – was dann bleibt, ist Überflüssigkeit (Bude 1997). Diese paradoxe Entkoppelung zwischen dem Erfolgsdruck und mangelnden zur Verfügung stehenden oder erreichbaren Statuspositionen kann einen Zerfall sozialer Anerkennung auslösen.[5] Die kulturelle Identität, als

5 Gewalt Jugendlicher ist eines der sichtbarsten und medial verbreiteten Anzeichen dieser Erosion von Anerkennungsstrukturen: eine Strategie, durch Aggression Selbstbestätigung und Autorität gegenüber anderen zu erreichen. Heitmeyer, Buhse und Liebe-Freund haben in ihrer Bielefelder Rechtsextremismusstudie schon 1992 darauf hingewiesen, dass die Ambivalenz von Individualisierungsprozessen als Erscheinungsform widersprüchlicher Modernisierung Gewaltakzeptanz und Ungleichheitsideologien fördert. Der soziale Andere wird dann »instrumentalisiert« und nicht-anerkannt, wenn die strukturellen Bedingungen der eigenen Lebenssituation (das familiäre Milieu, Wohnbedingungen, inhaltliche Arbeitsbedingungen, Peer-Group) keine Selbstverwirklichungsmöglichkeiten und Autonomie bieten: Heitmeyer/Buhse/Liebe-Freund 1992: 592, 601; vgl. auch Heitmeyer 2002.

deren Bedingungen Ina-Maria Greverus Anerkennung, Erkannt werden und Sich Erkennen betrachtet, ist durch dieses strukturelle Auseinanderklaffen von Anspruchsnorm und realen Möglichkeiten gefährdet (Greverus 1995).

Wenn Jugendliche ihrerseits einer Gesellschaft, die ihnen die Teilhabe und das Erreichen hoch bewerteter Positionen verweigert, die Anerkennung der Werte aufkündigt, ruft das zumeist auf den Plan, was Stanley Cohen (1972) als *moral panics* gefasst hat: die Konstruktion einer Gefährdung gesellschaftlicher Interessen und Werte. Ronald Hitzler (1997) zeigte auf, dass Bedrohungsszenarien mit einer strukturellen Verunsicherung immer breiterer Bevölkerungsschichten anwachsen. Dabei werden aber gerade jene Jugendlichen zu einer Gefahr erklärt, die besonders von sozialer Marginalisierung gefährdet sind. Die Konfliktsituation der repressiven Sanktion einer »das Bild störenden« und als Gefahr deklarierten Gruppe, war das Problemfeld einer empirischen Untersuchung mit Jugendlichen und jungen Erwachsenen der Grazer »Punkszene« (Reiners, Malli, Reckinger 2006).

An dieser Gruppe von Jugendlichen, die normative Arbeitseinstellungen provokativ abzulehnen scheinen, lässt sich das Verhältnis zwischen diskursiven Zuschreibungen und den Selbstdeutungen und Sinngebungen von Jugendlichen am Rande der Gesellschaft besonders deutlich nachzeichnen. Entgegen der öffentlichen Wahrnehmung ist die heterogene Szene nicht Ausdruck einer nonkonformen oder anarchistischen Jugendkultur, sondern eine Auffangstruktur für obdachlose und großteils alkoholabhängige Jugendliche.[6] Die Biografien dieser Jugendlichen und jungen Erwachsenen sind von strukturellen sozialen Problemen gekennzeichnet: zerrütteten oder anomischen Familienverhältnissen, Schulverweigerung, Ausbildungsabbrüchen, Arbeitslosigkeit, erheblichen Alkohol- und Drogengefährdungen.[7] An zwei Fallgeschichten soll ein Einblick in ihre Per-

6 Die Wenigsten bezeichnen sich selbst als Punks, oft wird die Zuschreibung als Stigmatisierung erlebt. Die Stilzitate des Punk in Kleidung oder Frisur dienen eher dazu, die Gruppenidentität in Abgrenzung zu anderen Szenen marginalisierter Jugendlicher zu stabilisieren.

7 Allein die Tatsache, dass »Punks« zur Zielgruppe sozialarbeiterischer Maßnahmen werden, zeugt davon, dass ihre gegenwärtigen Lebenslagen weniger von der Wahl eines subkulturellen Lebensstils, denn von Lebensumständen, durch die sie zu Randständigen der Gesellschaft geworden sind, abhängen. Was von einer Punkkultur der 1970er Jahre übrig geblieben ist, ist die identitätsstiftende Funktion einer Selbstinszenierung mit Trash-Zitaten, in der eine diffuse Form des Widerstandes gegen gesellschaftliche Normorientierungen zum Ausdruck kommt.

spektiven, Reaktionen und Strategien des Umgangs mit Erfahrungen struktureller sozialer Marginalisierung geboten werden.

Gerhard, ein 32jähriger gelernter Schlosser, der seit Jahren bei der Gruppe ist, in der sich neben den »Punks« auch marginalisierte Jugendliche anderer Szenen, Langzeitarbeitslose und Morphinabhängige treffen, ist nicht aus einer Entscheidung für diese Lebensform hier, sondern weil ihn mit den anderen das Schicksal sozialer Exklusion verbindet. Nach einem Einbruch, den er mit 17 Jahren beging, und der mit schwerer Körperverletzung und einer Jugendstrafe endete, wurde ihm paranoide Schizophrenie attestiert. Diese Diagnose verstellte ihm die Aufnahme ins Bundesheer, als er sich verpflichten wollte, um sein Leben zu normalisieren. Diese Ablehnung kam in den auf Männlichkeit, körperliche Arbeitsfähigkeit und väterliches Erbe zentrierten Strukturen des Arbeitermilieus einer Entmännlichung gleich, die zum Bruch mit dem Vater und dem Abbruch der familiären Beziehungen führte. Auf sich gestellt, blieb ihm durch die Vorstrafe auch der Zugang zum regulären Arbeitsmarkt verschlossen. Er verdingte sich als Leiharbeiter, aber die Erfahrungen von völliger Prekarität[8] und besonders riskanten Arbeitsbedingungen, die dieses unterste Arbeitsmarktsegment kennzeichnen, ließen ihn desillusioniert werden. Er hat die Loyalität zu Arbeitgebern aufgegeben und den Sinn der Arbeit auf den monetären Zweck kurzfristiger Verbesserung seiner finanziellen Situation beschränkt.

Zugleich sprechen aber aus seiner Erzählung immer wieder Scham und Selbstvorwürfe, die seine Zerrissenheit zwischen habituell verinnerlichten normativen Werten und seinen Lebenserfahrungen der Chancenlosigkeit und dem Zerfall bzw. der Entwertung einer milieuspezifischen Arbeitsethik unter neoliberalen Bedingungen spiegeln. Das Scheitern an Normen wie Disziplin und Arbeitswillen, die unterschwellig immer präsent bleiben, wird zum sozialen Stigma, das sich für ihn in den Blicken der PassantInnen verdoppelt: »Die schauen uns an wie Menschen zweiter, nein, dritter Klasse.« Bedeutsam wird die Scham des Stigmas in Bezug auf das Schnorren, mit dem die anderen Punks ihren Lebensunterhalt bestreiten: Während es ihnen gelingt, durch ein aktives Zugehen die Rollen des Bettelns und der Mildtätigkeit umzudeuten, in dem sie von den Wohlhabenden ihren Anteil am Reichtum der Gesellschaft einfordern, bleibt Schnorren für Gerhard eine demütigende Erniedrigung, Eingeständnis sozialen Scheiterns: »Ich

8 Insbesondere vor der Einführung des Kollektivvertrags für LeiharbeiterInnen bestand keinerlei Kranken- und Kündigungsschutz.

kann nicht schnorren. Weil wenn mich Einer so anschaut, von oben herab, da schmeiß' ich ihm das Geld gleich nach.«

In ganz anderer Weise gelingt es der 18jährigen Doris[9], ihre Lebenssituation, die eine Flucht aus anomischen Familienverhältnissen darstellte, als Gegenentwurf zu deuten, der Freiheit von der unentrinnbaren, unterschwelligen Gewalt normativer Zwänge bedeutet. Nach dem Tod des Vaters, als sie zwei Jahre alt war, begann ihre Mutter zu trinken. Doris wuchs zusammen mit ihrem Bruder die nächsten sechs Jahre bei der Großmutter auf dem Land auf. Als die Großmutter starb, kehrten sie wieder zur Mutter zurück. Von wechselnden Stiefvätern wurden sie auch mit Aggressionen und physischer Gewalt konfrontiert. Nach einer Eskalation, bei der der Stiefvater die Geschwister mit einem Messer bedroht und den Bruder bewusstlos geschlagen hatte, zogen sie zur anderen Großmutter. Mit 12 Jahren und dem ersten Freund war Doris »nur mehr unterwegs«, ihr Leben verlagerte sich auf die Straße. Die Hauptschule, die sie als Zwangsveranstaltung empfand, vernachlässigte sie zunehmend. Sie brach die Schulausbildung schließlich ab und hat bis heute keinen Hauptschulabschluss. Ein zweiter Versuch, den Abschluss nachzuholen und eine Ausbildung zu machen, scheiterte erneut an Konflikten mit den Erziehungsbestrebungen des Stiefvaters, die sie verweigerte. Die frustrierende Erfahrung eines Arbeitsalltags, dessen alltägliche Anstrengungen, Zwänge und aufgegebenen Freiräume sowie normierte Genderrollen sie als einengend empfindet, ließ sie auf die Straße zurückkehren.

»Das, was von mir erwartet wurde, Kurs gehen, heim kommen, kochen, putzen, zusammen räumen, das Ganze, das Bürgerliche, das hat mir nicht gefallen. Ich bin dann drauf gekommen, dass das, wie ich vorher gelebt habe, eh nicht so schlecht war. Dass das sicher für mich das Richtigere ist. «

Doris gehört zum harten Kern der Punks, die vom Sozialamt in einem Wohnprojekt betreut werden. Sie lebt vom Schnorren, sammelt Pfandflaschen, verdient tageweise etwas Geld in einem niederschwelligen Arbeitsprojekt oder wenn sie beim Drogen-Streetwork der Caritas für die anderen KlientInnen kocht. Indem sie ihre Lebenssituation als freie Entscheidung darstellt, verbirgt sie den Verlust an Alternativen des eigenen Lebensweges, die Aussichtslosigkeit, zu anerkannten, normkonformen Lebensentwürfen zurückzukehren, vor sich selbst und den anderen. Besonders deutlich wird dies in der Ablehnung jeglicher auf die Zukunft gerichteter Orientierung.

9 Das Interview führte und analysierte Gerlinde Malli.

Die radikale Momentbezogenheit bedeutet flüchtiges Glück um den Preis von Zukunftsaussichten und Träumen:

> »Ich mach mir eigentlich nicht viele Gedanken über die Zukunft. Wenn ich arbeiten geh' und spar', dass ich mir irgendwann einmal ein Haus und einen Whirlpool oder so [lacht] leisten kann und dann geht man arbeiten, fällt einem ein Stein auf den Schädel und dann sagt man, viel Kohle auf der Bank, aber ich hab überhaupt nichts von meinem Leben gehabt. Wenn heut alles passt, morgen kann ich mich dann eh an heute nicht mehr erinnern [lacht] und es ist einfach, ich glaub', dass man glücklicher ist, wenn man nicht an morgen denkt und sich Sorgen macht. (Gerlinde Malli: Aber man kann Träume haben.) Ja, aber die habe ich ehrlich gesagt nicht, weil es ist. Ich lebe jetzt und ich mag nicht so an das denken, was vielleicht sein kann oder nicht.«

Anders als für Gerhard ist für Doris die Entscheidung für ihre Lebensform eine Negation von »bürgerlichen« Normen und einer Arbeitsmoral, in der sie keinen Sinn sieht. Durch die Erfahrung der Anomie ihrer Familiensituation ist ihr die Diskrepanz zwischen propagierten Wertvorstellungen und den erlebten Verhältnissen traumatisch bewusst geworden, die die Familie als Sozialisationsinstanz grundsätzlich in Frage gestellt haben. Gegenüber den als verlogen erlebten Normen haben die Jugendlichen dieser Szene andere Praxen und Einstellungen etabliert, die ihnen soziale Anerkennung innerhalb der Gruppe garantieren – die Anerkennung durch eine Gesellschaft, die sie ausschließt, in der sie Misshandlungen und Demütigungen erlebt haben, lehnen sie ab, und sind so der Gesellschaft auch die Anerkennung ihrer Spielregeln nicht länger schuldig.

Die Ablehnung gegenüber normativen Arbeitsorientierungen ist kein antibourgeoises politisches Programm der Punks, sondern eine Folge struktureller Ausschlüsse; es ist kein provokativer Entwurf eines arbeitsfreien Lebens, wie die Diffamierungen der Boulevardpresse nahe legen, sondern ein Entwurf des Lebens mit Arbeitslosigkeit und struktureller Marginalisierung. Sie versuchen, mit ihrer faktischen Lebenssituation kreativ umzugehen, indem sie das nicht anstreben, was sie ohnehin nicht (mehr) erreichen können. Diese Negation ist ein äußerst bedeutsamer Schritt, weil Arbeitslosigkeit und Obdachlosigkeit umgedeutet werden von einer passiv erlittenen Situation zu einem im Rahmen der Möglichkeiten gewählten Lebensentwurf. In dieser Perspektive erscheint die Negation der traditionellen Arbeitsidentität als eine Bemächtigungsstrategie, über die eigene Biografie zu entscheiden – die Freisetzung wird als Freiheit deklariert, womit die Jugendlichen auf ihre Weise das spätmoderne Individualisierungsmotiv zur Aufwertung ihrer Existenz aufgreifen.

In der Randgruppe der Punks verzahnen sich individuelle und gesellschaftliche Problemlagen. Sie führen besonders radikal vor Augen, wie in einem Prozess mehrdimensionaler Verkettungen von Ursachen und Wirkungen eine Spirale sozialen Scheiterns entsteht. Aus ökonomisch benachteiligten, oft zerrütteten Familien stammend, mit mangelnden Bildungskapitalien versehen, zersplitterten sozialen Netzen, mit psychischen Verletzungen, (zugeschriebenen) Krankheiten oder durch Drogen beschädigten Körpern, sind die Biografien der Punks von Problemen und Stigmatisierungen geprägt, die sich potenzieren und sie immer weiter marginalisieren. In einer Arbeitswelt, in deren neuem Ethos (Boltanski/Chiapello 1999) soziale und kulturelle Kapitalien, Flexibilität, Mobilität, Selbstorganisations- und Selbstvermarktungsfähigkeiten immer zentraler werden, und in der Arbeitsplätze für Jugendliche aus unteren sozialen Schichten ohnehin rar sind, haben diese Jugendlichen keine Aussichten, auf dem sich verengenden Konkurrenzmarkt bestehen zu können. Es geht darum, im Hinblick auf diese Ablehnung einer Arbeitswelt und ihrer traditionellen Logiken, in der marginalisierte Jugendliche keinen Platz mehr finden, die Ambivalenzen, in deren Spannungsraum sie stehen, als paradigmatische Paradoxa der gegenwärtigen Ökonomie zu begreifen. So sind die Abwehrhaltungen, Konflikte, Abbrüche und Fluchten eben jene Bruchstellen, an denen die weiteren Berufskarrieren zahlreicher Jugendlicher scheitern oder zumindest beeinträchtigt werden. Andererseits erleben sie diese Momente als Handlungsspielräume, in denen sie autonom und aus ihrer eigenen milieuspezifischen Wertelogik heraus selbstbestimmt agieren können. Willis (1977) zeigte, dass die Jungen aus dem Arbeitermilieu ihren verfrühten Schulaustritt und damit die Reproduktion des niedrigen sozialen Status ihrer Eltern nicht passiv als Schließungsmechanismus erleben, sondern mit Schule und Ausbildungsstruktur brechen, weil sie damit Männlichkeit und *toughness* beweisen können, die ihnen zunächst die Anerkennung durch die Peer-Group und sogar durch das familiäre Milieu einbringen, *obwohl* es ihren gesellschaftlichen Aufstieg behindert.

Dabei wird Arbeit in jugendlichen Lebenswelten nicht peripher, auch wenn Diagnosen von »Spaß- oder Freizeitgesellschaft« dies übersehen lassen: die Formen der Ablehnung alter Arbeitsorientierungen zeigen, dass die kulturellen und sozialen Bedingungen der Arbeit, die sich in der neoliberalen Ökonomie durchsetzen, für Jugendliche, die keine Arbeitsmarktchancen haben, auch keine Bindungen mehr zulassen. Wenn ihnen – oft in biografischen Krisenerfahrungen – die Paradoxien der vergeblichen Anstrengungen bewusst werden, müssen sie andere Strategien entwickeln, ihre kulturelle Identität zu festigen, sich zu verwirklichen und selbstbestimmt zu handeln. In dieser Antinomie wird deutlich, dass Arbeit ihre Bedeutung als Ausdruck sozialer Positionen, Einbindung in den gesellschaftlichen Produktionsprozess und also als identitätsstiftende Kategorie keineswegs eingebüßt hat, sondern dass sich die Polarisierung zwischen den Integrierten und den aus der produktiven Sphäre der Gesellschaft Verdrängten verschärft.

Die Punks stehen am äußeren Rand, noch jenseits von abweichenden, prekären Beschäftigungsformen, mit denen sich eine »unsichere«, »mühsame« oder »disqualifizierende« Integration verbindet[10] (Paugam 2000, 98ff.): Die sozialen Brüche in ihren Biografien machen sie zu Ausgegrenzten, denen es an sozialem Status und jenen symbolischen Kapitalien und Ressourcen mangelt, die die Schwelle selbst zu unsicheren und abgewerteten Formen der Integration in den Arbeitsmarkt bilden.

Wenn Jugendliche in ihrer Alltagswelt mit anhaltender Prekarisierung, Perspektiv- und Chancenlosigkeit konfrontiert werden[11], müssen sie nach neuen Orientierungen suchen. Was aber als von der Jugend ausgehender kultureller Wandel der Arbeitsorientierungen erscheint, seien es die Sinnstrategien der Punks zwischen Verweigerung und Zukunftsflucht oder die bereitwillige Aufnahme eines individualisierten Arbeitsethos, ist vielmehr als Umgangsstrategie und Reaktion auf die herrschenden strukturellen Bedingungen zu verstehen, in deren Konfliktfeld sie ihre kulturellen Identitäten bilden müssen.

---

10 Paugam unterscheidet die von der gesicherten beruflichen Integration abweichenden Formen nach dem Grad der Stabilität des Beschäftigungsverhältnisses und der Arbeitszufriedenheit als »intégration incertaine«, »aborieuse« und »disqualifiante«.

11 Denn ökonomischer Mangel kann nicht mehr, wie Vester (2005) darlegt, in einer aus dem 19. Jahrhundert stammenden doppelten Ethik zur Disziplinierung und Motivation der Unterprivilegierten eingesetzt werden, wenn jegliche Ausstiegsperspektiven und Veränderungsmöglichkeiten fehlen.

Literatur

Baudelot, Christian/Establet, Roger (2000), *Avoir trente ans en 1968 et en 1998*, Paris.

Boltanski, Luc/Chiapello, Ève (1999), *Le nouvel esprit du capitalisme*, Paris.

Bourdieu, Pierre u.a. (1997), *Das Elend der Welt. Zeugnisse und Diagnosen alltäglichen Leidens an der Gesellschaft,* Konstanz.

Bude, Heinz (1997), »Die Überflüssigen als transversale Kategorie«, in: Peter Berger/Michael Vester (Hg.), *Alte Ungleichheiten – Neue Spaltungen*, (Sozialstrukturanalyse 11), Opladen, S. 363–382.

Castel, Robert (2000), *Die Metamorphosen der sozialen Frage. Eine Chronik der Lohnarbeit*, Konstanz.

Chauvel, Louis (1999), »Classes et générations. L´insuffisance des hypothèses de la théorie de la fin des classes sociales«, in: *Actuel Marx* 26, S. 37–52.

Cohen, Stanley (1972), *Folk Devils and Moral Panics. The Creation of Mods and Rockers*, London.

Ehrenberg, Alain (1998), *La fatigue d'être soi. Dépression et société*, Paris.

Greverus, Ina-Maria (1995), *Die Anderen und ich. Vom Sich Erkennen, Erkannt- und Anerkanntwerden. Kulturanthropologische Texte*, Darmstadt.

Heinemann, Klaus (1978), *Arbeitslose Jugendliche. Ursachen und individuelle Bewältigung eines sozialen Problems. Eine empirische Untersuchung* (Soziologische Texte Bd. 107), Darmstadt/Neuwied.

Heitmeyer, Wilhelm/Buhse, Heike/Liebe-Freund, Joachim (1992), *Die Bielefelder Rechtsextremismus-Studie*, Weinheim.

Heitmeyer, Wilhelm (2002), »Süchtig nach Anerkennung. Die prekäre Normalität: Wer nicht auffällt, wird nicht wahrgenommen – ist ein Nichts«, in: *Die Zeit*, Nr. 19 vom 2.5.2002.

Hitzler, Ronald (1997), *Der unberechenbare Bürger. Über einige Konsequenzen der Emanzipation der Untertanen,* in: Ulrich Beck (Hg.), *Kinder der Freiheit,* Frankfurt a.M., S. 175–194.

Katschnig-Fasch, Elisabeth (2003) (Hg.), *Das ganz alltägliche Elend. Begegnungen im Schatten des Neoliberalismus*, Wien.

Paugam, Serge (2000), *Le salarié de la précarité. Lesnouvelles formes de l'intégration professionnelle,* Paris.

Reiners, Diana/Malli, Gerlinde/Reckinger, Gilles (2006), *Bürgerschreck Punk. Lebenswelten einer unerwünschten Randgruppe*, Wien.

Schultheis, Franz (2004), »La stratégie européenne de l'emploi: entre lutte contre la précarité des jeunes et production d'un habitus flexible«, in: *Schweizerische Zeitschrift für Soziologie*, 30 (3), S. 303–318.

Sennett, Richard (1998), *Der flexible Mensch. Die Kultur des neuen Kapitalismus*, Berlin.

Vester, Michael (2005), »Der Wohlfahrtsstaat in der Krise. Die Politik der Zumutungen und der Eigensinn der Alltagsmenschen«, in: Franz Schultheis (Hg.), *Gesellschaft mit beschränkter Haftung. Zumutungen und Leiden im deutschen Alltag*, Konstanz.

Vester, Michael u.a. (2001), *Soziale Milieus im gesellschaftlichen Strukturwandel. Zwischen Integration und Ausgrenzung*, Frankfurt a.M.

Willis, Paul (1977), *Learning to Labour. Why Working Class Kids Get Working Class Jobs*, Farnborough.

Volf, Patrik/Bauböck, Rainer (2001), *Wege zur Integration. Was man gegen Diskriminierung und Fremdenfeindlichkeit tun kann*, Klagenfurt.

Zilian, Hans Georg/Verhovsek, Hans (1998), *Das Anforderungsprofil von Hilfskräften*, Graz.

Widerständigkeit der Biografie

Zu den Grenzen der Entgrenzung neuer Konzepte alltäglicher Lebensführung im Übergang vom fordistischen zum postfordistischen Arbeitsparadigma[1]

Klaus Schönberger

Inzwischen gibt es in der Arbeitsforschung eine unübersehbare Zahl an wissenschaftlichen Veröffentlichungen zu jenem soziokulturellen Wandel, der gemeinhin mit dem Begriff der Entgrenzung bezeichnet wird. Zwar gilt den (kultur-)kritisch inspirierten empirischen wie theoriebezogenen Studien die Entgrenzung von Arbeit und Leben als zentrales Merkmal des Wandels der Erwerbsarbeit. Bezeichnenderweise vermögen sie es aber nicht, ihre eigene bestehende disziplinäre (akademische) Arbeitsteilung (im Sinne von Entgrenzung) zu überwinden. In Bezug auf die damit einhergehenden Folgen und Auswirkungen auf das, was in der früheren Arbeiterkultur-Forschung »Kultur und Lebensweise« (Korff 1978: 55ff.) genannt wurde, möchten die folgenden Überlegungen einige theoretische Anregungen zur Diskussion stellen. Oder weniger kausal formuliert: Der Beitrag zielt auf die mit diesen Wandlungsprozessen verbundenen Implikationen oder sogar auf die diesem Wandel vorausgehenden soziokulturellen Veränderungen im Hinblick auf die diversen »Konzepte alltäglicher Lebensführung« (Voß 1995).

Das soziologische »Konzept alltägliche Lebensführung« ist vor allem deshalb von besonderem Interesse für die kulturwissenschaftliche Arbeitsforschung, da es Strukturen und Praxen analytisch zu integrieren sowie in Beziehung zu setzen versucht. Zweifelsohne liegt es aus der Perspektive einer historisch argumentierenden Alltagswissenschaft nahe, eine solch subjektbezogene Theorie mit einer historischen Dimension zu verknüpfen. Im Kontext von Arbeit bietet sich insbesondere die Regulationstheorie

1 Obschon selbstverständlich der Autor die Verantwortung für den vorliegenden Beitrag trägt, soll nicht unerwähnt bleiben, dass Anregungen, Einwände und Vorschläge von Gerrit Herlyn (Hamburg), Elisabeth Timm (Wien), Ove Sutter (Hamburg) und Michael Zaiser (Edinburgh) zu früheren Fassungen dieses Aufsatzes ihren Niederschlag gefunden haben.

(Aglietta 2000) an. Sie argumentiert zum einen historisch, und zum anderen analysiert sie die Produktionsweise unter Zuhilfenahme weiterer sozioökonomischer und soziokultureller Faktoren des gesellschaftlichen Wandels.

Dabei soll dieser Wandel keineswegs als eine lineare Abfolge der Veränderung von Produktionsweise und alltäglicher Lebensführung missverstanden werden. Allerdings interessiert sehr wohl die Koinzidenz des Wandels der gesellschaftlichen Arbeit und dessen, was in Abgrenzung zur Arbeit, »Leben« oder »Lebenswelt« genannt wird. Hierfür sollen die Begriffe »Arbeitsparadigma« und »Konzept alltäglicher Lebensführung« unterschieden werden. Daher sind hier die mit dem Wandel des fordistischen Arbeitsparadigmas verbundenen Brüche, Irritationen, Verwerfungen, Gleichzeitigkeiten und Ungleichzeitigkeiten im Hinblick auf die Verschiebungen in den Konzepten alltäglicher Lebensführung von zentraler Bedeutung.

Der Ausgangspunkt der folgenden Überlegungen ist die Frage, ob sich im Prozess des Wandels der Erwerbsarbeit bereits die Umrisse eines postfordistischen Konzepts alltäglicher Lebensführung abzeichnen. Darüber hinaus wird die Frage aufgeworfen, inwiefern damit zugleich ein neues hegemoniales Leitbild verbunden ist oder ob wir es nur oder erst noch mit bestimmten sektoralen beziehungsweise – auf die Lebenswelt bezogen – sozialen Teilkulturen zu tun haben. Zunächst wird unterstellt, dass die Entwicklung des Arbeitsparadigmas Ausstrahlungskraft auf die bisherigen Formen der Verknüpfung von Arbeit und Lebenswelt hat oder haben wird. Im Folgenden wird schließlich der Versuch der Skizzierung eines neuen Idealtypus diskutiert.

Die Ausgangsfrage wird in vier Schritten zu einer Schlusshypothese weiterentwickelt. Im ersten Schritt werden zunächst die für die folgenden Ausführungen zentralen Begriffe wie Fordismus (1.1), Postfordismus (1.2) sowie das Konzept alltägliche Lebensführung (1.3) skizziert. Im zweiten Schritt werden diejenigen Charakteristika des fordistischen Arbeitsparadigmas umrissen, die mit der Herausbildung eines postfordistischen obsolet zu werden scheinen (2.1). Anschließend werden diejenigen Veränderungen des postfordistischen Arbeitsparadigmas rekapituliert, die die Herausbildung eines postfordistischen Lebensführungskonzepts nahe legen (2.2). Anhand damit verknüpfter sozialer Kämpfe lassen sich die zentralen sozialstrukturellen und soziokulturellen Indikatoren zur Bewertung der Bedingungen und Möglichkeiten des Übergangs benennen. Im dritten Schritt soll die Verwobenheit (3.1) der zentralen Tendenzen des postfordistischen

Arbeitsparadigmas im Hinblick auf die unterschiedlichen Lebensführungsdimensionen erörtert werden. Für die Analyse wird gefragt, welche sozialen Ressourcen in Zeiten des soziokulturellen Wandels stabilisierend wirken (3.2). In einem vierten Schritt steht die Frage nach dem Kern eines möglichen neuen Konzepts alltäglicher Lebensführung im Zentrum der Argumentation (4.). Abschließend werden die sich aus den beschriebenen Wandlungsprozessen ergebenden Implikationen für die weitere Konturierung der kulturwissenschaftlichen Erforschung des Wandels der Erwerbsarbeit beziehungsweise der Entgrenzung der Erforschung von Arbeit und Lebenswelt umrissen. Dabei wird die Frage erörtert, in welcher Weise die beobachtbaren Veränderungen konkrete inhaltliche wie methodisch-empirische Konsequenzen für die kulturwissenschaftliche Arbeitsforschung implizieren (5.).

1. Wandel des Arbeitsparadigmas und das »Konzept alltägliche Lebensführung«

Gegenwärtig werden im Kontext der Debatte um den Wandel der Erwerbsarbeit vor allem die Prozesse der Flexibilisierung, Prekarisierung und Subjektivierung von Arbeit angeführt. Dabei wird die Tendenz einer zunehmenden Bedeutung von Dienstleistungen beziehungsweise von immaterieller oder mentaler Arbeit (hierzulande auch »Wissensarbeit«) betont. Dieser Wandel lässt sich zugleich als der Übergang von der fordistischen zur postfordistischen Regulation der kapitalistischen Produktionsweise bezeichnen, der zugleich mit einem entsprechenden Wechsel des Arbeitsregimes oder des Arbeitsparadigmas verknüpft ist.

Periodisierungsbegriffe wie Fordismus und Postfordismus entstammen der Regulationstheorie, die eine »umfassende Interpretation des ökonomischen Systems« (Aglietta 2000: 7) für sich beansprucht. Die sozial- und politikwissenschaftliche Forschung der 1980er Jahre griff unter der Bezeichnung »Regulationstheorie« Überlegungen von Antonio Gramsci aus den 1920er Jahren auf und kritisierte sowohl marxistisch-leninistische Verkürzungen des Historischen Materialismus als auch modernisierungstheoretische Ansätze. Insbesondere in Frankreich entstand hieraus die so genannte Regulationsschule (vor allem Aglietta 1976; Lipietz 1985; Lipietz 1992). Diese »Regulationsschule« erscheint aus der Sicht des Verfassers derzeit immer noch als der theoretisch ambitionierteste Versuch, die Entwicklung der kapitalistischen Produktionsweise zu analysieren. Indem der Begriff der Regulationsweise die Mikro- und Makroebene der Ökonomie zu verknüpfen sucht, darin eine historische Perspektive der Analyse der Transformationen der kapitalistischen Produktionsweise enthalten ist sowie weitere soziale, politische und kulturelle Faktoren des gesellschaftlichen Wandels Berücksichtigung finden, wird diese Theorie als ökonomische Entsprechung der die Nachfolgedisziplinen der Volkskunde (Empirische Kulturwissenschaft, Europäische Ethnologie, Kulturanthropologie etc.) interessierenden Perspektive des soziokulturellen Wandels verstanden. Insbesondere deshalb, da die Regulationstheorie zugleich den Versuch unternimmt, die »Keime einer neuen Regulationsweise noch im Schoße der Krise der alten wahrzunehmen« (Aglietta 2000: 11) sowie die Vermittlung zwischen Makro- und Mikroebene als einen Regulationsmodus (ebd.: 22) zu beschreiben.

1.1 Fordismus

Der Begriff Fordismus geht auf Antonio Gramsci (1975) zurück. Gramsci charakterisiert damit unter Verweis auf Henry Ford zum einen die in der Automobilproduktion entwickelte spezifische tayloristische Produktionsweise der Totalstandardisierung und der wissenschaftlichen Rationalisierung der Produktion. Zum anderen meint der Begriff aber auch eine durch die hohen Produktivitätssteigerungen ermöglichte Form der sozialen Integration der Arbeiterklasse hinsichtlich Löhnen, Arbeitszeit und Preisgestaltung. Der Begriff bezeichnet somit auch ein spezifisches Verhältnis von Massenproduktion und Massenkonsum.

In der alten BRD lässt sich insbesondere die Periode der 1950er und 1960er Jahre als fordistische Phase beschreiben. Diese Zeitspanne kann auch als fordistischer Klassenkompromiss in Form der »Sozialpartnerschaft«, verbunden mit einer keynesianischen Wirtschaftspolitik mit hohen Löhnen, Förderung des Massenkonsums und wirtschaftlichem Wachstum charakterisiert werden. Dies gilt insbesondere für die Branchen der Automobil- und Konsumgüterindustrie. Ein weiteres Merkmal ist ein familiäres Geschlechterarrangement mit einem männlichen Familienernährer. Damit verknüpft ist – idealtypisch gesprochen – ein Konzept alltäglicher Lebensführung, das auf einer zunehmenden räumlichen wie zeitlichen Trennung von Arbeit und Freizeit basiert. Ebenso sind der Ausbau sozialer Sicherungssysteme sowie einer geschlechtlichen Arbeitsteilung zwischen einem für Lohnarbeit zuständige Ehemann und Vater und einer allenfalls Teilzeit arbeitenden Ehefrau und Hausarbeit verrichtenden Mutter zu nennen. Dass es sich hierbei um ein Ideal beziehungsweise um ein Leitbild und weniger um eine allgemein ausgeübte Praxis handelt, versteht sich zwar von selbst, wird aber als Argument im Folgenden noch einmal aufgegriffen. Zentral ist vor allem, dass ein solch hegemoniales Leitbild zugleich ein Referenzpunkt für ganz unterschiedliche soziale Gruppen ist und im Moment seines Bedeutungsverlustes den Bezugspunkt für Konflikte und Proteste darstellt.

1.2 Postfordismus

Der Übergang zum Postfordismus lässt sich nicht nur aus einer ökonomischen oder aus einer Produktivitätsperspektive beschreiben. Eine alternative Perspektive rekurriert auf die Veränderungen im Antagonismus von Lohnarbeit und Kapital. Die erste Perspektive betont, dass der Fordismus nicht in der Lage gewesen war, seine Produktionsreserven auszuschöpfen. Eine weitere Steigerung der Akkumulation sei durch eine Steigerung der Massenproduktion nach dem Vorbild des Fordismus auf der Basis normierter Lohnarbeit und der Ausbeutung von Naturressourcen nicht mehr möglich gewesen. Auf die Überakkumulations-Krise in den 1980er Jahren folgte die neoliberale Restrukturierung sowie die Globalisierung, die sich als Versuch deuten lässt, die ökonomische Vorherrschaft der westlichen kapitalistisch verfassten Ökonomien zu bewahren. Das Ende des fordistischen Wachstums legte hierfür zwei Auswege nahe. Zum einen: die Eroberung neuer Marktanteile. Die Voraussetzung hierfür wären aber unerschlossene Märkte gewesen. Zum anderen: Innovation, kürzere Produktzyklen und niedrigere Stückkosten (Gorz 2000: 41).

Die standardisierte fordistische Massenproduktion stand diesem Ausweg in gewisser Weise völlig entgegen, da hierzu ein neuer Typus von Arbeitskraft benötigt wurde. Die im Fordismus angestrebte totale Kontrolle und Herrschaft über die Arbeit (und ihre wissenschaftliche Organisation beziehungsweise Rationalisierung) erwies sich vor diesem Hintergrund zunehmend als dysfunktional.[2] Die für den Fordismus funktionale Ordnung der »Disziplinargesellschaft« (Foucault 1976) war noch von den Einschließungsmilieus Fabrik, Kaserne, Gefängnis, Klinik, Schule und Familie geprägt, die spezifischer Techniken der Produktion unterworfener und geübter, fügsamer und gelehriger Körper bedurfte.[3]

Eine zweite Perspektive betont eher den antagonistischen Aspekt des Verhältnisses zwischen Arbeit und Kapital in diesem Prozess. Insbesondere in den Konzepten der »Immateriellen Arbeit« beziehungsweise der »Affektiven Arbeit« (Negri/Hardt 2002) sowie der »Mentalen Arbeit« (Berardi 1998), aber auch bei André Gorz (2000: 47ff.) wird der Anstoß für die Entwicklung des postfordistischen Arbeitsparadigmas beziehungsweise Arbeitsregimes zu allererst in der Widerständigkeit der »lebendigen Arbeit«, insbesondere der industriellen Massenarbeiter gesehen.[4] Das neue postfordistische Arbeitsparadigma gilt in dieser Perspektive als Reaktion des Kapitals auf diese Widerständigkeit der »lebendigen (industriell verfassten) Arbeit«.[5] Die frühen Versuche postfordistischer Automatisierung und Rationalisierung werden dabei als Versuch interpretiert, zunächst den Anteil »lebendiger Arbeit« mittels Informations- und Kommunikationstechnik zu minimieren. Allerdings sei damit zugleich jener paradoxe Effekt verbunden gewesen, wonach das Bemühen, Subjektivität aus dem Produktionsprozess hinauszudrängen, wie es die Tendenz zur Informatisierung zunächst intendierte, wiederum ein verstärktes Maß an notwendiger Subjektivierung erforderte: »Solange sich die Automatisierung der Fabriken zum Ziel setzte, die immer rebellischer werdenden Arbeitskräfte durch Roboter zu erset-

2 André Gorz (1997: 43) spricht in diesem Zusammenhang vom »Kontrollwahn« der tayloristischen Produktion.

3 »Diese Methoden, welche die peinliche Kontrolle der Körpertätigkeiten und die dauerhafte Unterwerfung ihrer Kräfte ermöglichen und sie gelehrig/nützlich machen, kann man die ›Disziplinen‹ nennen.« (Foucault 1976: 175).

4 Vgl. auch Beverly J. Silver, die am explizitesten und in historischer Perspektive diese in der Tradition des Operaismus (vgl. Wright 2005) argumentierende Interpretation als generelle Tendenz des Widerspruchs von Kapital und Arbeit herausarbeitet.

5 »Die Fabrik war zum Schauplatz permanenter Kleinkriege geworden, in deren Verlauf die angelernten Arbeiter ungeahnte Fähigkeiten entwickelten, wichtige Produktivitätsreserven (häufig bis zu 20) der Aufmerksamkeit der Führungsebene zu entziehen. Die ganze Kreativität der Arbeiter galt der Schaffung geheimer Zeitreserven« (Gorz 1997: 43).

zen, ist sie eine Quelle kostspieliger Enttäuschungen geblieben« (Gorz 2000: 44f.).[6]
Insofern lässt sich der so genannte Toyotismus als eine Antwort von kulturrevolutionärem Ausmaß interpretieren, als derselbe eine Art Selbstverwaltung des Produktionsablaufs durch die Arbeiterinnen und Arbeiter einführte. Diejenige menschliche Ressource, die der Taylorismus in der Fabrik noch auszuschalten versuchte (Eigensinn, Erfindungsgabe und Kreativität), stellt nun auf einmal »eine zu fördernde und auszubeutende Ressource dar« (Gorz 1997: 44f.).

Aus dieser Analyse-Perspektive ergibt sich die Notwendigkeit einer wachsenden Inkorporation der Arbeit beziehungsweise der Arbeiterinnen und Arbeiter in den gesamten Produktions- und Wertschöpfungsprozess. Demzufolge wird ihr Arbeitsvermögen[7] nun (im Rahmen eigenverantwortlichen Arbeitens) zunehmend umfassender in Anspruch genommen. Dies bezieht sich auf ihr gesamtes Arbeitsvermögen, also sowohl auf ihre manuellen Fähigkeiten (etwa im Rahmen der industriellen Produktion) als auch auf ihre physisch-geistigen Fähigkeiten (Kreativität, Innovation und Kooperation). Damit einher geht zugleich im letzten Drittel des 20. Jahrhunderts der Verlust der hegemonialen Stellung der Industriearbeit im Sinne eines Leitbildes. Insgesamt wird dieser Wandel auch als Tendenz zur »Dienstleistungsarbeit«, »Wissensarbeit« oder »intellektuelle(n) Arbeit« beschrieben (Hardt/Negri 2004: 126). Die zentralen Elemente, die diesen Wandel des Charakters der gesellschaftlichen Arbeit ausmachen, lassen sich

6 »Der Hintergrund hierfür ist die Verdreifachung des Anteils der EDV-Technik. Im Fordismus hatten die Investitionen in Maschinen die manuellen Arbeitsvorgänge in der Industrie revolutioniert, indem sie die Kapitalintensivität und die Arbeitsproduktivität erhöhten. Die Sektoren, die sich intensiv die EDV-Technik zunutze machen, sind im Großen und Ganzen auch jene, die Diversität (Produktinnovationen) produziert und die meisten Arbeitsplätze geschaffen haben. [...] Die EDV-Technik intensiviert die Kopfarbeit, indem sie die verschiedenen Formen der Abstraktion der Arbeit in eine gleiche logische Struktur bringt: Entwurf, Symbolisierung, Information und Kommunikation. Dadurch wird es möglich, eine Verkettung von Arbeitsabläufen in den Dienstleistungen zu organisieren, wobei technische und soziale Innovationen eng miteinander verbunden werden.« (Aglietta 2000: 92f.).

7 Vgl. allgemeiner Sabine Pfeiffer (2004) zu diesem Begriff und seiner Nutzbarmachung, die allerdings in Abgrenzung zu Toni Negri und Michael Hardt argumentiert (ebd.: 23ff.).

als Tendenzen der Prekarisierung, Flexibilisierung und Subjektivierung beschreiben (siehe unten).[8]

1.3 Das Konzept alltägliche Lebensführung

Um die Frage nach den Gestaltungsmöglichkeiten, dem möglichen Zugewinn oder Abbau von Zwängen und Freiheiten im Zuge des gegenwärtigen gesellschaftlichen Wandels im Kontext der Frage nach dem Zusammenhang von »Arbeitsleben und biografische[n] (Um-)Brüchen« zu diskutieren, erscheint ein auf Max Weber (1972a; 1972b) zurückgehendes, aber auch über ihn hinausgehendes theoretisches Konzept hilfreich. Das Konzept alltägliche Lebensführung entstammt der »Subjektorientierten Soziologie« (Voß/Pongratz 1997)[9]: »Als Lebensführung wird die Gesamtheit aller Tätigkeiten im Alltag von Personen angesehen, die das Leben eines Menschen ausmachen« (Voß 1995: 30). Lebenswelt wird dabei primär als Praxis definiert und darf nicht mit Sinnkonstruktion (Sinnstrukturen, Deutungsmustern) oder kultureller (Selbst-)Stilisierung zum Zweck der sozialen Distinktion verwechselt werden (ebd.). Das Konzept ist für die kulturwissenschaftliche Arbeitsforschung deshalb von Interesse, weil hier die aktive Leistung des Individuums für die Bewältigung der widersprüchlichen, an

8 Die gesamtgesellschaftliche Bedeutung dieser Tendenz wird häufig in Frage gestellt, da dieser Wandel der gesellschaftlichen Arbeit nicht unbedingt mit – einem global gesehen – absoluten quantitativen Rückgang von Industriearbeit in eins fällt. Dem ist allerdings entgegenzuhalten, dass dies historisch gesehen bei der Durchsetzung der industriellen Produktion des Fordismus auch nicht anders gewesen ist. Die Hegemonie des industriellen Modells im Fordismus drückte sich vielmehr in der Industrialisierung der anderen Sektoren der Produktion aus (Hardt/Negri 2004: 128).

9 Vielleicht ist es im Kontext der Fachgeschichte der Nachfolgedisziplinen der Volkskunde nicht ganz überflüssig zu erwähnen, dass der Begriff der »Lebensführung« bereits in ihrer ›Vorgeschichte‹ eine gewisse Rolle gespielt hat. Beispielsweise schrieb Michael Haberlandt (1917: 76) etwa in der ersten Folge der Zeitschrift für österreichische Volkskunde unter der Überschrift »Zum Beginn«: »Um die Erforschung und Darstellung der volksthümlichen Unterschicht ist es uns allein zu thun. Das eigentliche Volk, dessen primitivem Wirtschaftsbetrieb eine primitive Lebensführung, ein urwüchsiger Geisteszustand entspricht, wollen wir in seinen Naturformen erkennen, erklären und darstellen. Ersteres durch die Mittel und Methode der Wissenschaft in unserer Zeitschrift; letzteres – da die volksthümlichen Dinge in raschem Verschwinden begriffen sind, durch die Bergung und Aufsammlung in einem Museum. Beide Thätigkeiten werden auf österreichischem Boden von selbst und nothgedrungen *vergleichende* sein.« Vgl. auch Jacobeit/Lixfeld/Bockhorn (1994: 503).

ihn gestellten Handlungsanforderungen in unterschiedlichen Lebensbereichen gefasst wird. Damit sind die bei einer Person gefundenen Arrangements sowohl hinsichtlich Arbeit, als auch hinsichtlich der Lebenswelt und insbesondere in ihrer Verbindung gemeint. Das heißt, »es geht um den alltäglichen Lebenszusammenhang und nicht um die Fülle seiner Elemente« (Voß 1995: 32). Das Konzept dient der Identifizierung des Zusammenhangs der Alltagstätigkeiten. Der Lebenszusammenhang einer Person konstituiert sich hierbei aus verschiedenen, für sie relevanten Lebensbereichen wie Beruf, Familie, Konsum oder Politik. Formen der Lebensführung ergeben sich aus dem Arrangement einzelner Arrangements in diesen Lebensbereichen.[10]

Dabei ist wichtig, dass der »Zusammenhang« und die »Form« der Alltagstätigkeiten nicht vorgängig sind. Lebensführung ist nicht einfach vorhanden und auch kein bloßer Reflex auf Bedingungen der sozialen Lage. Lebensführung wird als eine aktive Tätigkeit verstanden. Das zeigt, in welcher Weise das Konzept für die Perspektive einer subjektorientierten kulturwissenschaftlichen Arbeitsforschung anschlussfähig ist. Es ist insbesondere deshalb von Nutzem, da damit strukturell objektivierbare Faktoren mit subjektiven konkreten Handlungsmustern verknüpft werden können. Es ist darüber hinaus ein interessanter theoretischer Bezugspunkt, wenn es als Instrument zur Analyse des soziokulturellen Wandels eingesetzt wird.[11] Für dessen Analyse spielen folgende drei Faktoren eine zentrale Rolle:

10 »Diese einzelnen Arrangements beziehen sich auf zeitliche, räumliche, sachliche, soziale, sinnhafte oder auch mediale und emotionale Aspekte der Aufteilung und Gestaltung der Tätigkeiten im Alltag: Eine Lebensführung ist also dadurch gekennzeichnet, wie sich eine Person auf die verschiedenen Sozialsphären, auf die sie verwiesen ist, bezieht und sich mit diesen zeitlich, räumlich, sachlich usw. arrangiert.« (Voß 1995: 32).

11 Manfred Seifert (2004a: 62f.) sieht in der bisherigen Forschung über den »Wandel der Arbeitsverhältnisse vom fordistischen zum postfordistischen Typ« bisher vor allem folgende drei Faktoren berücksichtigt: Technisch-methodische Innovation der Arbeitsvollzüge (1.), Spezifik der Beschäftigungsverhältnisse inklusive Betriebsstrukturen (2.) und unternehmerische und lebensweltliche Dispositionen (3.). Darüber hinaus fordert er die Berücksichtigung von »gesellschaftsvirulenten Prädispositionen und Lebensperspektiven«, wie etwa den »gesellschaftlichen Wertewandel seit 1945« (ebd.). In welcher Weise theoretische Konzepte wie das Konzept alltäglicher Lebensführung (aber auch Pierre Bourdieus Habituskonzept) ein systematisierendes theoretisches Angebot für eine kulturwissenschaftliche Perspektive auf den Wandel der Erwerbsarbeit darstellen, ist das Thema der folgenden Ausführungen.

1) Die *objektiven Verhältnisse* in den sozialen Bezugsbereichen der Person sowie nicht hintergehbare oder mehr oder minder unumgehbare Bedingungen (also Zwänge, Anforderungen, Chancen, Ressourcen): Bei Erwerbstätigen zählen hierzu insbesondere die beiden zentralen Bereiche Beruf und Familie. Gleichzeitig wird unterstrichen, dass aber auch solche »objektiven« Bedingungen in sehr unterschiedlicher Weise die Lebensführung bestimmen können. In diesem Sinne argumentiert dieses Konzept nicht determinierend. Lebensführung wird als »relativ autonome ›Reaktion‹ von Personen, und die Art und Weise wie dieselben zu einem bestimmten Zeitpunkt mit den objektiven Bedingungen in den verschiedenen Lebensbereichen umgehen«, verstanden, indem sie sie zu einem »stabilen Tätigkeits- und dadurch auch Orientierungsrahmen aktiv verarbeit(en)«. Dies ermögliche eine Abfederung des Zwangscharakters der objektiven Bedingungen, mache Chancen nutzbar und ermögliche »mehr oder weniger weit reichende Autonomien« (Voß 1995: 37f.).
2) Darüber hinaus wirken *soziokulturelle Einflüsse* auf die Lebensführung (Deutungsmuster, normative Standards, ideologische Vorgaben) beziehungsweise auf die Vorstellung darüber, wie eine Lebensführung auszusehen habe, ein. Solche, über soziokulturelle Orientierungsmuster beziehungsweise die Sozialisation vermittelte, gesellschaftliche Orientierungsmuster prägen die Lebensführung gleichermaßen nicht in einem deterministischen Sinne, sondern werden je individuell verarbeitet und entfalten als »kulturelle Inputs« Wirkung (ebd.).
3) Die *Lebensformen* (gedacht als basale Formen des sozialen Zusammenlebens wie Familie, Partnerschaft, Haushalt, Verwandtschafts- und Freundschaftsnetz) erscheinen in der Perspektive des Konzepts als »gesellschaftliche Formen der aktiven Verschränkung« und »mehr oder minder kooperativen Herstellung und Erhaltung individueller Lebensführungen« (ebd.).

Da sich das Konzept nicht allein entweder auf die Arbeitswelt oder die Lebenswelt bezieht, sondern die Verknüpfungen ins Auge zu fassen versucht, erscheint es als ein besonders adäquates Werkzeug für die Untersuchung von Entgrenzungs- oder Entdifferenzierungsprozessen zwischen Arbeits- und Lebenswelt, wie sie für den Übergang zum Postfordismus beobachtet werden können.

2. Lebensführung im Prozess des soziokulturellen Wandels

2.1 Das fordistische Zeitregime

Die Entwicklung des fordistischen Arbeitsparadigmas war ein historischer Prozess, der auf dem Umweg über ständisch geprägte Statusunterschiede (Deutschmann 2002: 200f.) erfolgte. Christoph Deutschmann verweist auf die unterschiedliche Entwicklung in Großbritannien und Deutschland. Demnach habe die Indienstnahme ständischer und zünftischer Herrschaftsstrukturen bei der Herausbildung der deutschen Variante der kapitalistischen Produktionsweise eine stärkere soziale Polarisierung zur Folge gehabt. In Anlehnung an Jürgen Kocka (1990) argumentiert Deutschmann, dass die Bruchlinie in Deutschland nicht so sehr zwischen Arbeitgebern sowie Arbeitern und Kleinhandwerkern verlief, als vielmehr zwischen Selbständigen und Lohnarbeitenden. Daher sei es der Kampf um die Zeit gewesen, der in Deutschland zum Kristallisationspunkt der sozialen Auseinandersetzung avancierte. Im Mittelpunkt dieser sozialen Kämpfe standen die Verkürzung und die Normierung der Arbeitszeit. Mit diesen Kämpfen ging ein Bewusstwerdungsprozess um den Wert und die Knappheit der Zeit seitens der Arbeiterinnen und Arbeiter einher. Die zunehmende Rationalisierung und Mechanisierung der Produktion verstärkte diesen Bewusstwerdungsprozess.

Hinzu kam ein klassischer Wertewandel: Das Ideal der Lebensform »Kleinfamilie« begünstigte laut Deutschmann (2002: 204) eine Entwicklung, wonach der »traditionelle ›Schlendrian‹« sowie »das Totschlagen von Zeit durch Alkoholkonsum« im Verlauf dieser Kämpfe zurückgedrängt werden konnten. In der Folge stiegen sowohl die Produktivität als auch die Intensität der Arbeit stark an. Auch Pausen wurden demzufolge aus Sicht der Arbeiter uninteressant, wenn sie frühzeitig den Betrieb verlassen wollten. In der Folge habe sich die gestiegene Zeitdisziplin sowohl für den Einsatz neuer Maschinen, als auch für die Trennung von Arbeit, Freizeit und Familie als förderlich erwiesen:

»Die vorherige Kluft zwischen der kapitalistischen Betriebszeit und den traditionalen Zeitorientierungen der Arbeiter wurde damit in die subjektive Trennung von ›Arbeitszeit‹ und ›Freizeit‹ transformiert. Es war eben diese Verlagerung der Zeitdifferenz in die Subjektivität, die es dem Arbeiter ermöglichte, sich mit dem Rhythmus der Industriearbeit zu identifizieren und ihn als subjektiv sinnvoll zu erleben. So erklärte sich das auf den ersten Blick paradox anmutende Phänomen, dass die von den Arbeitern erkämpften kürzeren Arbeitszeiten nicht etwa zu geringeren, sondern zu höheren Leistungen führten« (ebd.: 204).[12]

Insofern sei der Taylorismus bei Teilen der Arbeiterschaft wie bei den Gewerkschaften durchaus auf Zustimmung gestoßen, zumal die durchrationalisierte Zeitökonomie zugleich der Willkür der Meister ein Ende bereitete (ebd.: 205).[13]

Die Entwicklung eines solchen Zeitregimes war Ausdruck wie Voraussetzung für die Herausbildung des fordistischen Modus des proletarischen Konzepts alltäglicher Lebensführung im Sinne eines hegemonialen Leitbilds. Das fordistisch-proletarische Lebensführungskonzept basierte auf der Hegemonie der tayloristischen Produktionsweise, dem sozialen Klassenkompromiss und einer mentalen Disposition der Arbeiter, sich in der Freizeit von der Arbeit abzugrenzen.[14] Unabhängig von allem Produzenten-Stolz und auch zu differenzierenden sozialen Abstufungen war für den Fordismus die Trennung von Arbeit, Reproduktionsarbeit und Freizeit konstitutiv. Diese Vorstellung wurde hegemonial und dominierte die soziokulturellen Orientierungen. Dies ging einher mit einem männlichen Familien-Ernährermodell, der Hausfrauenehe und einer geschlechtskulturell codierten Arbeitsteilung, der Dominanz weiblicher Teilzeitarbeit und einer Kultur des weiblichen Zuverdienens. Damit verbunden waren gleichermaßen öffentliche Zeitmodelle und gesellschaftliche Zeitpolitiken, die mehr oder weniger klar abgrenzbare Zeitfenster aufwiesen (als Voraussetzung für ehrenamtliches Engagement oder entsprechende Zeitstrukturen im Vereinswesen).

---

12 Christoph Deutschmann beschreibt den historischen Prozess der Herausbildung des fordistischen Arbeitsparadigmas ganz im Sinne der Modernisierungstheorie als lineare Entwicklung. Aufgrund eines neuen und geschärften Bewusstseins hätten die Arbeiter eine Haltung des In-den-Tag-Hineinlebens aufgegeben. Sie sahen nun auch die Risiken des lebenslangen Lohnarbeiterdaseins und die Notwendigkeit, dieselben zu meistern: nämlich durch bessere Ausbildung, Gewerkschaftsorganisation und Arbeitszeitverkürzung (Deutschmann 2002: 204). Er folgt dabei jener Interpretation, die die Geschichte der Arbeiterbewegung und der Arbeiterkultur an ihrer Fähigkeit zur Entwicklung ihrer Integration in das fordistische Arbeitsparadigma und der Herausbildung korporatistischer Arbeiterorganisationen misst.

13 Konflikte ergaben demzufolge sich nach 1918/19 weniger aufgrund von Taylorismus und Rationalisierung, als vielmehr aufgrund des »nahezu unverändert fortbestehende(n) autokratische(n) Charakter(s) der Arbeitsverfassung« (Deutschmann 2002: 206).

14 John Goldthorpe u.a. (1970: 190) charakterisieren den modernen Wohlstandsarbeiter als jemanden, der nur geringe Neigung zeigt, sich mit seiner Arbeit und dem sozialen Leben seines Betriebes zu identifizieren.

Es sei explizit betont, dass *das* fordistische Lebensführungskonzept selbstverständlich eine Tendenz beziehungsweise ein Idealtypus gewesen ist. Seinen hegemonialen Status erlangte dieser Modus darüber, dass in zahlreichen Lebensführungskonzepten der Individuen Tendenzen, manchmal auch nur Spuren dessen, was den Idealmodus ausmacht, zu finden sind. Selbst wenn festgehalten werden muss, dass bereits das fordistische Lebensführungskonzept nicht durchgängig für alle gesellschaftlichen Gruppen Gültigkeit besaß, so erweist sich seine Hegemonie im Nachhinein als diskursiver Bezugspunkt der gegenwärtigen sozialen Kämpfe, etwa im Hinblick auf die Entstaatlichung sozialer Sicherungssysteme, oder aber der gesellschaftlichen Debatten über eine zunehmende Entgrenzung von Arbeit und Freizeit.

Heidi Rosenbaum und Elisabeth Timm (2006: 34) unterstreichen in diesem Zusammenhang die für den Fordismus spezifische »Institutionalisierung des Lebenslaufs« (Kohli 1985: 1). Sie zeigen in Anlehnung an Jutta Ecarius (1995, 184) und Hans Georg Brose (2003: 583) wie für dieses Modell der männliche Lebenslauf Pate stand und zumindest in der BRD vor 1990 zu einer »Normalarbeitsbiografie« erwuchs. Schließlich verweisen Heidi Rosenbaum und Elisabeth Timm (2006: 34) auf die damit verbundenen Konsequenzen für den weiblichen Lebenslauf (nämlich keine Erwerbstätigkeit oder kontinuierliche Teilzeiterwerbstätigkeit), der in einem »Dreiphasenmodell« aus Erwerbsarbeit, Erwerbsunterbrechung als »Familienphase« (Geburt bis zum Schuleintritt der Kinder) und Wiedereinstieg in das Erwerbsleben mündet. Im Vergleich zu Ostdeutschland sehen sie für Westdeutschland allerdings eine größere Homogenität und Standardisierung männlicher wie weiblicher Lebensläufe (Rosenbaum/Timm 2006: 34).

2.2 Postfordismus: Prekarisierung, Flexibilisierung, Subjektivierung der Arbeit und De-Institutionalisierung des Lebenslaufs

Der mit dem Übergang zum postfordistischen Arbeitsparadigma einhergehende soziokulturelle Wandel lässt sich in Bezug auf die gesellschaftliche Arbeit demgegenüber als drei miteinander verwobene Tendenzen im Sinne von Entgrenzung beschreiben. Nämlich als Flexibilisierung, Subjektivierung und Prekarisierung, die erhebliche Implikationen für die Gestaltung der jeweiligen personalen Konzepte alltäglicher Lebensführung mit sich bringen. Günter G. Voß und Hans Joachim Pongratz (1998) analysierten diese Entwicklung als eine Tendenz der Herausbildung des Typus des Arbeitskraftunternehmers. Im Hinblick auf die Erwerbsbiografien kann in diesem Zusammenhang von einer »De-Standardisierung« des Lebenslaufs (Kohli 1985: 24) beziehungsweise »De-Institutionalisierung« (Brose 2003) gesprochen werden (vgl. auch Castel 2000).

2.2.1 Prekarisierung

Unter Prekarisierung wird der Prozess der Zunahme prekärer Arbeitsbeziehungen (ohne feste Arbeitszeiten, tarifvertraglich festgelegte Gehälter, Kranken- und Urlaubsgeld, Kündigungsschutz) in der Erwerbsarbeit verstanden.[15] Solche Arbeitsbeziehungen werden ökonomisch und historisch in Abgrenzung zum fordistischen Normalarbeitsverhältnis bestimmt. Der Anteil so genannter »atypischer« Arbeitsverhältnisse gegenüber den Normalarbeitsverhältnissen[16] an der abhängigen Beschäftigung nimmt seit Anfang der 1970er Jahre in Westdeutschland zu (Kommission für Zukunftsfragen der Freistaaten Bayern und Sachsen 1996: 64; vgl. auch Diekmann/Jann 2003). Allerdings kann (noch) nicht von einer Verdrängung des Normalarbeitsverhältnisses durch prekäre Arbeitsbeziehungen gesprochen werden, da die Zahl der Normalarbeitsverhältnisse im gleichen Zeitraum nicht zurückgegangen ist (Diekmann/Jann 2003). Vielmehr muss von einer Gleichzeitigkeit prekärer und abgesicherter Arbeitsbeziehungen ausgegangen werden.[17] Neben der Abnahme von durch einen Tarifvertrag abgesicherten Arbeitsverhältnissen ist mit dieser Tendenz eine gestiegene Zahl der Minijobs verbunden (2004 um 400.000).[18] Hinzu kommen eine

---

15 Zum Terminus »Prekarität« vgl. auch Pierre Bourdieu (1998) und AG »Neue Heimat« (1998).

16 »Normalarbeitsverhältnis« bedeutet in diesem Zusammenhang ein unbefristetes sozialversicherungspflichtiges Vollzeitarbeitsverhältnis.

17 Ein weiteres Indiz für die Tendenz der Prekarisierung ist die Entwicklung der Einkommenshöhe. Für Westdeutschland lässt sich zeigen, dass seit 1980 die Zahl derer, die zu weniger als 75 Prozent des Durchschnittseinkommens in Vollzeit arbeiten um fast 400.000 zugenommen hat. Gleichzeitig sank die Gesamtzahl der Vollzeitbeschäftigten um 1,4 Millionen. Darüber hinaus stieg der Anteil der Armutseinkommen (weniger als 50 Prozent eines Durchschnittseinkommens) bei Vollzeitbeschäftigten gleichermaßen (Schäfer 2003: 422).

18 Mini- oder Midijobs sind Arbeitsverhältnisse mit einem Einkommen von lediglich zwischen 400 und 800 Euro im Monat. »Im Jahr nach der Neuregelung stieg die Zahl der Minijobber im Haupt- und Nebenerwerb (exklusive Beamte und Selbstständige) von März 2003 bis März 2004 von ca. 4,83. Mio. um ca. 1,37 Mio. (oder 28 Prozent) auf 6,21

signifikante Steigerung von Teilzeitarbeit, spürbare Kürzungen sowie die Streichung des Weihnachtsgeldes und übertariflicher Zulagen. Mit der Zunahme so genannter atypischer Arbeitsverhältnisse (im Vergleich zum Fordismus) sind Lohnsenkungen und ein beschleunigter Rückgang gesicherter, langfristiger Beschäftigungsverhältnisse verbunden. Die Stichworte hierzu lauten: Ich-AG, Ein-Euro-Jobs, Werkvertrag, Teilzeitarbeit und Scheinselbständigkeit. Das bedeutet erhebliche Mindereinnahmen und weitere Umverteilungseffekte (Brandt 2006: 450).

2.2.2 Flexibilisierung

Flexibilisierung bezeichnet auf der Ebene der Arbeitsorganisation den Übergang von umfassend regulierten Arbeitsverhältnissen des Fordismus zu einer deregulierten Organisation der Lohnarbeit – ohne feste Vorgaben. Die Tendenz der Flexibilisierung impliziert zumeist eine Verflachung von Hierarchien und die Propagierung von Teamarbeit oder Gruppenarbeit (Wittel 1998) etwa im Sinne von »Lean Production« oder des so genannten Toyotismus.[19] Flexibilisierung meint zugleich einen umfassenderen Zugriff auf die Ware Arbeitskraft als im Fordismus, insbesondere auch in zeitlicher Hinsicht. Im Zusammenhang eines »flexibilisierten Kapitalismus« im Sinne Richard Sennetts (1998) impliziert die Forderung nach dem »flexiblen Menschen« zugleich den Anspruch auf eine erweiterte zeitliche Verfügbarkeit.[20] Die Trennung von Arbeit und Freizeit im Fordismus wird von einer Entdifferenzierung oder Entgrenzung im Sinne der Flexibilisierung von Arbeit und Freizeit im Postfordismus abgelöst. Günter G. Voß (1998: 482) bezeichnet diese Tendenz als eine »›Verarbeitlichung‹ des Alltags«.

Mio. (BA 2004). Beachtenswert ist insbesondere die Zunahme der Minijobber im Nebenerwerb, die von ca. 0,7. Mio. auf 1,55 Mio. zulegte(n) und mit ihrem Anteil [auf] […] ca. 25% aller von der BA ausgewiesenen Minijobs« (Brandt 2006: 437) kamen.

19 Gemäß André Gorz (1997: 62) ersetzt der Toyotismus moderne soziale Beziehungen durch vormoderne, bedingt die Entgrenzung von Raum und Zeit und kehrt zurück zur personalisierten, nicht formalisierbaren und schwer vorausbestimmbaren Leistung (ebd.: 57). Paolo Virno (1994: 80; 94 und 97) diagnostiziert in diesem Zusammenhang gleichermaßen eine Personalisierung der Abhängigkeit, universelle Dienstbotenarbeit sowie den »Höhepunkt der Knechtschaft«.

20 Dabei ist auch eine kulturpessimistische Tendenz in der Argumentation von Richard Sennett (1998) nicht zu übersehen. Insbesondere wenn er die Flexibilisierung der Arbeit für den Verlust von Wertvorstellungen und Tugenden, wie Treue, Verantwortungsbewusstsein und Arbeitsethos, die Fähigkeit, auf sofortige Befriedigung von Wünschen zu verzichten und Ziele langfristig zu verfolgen, verantwortlich macht.

2.2.3 Subjektivierung

Eine dritte Tendenz, die die Veränderung des Charakters der Arbeit betrifft, ist die zunehmende Bedeutung von Subjektivität im Arbeitsprozess im Postfordismus. Diese Veränderung, die die Arbeitsinhalte und das Arbeitsvermögen betrifft, wird gegenwärtig unter der Chiffre »Subjektivierung von Arbeit« (Moldaschl/Voß 2002; Schönberger/Springer 2003; Lohr/Nickel 2005) diskutiert. Dabei unterliegt die Erwerbsarbeit einem doppelten Subjektivierungsprozess. Auf der einen Seite erhöhen die mit der Flexibilisierung verbundenen veränderten betrieblichen Nutzungsformen von Informations- und Kommunikationstechnik den Subjektivierungsbedarf (insbesondere in Bezug auf soziale und kommunikative Kompetenzen), auf der anderen Seite stellen die Beschäftigten selbst verstärkt subjektive Ansprüche an ihre Arbeit (Baethge 1991: 57), so dass auch von einer »doppelten Subjektivierung« gesprochen werden kann. Das rührt daher, dass seit den 1970er Jahren eine Veränderung der Qualifikationsstruktur beobachtbar ist, die »eine andere Anspruchshaltung der Individuen an die Arbeitsplätze und Anforderungen des gesellschaftlichen Reproduktionsprozesses« (Bischoff 2001: 57) nach sich zieht.[21] In diesem Zusammenhang lässt sich auch auf einen Aspekt des soziokulturellen Wandels verweisen, der in der soziologischen Debatte als »Wertewandel« (Klages 2000) firmiert.

2.2.4 De-Institutionalisierung des Lebenslaufs

Mit den oben skizzierten Tendenzen der Krise des fordistischen und des Entstehens eines postfordistischen Arbeitsparadigmas wird eine zunehmende »De-Institutionalisierung« beziehungsweise »De-Standardisierung des Lebenslaufes« diagnostiziert (Brose 2003: 600; Kohli 1985: 24; zitiert nach Rosenbaum/Timm 2006: 37). Heidi Rosenbaum und Elisabeth Timm (ebd.) sehen in dieser Entwicklung »für Deutschland insbesondere für das letzte Viertel des 20. Jahrhunderts [...] alle drei Dimensionen der ›Institution Lebenslauf‹ (Verhaltensregelmäßigkeiten, institutionelle Regulierung, normative Orientierung)« betroffen:

21 Vgl. hierzu auch Kleemann/Matuschek/Voß (2002), die eine reklamierende und ideologisierende Subjektivität unterscheiden. Gemeint ist damit, dass durchaus beide Seiten, wenn auch aus unterschiedlichen Erwartungen heraus, Interesse an Flexibilisierung haben können.

»Diese Veränderungen des Lebenslaufs als Institution im Allgemeinen sowie im einzelnen Lebenslauf im Besonderen seit den 1980er Jahren sind das Ergebnis politischer und ökonomischer Entwicklungen in Deutschland, und zwar insbesondere der sukzessive Aufkündigung der Sozialpartnerschaft als Kernelement des fordistischen Klassenkompromisses (Vester u.a. 2001: 84f.). Sie brachten ›diskontinuierliche‹ und ›entstandardisierte Lebensläufe‹ hervor, die durch ›häufige Umstellungen zwischen Phasen des Jobbens, der Berufsarbeit, der Arbeitslosigkeit, der Weiterbildung, der Kinderversorgung‹ charakterisiert sind, und zwar ›nicht nur unten, sondern auch in der Mitte der Gesellschaft‹ (Vester u.a. 2001: 83ff.). Ab den 1990er Jahren haben sich diese ›unstetigen Biografien‹ verfestigt zu ›Wohlstand auf Widerruf‹ oder ›prekäre(m) Wohlstand‹ (ebd.). Hinsichtlich der Institutionalisierung des Lebenslaufs führt dies dazu, ›dass die fordistische Zuteilung von primären Tätigkeitsformen zu bestimmten Lebensaltern aufgeweicht worden ist‹ (Lange 2003: 5; ebenso Vester u.a. 2001: 84).« (Rosenbaum/Timm 2006: 37).

Insofern nehmen auch die traditionellen »Erwerbsbiografien« Charakteristika an, wie sie vor allem Selbständigen zugeschrieben werden. Alexandra Hessler (2001) sprach im Kontext von Existenzgründern von der Notwendigkeit einer »prospektiven Ausrichtung« dieser Erwerbsbiografien. Die Tendenz der De-Institutionalisierung impliziert eine Annäherung der damit verbundenen Konzepte der alltäglichen Lebensführung.[22]

3. Fragile Lebenswelt und Biografien im Postfordismus

Diese oben diskutierten Tendenzen des postfordistischen Arbeitsparadigmas sowie die diagnostizierten Prozesse der De-Standardisierung des Lebenslaufs von immer mehr Erwerbsbiografien müssen als die »objektiven« Rahmenbedingungen für ein denkbares neues (postfordistisches) Konzept alltäglicher Lebensführung angesehen werden.

3.1 Neues Arbeitsparadigma und Lebensführungs-Dimensionen

Neben diesen »objektiven Verhältnissen« konstituieren gleichermaßen auch »soziokulturelle Normen« und »basale Lebensformen« die jeweiligen personalen Konstruktionen eines Konzepts alltäglicher Lebensführung. Das Verhältnis der drei Dimensionen wird dabei nicht im Sinne einer Determina-

22 Vgl. hierzu die empirischen Beispiele bei Katrin Amelang (2006).

tion gedacht. Doch wirken diese Tendenzen als Faktoren auch nicht zufällig, sondern »in gesellschaftlich systematischer Weise« (Voß 1995: 38f.). Das meint, dass die über oder durch die sozialen Bezugsbereiche einer Person gebildete jeweilige soziale Lage »typische Bedingungskonstellationen« bildet, wodurch die Lebensführungen in charakteristischer Weise sozialen Einflüssen unterliegen.[23]

1) Vor diesem Hintergrund lässt sich fragen, ob und in welcher Weise in der konkreten Auseinandersetzung mit den »vorgegebenen Anforderungen« der oben beschriebenen sozioökonomischen »objektiven Verhältnisse« (ebd.: 37) Anzeichen für Praxen erkennbar sind, die die Umrisse eines historisch neuen hegemonialen Modells alltäglicher Lebensführung konturieren könnten.
2) Auf der Ebene von soziokulturellen Normen lassen sich zahlreiche gesellschaftliche Diskurse über neoliberale Flexibilisierung und Deregulierung (aber auch Globalisierungskritik) ebenso wie Diskurse über die Vereinbarkeit von Familie und Beruf, Lebensarbeitszeitverlängerung, fehlende Kinderbetreuungsmöglichkeiten oder Kinderlosigkeit von Akademikerinnen identifizieren. Sie prägen gleichermaßen die Gestaltungsmöglichkeiten der Lebensführung der handelnden Subjekte.[24]
3) In welcher Weise die Tendenzen der Prekarisierung, Flexibilisierung und Subjektivierung in die jeweiligen Konzepte alltäglicher Lebensführung integriert, eingebaut, genutzt oder erlitten werden, hängt in zentraler Weise auch mit den gewählten oder möglichen basalen Lebensformen zusammen. Aus der Perspektive der Subjekte und Akteure sind die Implikationen dieser Tendenzen des Postfordismus überaus ambivalent. Denn es macht durchaus einen Unterschied, ob (und mit welcher geschlechtskulturellen Arbeitsteilung) das handelnde Subjekt als Migrantin, Saisonarbeiter, Single, allein erziehende Mutter oder in einer Kleinfamilie lebt. Die mit dem postfordistischen Arbeitsparadigma ver-

23 Daraus folgert Voß (1995: 38f.), dass, ungeachtet aller persönlichen relativen Autonomie, bei der Verarbeitung sozialer Bedingungen, dennoch »typische Sozialformen (oder zumindest typische soziale Elemente) individueller Lebensführungen erwarten werden können«. Für ein Makromodell von Gesellschaft ließen sich derartige Sozialformen von Lebensführung (oder zentrale Elemente dessen) dann sozialstrukturellen »Momenten« wie der »Lebenslage« von Gesellschaftsgruppen zuordnen.

24 Vgl. hierzu auch Gerrit Herlyn (2007), der empirisch untersuchte, in welcher Weise die mit individuellen Krisenerfahrungen verbundenen Brüche von den Subjekten gedeutet werden. Er konstatiert, »dass das individuelle Anerkennen von ›Schuld‹ und Verantwortung gegenüber kollektiven Erklärungsmustern stark zunimmt«.

bundenen Möglichkeiten oder Grenzen führen zu erheblichen Differenzen darüber, wie die beschriebenen Tendenzen des neuen Arbeitsparadigmas in die jeweiligen Konzepte alltäglicher Lebensführung integriert werden können, ob sie in erster Linie erlitten oder ob sie als Spielräume genutzt werden können.

3.2 Zur Möglichkeit der Autonomie oder: Die Fragilität postfordistischer Lebensführung

Welche Konsequenzen, Implikationen, Probleme, Einschränkungen, Spaltungen oder eben Vorteile, Chancen und Möglichkeiten sich aus dem postfordistischen Arbeitsparadigma für die Subjekte ergeben, ist somit sehr umstritten. Hoffnungen auf mehr Autonomie und Befürchtungen hinsichtlich größerer Heteronomie bezeichnen die beiden Pole der Diskussion in Politik, Medien und Wissenschaft. Dabei sieht der post-operaistische Diskurs (Birkner/Foltin 2006) über »Immaterielle Arbeit« (Lazzarato 1998) durchaus auch Handlungs- und Emanzipationspotenziale. Zwar ergeben sich für André Gorz (2000: 60ff.) auch neue soziale Ausschlüsse und setzen sich bestehende Spaltungen fort (was er auch als die »ideologischen und kulturellen Bedingungen« zur »Herrschaft über die Arbeit« bezeichnet (ebd.: 62)). Doch auch er betont die zu differenzierenden jeweiligen historischen, politischen und ökonomischen Kontexte des postfordistischen Arbeitsparadigmas (ebd.: 47).[25] Dabei unterstellt das Konzept der »Immateriellen Arbeit« keineswegs eine Determination, sondern sieht mit Blick auf den Wandel der Erwerbsarbeit in erster Linie eine Art Enabling-Potenzial, das nicht automatisch Spielräume für autonomes Handeln hervorbringt. In welcher Weise die genannten Tendenzen in ein personales Konzept alltäglicher Lebensführung integriert, genutzt oder bewältigt werden können, hängt von den jeweils zur Verfügung stehenden individuellen Möglichkeiten und Ressourcen ab, die wiederum gesellschaftlich vermittelt sind.[26]

---

25 Sowohl Benjamin Coriat (1990), als auch André Gorz (1997: 54ff.) sehen überall dort, wo der Fordismus-Taylorismus überwunden wird, die Möglichkeit der Wiederaneignung der Arbeit durch die Arbeiter wie die totale Unterwerfung in eine Quasi-Vasallität der Person des Arbeiters.

26 Vgl. hierzu ein Interview von Robert Misik mit Eve Chiapello: »Es ist ja nicht nur so, dass wegen des Freiheitsgewinns weniger auf soziale Bedrohungen geachtet wird – es ist

Mit Blick auf die Tendenz zur Prekarisierung sind nicht nur die ökonomischen Ressourcen von Belang, sondern es ist auch das verfügbare soziale Kapital von entscheidender Bedeutung, ob ausreichend Gelegenheit besteht, die überlebensnotwendige Anzahl an Verträgen abzuschließen. Darüber ist es auch vom Arbeitsmarkt und der Auftragslage abhängig, ob und in welcher Weise in prekären Situationen Übergriffe auf die Arbeitskraft stattfinden (können).

Angesichts der Tendenz zur Flexibilisierung ist nicht nur die Organisation der Arbeit entscheidend, sondern eben auch die soziale Position und die mobilisierbaren Machtressourcen im Organisationsgefüge, aber auch die Art der Arbeit beziehungsweise der jeweiligen Qualifikation. Die Implikationen flexibilisierter Arbeit fallen darüber hinaus sehr unterschiedlich aus, wenn Familien- oder Sorgearbeit anfällt oder nicht. Damit ist es also nicht nur die Frage nach Geschlecht, sondern auch diejenige nach den basalen Lebensformen (Familie, Kind oder Single), die mitbestimmen, ob die Flexibilisierung der Arbeitszeiten zum Vorteil oder Nachteil gereichen (kann).

Ähnlich verhält es sich mit der Tendenz zur Subjektivierung von Arbeit. Ob dieselbe überwiegend als intensivierte Vernutzung von Arbeitskraft angesehen werden muss oder ob damit gestiegenen inhaltlichen Ansprüchen der Beschäftigten im Sinne einer »doppelten Subjektivierung« (siehe oben) Genüge getan wird, hängt nicht nur von der Art, sondern auch von der Organisation der Arbeit ab. Frank Kleemann, Ingo Matuschek und Günter G. Voß (2005) sprechen in Verbindung mit entsprechenden Formen der Arbeitsorganisation und der Vernutzung von Arbeitskraft von einer »tayloristische(n) Subjektivierung«.[27] Ein Merkmal für die Relevanz der genannten Tendenzen ist zudem, dass sie sowohl Arbeitsverhältnisse in der industriellen Produktion (zum Beispiel Gruppenarbeit am Fließband) wie auch im Dienstleistungssektor (zum Beispiel Call Center) betreffen. Da nicht alle Subjekte einer solchen »Verbetrieblichung« der Lebensführung (Pongratz/Voß 2000) entsprechen können oder wol-

---

so, dass die Formen, in denen sich dieser Freiheitsgewinn realisiert, selbst neue Unsicherheit nach sich zieht. Das ist schließlich das Geheimnis dessen, was wir ›prekäre Verhältnisse‹ nennen: die vielen informellen, freien Organisationsformen von Arbeit bringen neue Formen von Unsicherheit. Deswegen wäre es aber falsch, den realen Freiheitsgewinn zu bestreiten« (Chiapello/Misik 2006).

27 Vgl. a. André Gorz (1997: 61): »Anders gesagt, die lean production stellt selbst die sozialen und kulturellen Bedingungen her, die die Herrschaft des Kapitals über die Autonomie der lebendigen Arbeit erlauben«.

len, bleiben die mit diesen Tendenzen verbundenen Entwicklungen überaus ambivalent. Wer ein intelligentes, strategisches Wissensmanagement nicht leisten kann, die erforderliche Motivation und Selbstdisziplinierung sowie Qualifikation nicht aufweist, für den nehmen die Unsicherheiten und die psychischen Belastungen in weit größerem Umfang zu. (Seifert 2004a: 62). Insbesondere dort, wo die Tendenz zur Prekarisierung erzwungen werden soll, entstehen neue Ausschlüsse oder setzen sich bestehende soziale Spaltungen fort.[28] In einer historischen Perspektive lassen sich durchaus Parallelen zur Durchsetzung der industriellen Fabrikdisziplin sehen. Der Zwang entsteht als eine Mischung aus Diskursen (»Lohnnebenkosten« oder »Employability«) und tatsächlichen organisatorischen und administrativen Praxen (»Hartz IV« oder »Gruppenarbeit«), entspricht jener Gemengelage aus ökonomischer Entwicklung, sozialer De-Regulierung, staatlicher Re-Regulierung und soziokultureller Normierung, die die gesellschaftliche Durchsetzung der Rahmenbedingungen zur Akzeptanz des postfordistischen Arbeitsparadigmas vorantreibt.

In Anlehnung an Benjamin Coriat (1990) lassen sich schließlich drei Modi unterscheiden, die als Voraussetzungen die Möglichkeiten der Integration der drei Tendenzen in die Lebensführungskonzepte maßgeblich mitbestimmen. Er unterscheidet, ob die mit diesen Tendenzen verbundenen Veränderungen

- erzwungen,
- auf Anreiz beruhend
- ausgehandelt

28 Vgl. insbesondere die Untersuchungen der Forschergruppen um Franz Schultheis und Kristina Schulz (2005) sowie um Elisabeth Katschnig-Fasch (2003) in Anlehnung an Pierre Bourdieus Projekt »Misère du Monde« (1997). In zahlreichen Portraits und Interviews wird anschaulich, in welcher Weise diese sozialen Spaltungen fortbestehen beziehungsweise noch verschärft werden. Dieser Band kann als empirische Folie für die hier angestellten theoretischen Überlegungen parallel gelesen werden. In Anlehnung an Pierre Bourdieu lässt sich an diesen Beispielen zeigen, was gemeint ist, wenn Bourdieu (1997) von »positionsspezifischem Elend« (ebd.), bei dem es nicht nur um materielles Elend geht, sondern um mangelnden Respekt, soziale Nichtachtung, Ausgrenzung, fehlende Handlungsmöglichkeiten und -kompetenzen.

sind.[29] In diesem Sinne lassen sich einige zentrale Indikatoren anführen, die mit beeinflussen, inwiefern die Tendenzen des postfordistischen Arbeitsparadigmas in die eine oder andere Richtung wirken: Hierzu zählen neben ökonomischen Ressourcen die Position in der betrieblichen Hierarchie, die Qualifikation (kulturelles Kapital), aber auch die Art beziehungsweise der Inhalt der Arbeit, die jeweilige Arbeitsmarktlage, die Hegemonie marktradikaler oder marktkritischer Ideen, die Geschlechtszugehörigkeit, die Migrationssituation sowie die jeweiligen basalen Lebensformen als Familie, Leben mit Kind oder als Single, ebenso das Alter beziehungsweise genereller: der jeweilige biografische Moment. Mit André Gorz lässt sich daher einerseits von einer »Autonomie innerhalb der Heteronomie« sprechen (Gorz 1994: 177, 136ff.). Zum anderen ist zugleich auch darauf zu insistieren, dass es – genauso wie es keinen Automatismus der Befreiung – auch keinen der Heteronomie gibt. Wenn auch Benjamin Coriat (1990) zuzustimmen ist, dass »das Befreiungspotenzial des Post-Taylorismus« sich erst in der »Überwindung der kapitalistischen Produktionsweise realisieren« lässt. Demzufolge werden die mit postfordistischen Arbeitsparadigma verbundenen Formen von Arbeit und den dabei zugestandenen Machtanteilen gegen einen eigenständigen Gebrauch abgesichert (vgl. Gorz 2000: 54)[30], so ist es eben nicht sicher, inwiefern das immer gelingen wird.

4. Zur Bedeutung eines postfordistischen Konzepts alltäglicher Lebensführung

In der Logik des postfordistischen Arbeitsparadigmas beginnt sich die Grenzziehung zwischen Arbeits- und Lebenswelt tendenziell aufzulösen.

29 Hans Joachim Pongratz und Günter G. Voß sprechen von »Verbetrieblichung« der Lebensführung. Dabei unterscheiden sie zwei Gruppen, nämlich diejenigen, die systematische Vorteile ziehen, und diejenigen, denen die arbeitsorganisatorischen Rahmenbedingungen aufgezwungen wurden.

30 Nach Benjamin Coriat (1990: 230) besteht das Drama darin, dass »der Übergang von einem Zeitalter ins nächste, den wir erleben, unter den schlechtesten Bedingungen erfolgt. Auch heute noch finden Krise und Bruch mit dem Fordismus und seinen spezifischen Kompromissen in einem für die Arbeitnehmerschaft verheerenden Kräfteverhältnis statt. Das stellt für die Unternehmen nur einen recht schwachen Anreiz dar, sich auf den Erneuerungsprozess einzulassen. Viel leichter ist es, die bereits vorhandene Herrschaft zu ›verstärken‹«.

Es gab in der Vergangenheit bereits Berufe und Arbeitsverhältnisse, die dem postfordistischen Arbeitsparadigma entsprachen und in denen die Subjekte entsprechende Lebensführungskonzepte entwickelten. Insofern kann durchaus eingeräumt werden, dass im Vorhergehenden immer auch Elemente des Neuen enthalten waren und sind. Und umgekehrt soll auch gleichermaßen darauf hingewiesen werden, in welch vielfältiger Weise das Alte im Neuen zu finden ist. Nunmehr stellt sich die Frage, inwiefern ein neues hegemoniales Konzept alltäglicher Lebensführung im Werden ist.

Zunächst ließe sich eine postfordistische Lebensführung insbesondere durch eine Entdifferenzierung von Arbeit und Freizeit charakterisieren. Die persönlichen Netzwerke sind dabei zunehmend von deterritorialisierten oder translokalen sozialen Beziehungen geprägt. Das Ideal der Kleinfamilie als Lebensform verliert an Prägekraft. Der soziokulturelle Horizont erscheint glokalisiert, bisweilen schon mondialisiert. Oder genauer: Ortsgebundene und deterritorialisierte (postfordistische) soziale Netzwerke existieren zumeist gleichzeitig nebeneinander. Die Nutzung neuer Informations- und Kommunikationstechnik unterstützt ein solches Modell beziehungsweise ermöglicht es überhaupt erst. Als mentale Dispositionen dürften individualistische Orientierungen und lebensstilgeprägte Einstellungen, spielerisch-experimentale Einschlüsse, jugendliches Lebensgefühl[31] und ein unkonventioneller Gestus dominieren (Seifert 2004b: 338).

Es stellt sich allerdings die Frage, ob es im Postfordismus nicht dysfunktional wäre – da sich die Rahmenbedingungen selbst immer wieder sehr schnell wandeln (müssen) –, wenn ein Lebensführungskonzept hegemonial werden würde. Hierzu lassen sich zwei widersprüchliche Entwicklungen beobachten, 1. eine Auseinandersetzung um Hegemonie und 2. die Widerständigkeit des Lebenslaufes:

31 Zur Verknüpfung von Jugendlichkeit und den Eigenschaften des »flexiblen Menschen« wie Anpassungsfähigkeit, Belastbarkeit, Mobilität und Ungebundensein vgl. den Beitrag von Diana Reiners (2007) in diesem Band. Auch Diana Reiners verweist auf Franz Schultheis (2004), der die »europäische Beschäftigungsordnung« insgesamt mit einer Tendenz zur Gefangenschaft in einem inferioren Status ewiger Jugendlichkeit verknüpft sieht. Diese Entwicklung ist darüber hinaus ein konstitutives Merkmal des Übergangs von einer Disziplinar- zu einer »Kontrollgesellschaft« (Deleuze 1993).

4.1 Auseinandersetzungen um Hegemonie

Der Wandel vom fordistischen zum postfordistischen Arbeitsparadigma bleibt nicht auf bestimmte Sektoren oder Branchen beschränkt. Vielmehr gibt es empirische Hinweise, die darauf hindeuten, dass das neue Arbeitsparadigma für den »gesamten Bereich geistiger und administrativer Tätigkeiten« (Seifert 2004a: 62) Geltung beansprucht.[32]
Darüber hinaus lässt sich beobachten, wie gegenwärtig soziale Auseinandersetzungen geführt werden, in denen versucht wird, auch für diejenigen, die bisher nicht als die typischen sozialen Trägergruppen des postfordistischen Arbeitsparadigmas gelten, einzelne Elemente des oben skizzierten postfordistischen Lebensführungskonzeptes verbindlich zu machen. Spätestens hier stellt sich die Frage, für welche sozialen Gruppen das postfordistische Arbeitsparadigma welche Bedeutung besitzt. Als Diskurs für fast alle und als soziale Praxis dürfte es vor allem für jüngere ArbeitnehmerInnen beziehungsweise prekär Beschäftigte im Dienstleistungssektor eine größere Rolle spielen. Inwiefern dieser Modus auch für andere Arbeitnehmergruppen hegemonial wird, wird gegenwärtig ausgekämpft.

4.2 Die Widerständigkeit der Biografie

Ein Konzept alltäglicher Lebensführung ist eine immer von neuem zu erbringende Integrationsleistung des Individuums. Mit Blick auf die Arbeitswelt hat das Individuum am allerwenigsten Einfluss auf die ökonomischen und organisatorischen Rahmenvorgaben. »Der entscheidende Wandel hin zu postfordistischen Arbeitsverhältnissen findet« nach Manfred Seifert (2004a: 60, in Anlehnung an Baethge 1991) »aus kultur- und sozialwissenschaftlicher Perspektive in den geistig-mentalen Prädispositionen der arbeitenden Subjekte statt«. Von Bedeutung sind allerdings eben auch jene basalen Lebensformen, die insbesondere die Tendenz zur Flexibilisierung in ein Lebensführungskonzept entweder be- und verhindern oder integrierbar machen. Solange jedenfalls die Lebensform der bürgerlichen

32 Vgl. Hardt/Negri (2004: 126 und 128). Manfred Seifert (2004a: 64) sieht nur wenige empirische Hinweise für eine solche Entwicklung in anderen Sektoren als in der IT-Industrie. Es geht dabei allerdings nicht nur um den Inhalt der Arbeit, sondern eben auch um die Rahmenbedingungen oder um Verschiebungen in der Bewertung von Tätigkeiten.

Familie mit Kindern noch als Leitidee der gesellschaftlichen Reproduktion besteht, bleibt der beschriebene Idealmodus in seiner Bedeutung begrenzt (vgl. Seifert 2004a: 93). Insofern sei darauf hingewiesen, dass dort, wo ein idealtypisch konzipiertes postfordistisches Konzept alltäglicher Lebensführung gängige Praxis ist, widersprüchliche Orientierungen zu verzeichnen sind. Die Tatsache, dass Beschäftigte in der IT-Branche die Unterordnung unter das postfordistische Arbeitsparadigma mitunter nur für eine zeitlich beschränkte Periode annehmen oder akzeptieren, liefert Hinweise darauf, dass es fraglich sein dürfte, allzu schnell eine Entsprechung von Leitbild und Praxis zu unterstellen.

Wenn die Hypothese in Bezug auf die Dysfunktionalität eines hegemonialen Lebensführungs-Leitbildes im Postfordismus zutrifft beziehungsweise gerade über die Unbestimmtheit der soziokulturelle Wandel charakterisierbar wäre, ließe sich ein Wechsel von einem inhalts- zu einem prozessbezogenen Lebensführungskonzept konstatieren. Die Bestimmung lässt sich dann nicht mehr anhand eines bestimmten Sets an Normen oder entsprechenden Lebensformen vornehmen (inhaltlich), sondern in erster Linie anhand dessen, dass die Notwendigkeit der Veränderung (prozessbezogen) zur Norm wird.

5. Implikationen für die kulturwissenschaftliche Arbeitsforschung

Mit dem Wandel der Erwerbsarbeit, der Herausbildung des postfordistischen Arbeitsparadigmas und den damit verbundenen Anforderungen an die Konzepte alltäglicher Lebensführung verändern sich

1) zum einen der Gegenstand volkskundlich-kulturwissenschaftlicher Arbeitsforschung (5.1),
2) zum anderen aber auch ihr Blick auf die Erforschung der Organisierung von Arbeitnehmer-Interessen (5.2).

5.1 Entgrenzung der Erforschung von Arbeit/Veränderung des Untersuchungsgegenstandes

Ungeachtet zahlreicher Widerstände und Widersprüche nimmt gegenwärtig gesamtgesellschaftlich eine Entdifferenzierung von Arbeit und Lebenswelt zunehmend ihren Lauf.[33] Damit verändert sich auch der Gegenstand kulturwissenschaftlicher Arbeitsforschung. Wenn bisher der Fokus der Organisationskultur (Firmenkulturen, Belegschaftskultur etc.) im Sinne von Arbeitsbeziehungen im Zusammenhang von Arbeitsbedingungen, Arbeitsverhalten und Arbeitsauffassungen untersucht wurde, dann muss sich nunmehr der Blick erweitern. Wer nunmehr etwas über den Wandel der Erwerbsarbeit erfahren möchte, der muss Nicht-Arbeit gleichermaßen mit einbeziehen. Das heißt, die Entgrenzung von Arbeit und Leben bedingt auch die Erweiterung des Untersuchungshorizontes der kulturwissenschaftlichen Arbeitsforschung. Wenn Manfred Seifert (2004a: 67) als volkskundlich-kulturwissenschaftlichen Untersuchungsgegenstand »Arbeitskultur« (im Sinne der subjektiven Aspekte von Arbeit, Arbeitsinhalten, Arbeitsmitteln und Arbeitsumwelt) gegenüber »Arbeitswelt« (im Sinne von Rahmenbedingungen von Arbeit) reklamiert, dann ergeben sich bereits erste Perspektiven hinsichtlich dieser Horizonterweiterung. Neben der für die Nachfolgedisziplinen der Volkskunde selbstverständlichen historischen Perspektive (vgl. ebd.: 66ff.) bedeutet das auch die Notwendigkeit der Integration teildisziplinärer Perspektiven auf Freizeit, Familie, Biografien und Technik.

33 André Gorz (1997: 61f.) verweist darauf, dass, wenn die kommunikativen, beziehungsintensiven, kooperativen und erfinderischen Fähigkeiten zu einem Bestandteil der Arbeitskraft werden, dieselben, da sie die Autonomie des Subjekts voraussetzen, naturgemäß nicht mehr befehligt werden. Denn sie entfalten sich nicht auf Befehl, sondern auf Grund der Initiative des Subjekts oder eben überhaupt nicht: »Die Herrschaft des Kapitals lässt sich dann nicht mehr direkt durch hierarchischen Druck auf die lebendige Arbeit ausüben, sondern nur noch in indirekter Weise.« In Anlehnung an Paolo Virno sieht André Gorz die Konditionierung nunmehr auch außerhalb des Betriebes: »Sie muß sich auf Gebiete außer- und oberhalb des Betriebs verlagern und das Subjekt so konditionieren, dass es genau das akzeptiert oder wählt, was man ihm aufzuzwingen beabsichtigt« (ebd.).

5.2 Veränderung in der Interessensartikulation

In der historischen Auseinandersetzung um das fordistische Lebensführungskonzept setzte sich schließlich »das Kapital« durch. Aber es war nicht kostenlos, und es war der »fordistische Klassenkompromiss«, der den modernen Wohlfahrtsstaat ermöglichte. Im Zuge der Aufkündigung dieses Klassenkompromisses bleibt die Frage, welche sozialen Forderungen sich artikulieren werden, die Subjektivierung, Flexibilisierung und Prekarisierung erträglich und in ein künftiges Lebensführungskonzept mit Alter, Kindern und so weiter integrierbar machen würden. Durch die beobachtbare normative und teilweise eben auch tatsächliche Auflösung des »Normalarbeitsverhältnisses« (das im Übrigen für viele Arbeitnehmergruppen in dieser idealtypischen Form nie bestanden hat) ergeben sich Veränderungen für die Organisierung von Arbeitnehmerinteressen. Eine angewandte kulturwissenschaftliche Arbeitsforschung kann durch ihre Perspektiverweiterung auch dazu beitragen, dass für Gewerkschaften nachvollziehbar wird, in welcher Weise die Lebenswelt der Arbeitenden mit in den Blick der Interessensvertretung und des sozialen Kampfes genommen werden muss. Oder um mit André Gorz (2000: 62) zu schließen:

> »In dieser Gesellschaft verläuft die Front des Konfliktes überall. Seine Radikalisierung im kulturellen Bereich (dem der Bildung, Ausbildung, Stadtentwicklung, Freizeit und Lebensweise) ist die Bedingung für seine Radikalisierung auf dem Gebiet der Arbeit. Demnach kann es keine effektive Gewerkschaftsbewegung mehr geben, die sich ausschließlich auf die Arbeitsplätze und die Verteidigung von Arbeitskräften in festen Arbeitsverhältnissen richtet.«

Literatur

AG »Neue Heimat« im Bündnis kritischer GewerkschafterInnen Ost/West (1998), »Prekarisierung – eine neue Qualität von Verschlechterung der Reproduktion der Arbeitskraft«, in: *express.* Zeitschrift für sozialistische Betriebs- und Gewerkschaftsarbeit, Jg. 37, Nr. 4, Online verfügbar unter http://www.akweb.de/ak_s/ak417/01.htm (Stand 01.10.2006).

Aglietta, Michel (1976), *Régulation et crises du capitalisme. L'expérience des Etats-Unis* (Nouvelle édition augmentée d'und postface), Paris (Englisch: Ders. (2001), *Theory of Capitalist Regulation*, London).

– (2000), *Ein neues Akkumulationsregime. Die Regulationstheorie auf dem Prüfstand*, Hamburg.

Amelang, Katrin (2006), »3, 2, 1 … selbstständig? Inkonsistente Autonomien in Arbeits- und Lebensentwürfen mit eBay«, in: *kommunikation@gesellschaft*, Jg. 7, Beitrag 6. Online-Publikation: http://www.soz.uni-frankfurt.de/K.G/B6_2006_Amelang.pdf (Stand 01.10.2006).

Baethge, Martin (1991), »Arbeit, Vergesellschaftung, Identität – Zur zunehmenden normativen Subjektivierung der Arbeit«, in: *Soziale Welt*, Jg. 42, Nr. 1, S. 6-19.

Birkner, Martin/Foltin, Robert (2006), *(Post-)Operaismus*. Stuttgart.

Bischoff, Joachim (2001), *Mythen der New Economy. Zur politischen Ökonomie der Wissensgesellschaft*, Hamburg.

Brose, Hans-Georg (2003), »Die Subversion der Institution – Über Riesters Rente, lebenslanges Lernen und andere Kleinigkeiten«, in: Jutta Allmendinger (Hg.), *Entstaatlichung und soziale Sicherheit. Verhandlungen des 31. Kongresses der Deutschen Gesellschaft für Soziologie in Leipzig 2002*, Teil 1, Opladen, S. 583-603.

Berardi, Franco »Bifo« (1998), »Mentale Arbeit in der Globalisierung«, in: *com.une.farce* 1/1998, Online-Publikation verfügbar unter: http://www.copyriot.com/unefarce//no1/artikel/forza.htm (Stand 01.10.2006).

Bourdieu, Pierre (1997), *Das Elend der Welt. Zeugnisse und Diagnosen alltäglichen Leidens an der Gesellschaft*, Konstanz (1993 französisch).

– (1998), »Prekarität ist überall«, in: *Gegenfeuer. Wortmeldungen im Dienste des Widerstands gegen die neoliberale Invasion*, Konstanz, S. 96–102. Online verfügbar unter: http://www.prekarisierung.de/tolleseite/TEXTE/prekabourdieu.htm (Stand 01.10.2006)

Brandt, Thorsten (2006), »Bilanz der Minijobs und Reformperspektiven«, in: *WSI-Mitteilungen* (2006) 8, S. 446–452. Online verfügbar unter: http://www.boeckler.de/pdf/wsimit_2006_08_brandt.pdf (Stand: 1.10.2006).

Castel, Robert (2000), *Die Metamorphosen der sozialen Frage. Eine Chronik der Lohnarbeit*, Konstanz.

Chiapello, Eve/Misik, Robert (2006), »Sicherheit gegen Freiheit«, in: *Falter. Stadtzeitung Wien*, Nr. 40, S. 23–24.

Deleuze, Gilles (1993), »Postskriptum über die Kontrollgesellschaft«, in: Gilles Deleuze, *Unterhandlungen*, Frankfurt a.M., S. 254–262.

Diekmann, Andreas/Jann, Ben (2003), »Das Ende der Normalarbeit: Mythos oder Wirklichkeit?«, in: Jutta Allmendinger (Hg.), *Entstaatlichung und soziale Sicherheit. Verhandlungen des 31. Kongresses der Deutschen Gesellschaft für Soziologie in Leipzig 2002. Beiträge aus Arbeitsgruppen, Sektionssitzungen und den Ad-hoc-Gruppen* (CD-ROM), Opladen. Online verfügbar unter: http://www.socio.ethz.ch/people/jannb/publications/Diekmann_Andreas_Methoden.pdf (Stand 01.10.2006).

Ecarius, Jutta (1995), »Generationenbeziehungen in ostdeutschen Familien. Moderne Familienbeziehungen in drei Generationen«, in: Martina Löw/Dorothee Meister/Uwe Sander (Hg.), *Pädagogik im Umbruch. Kontinuität und Wandel in den neuen Bundesländern*, Opladen, S. 171–185.

Foucault, Michel (1976), *Überwachen und Strafen. Die Geburt des Gefängnisses*, Frankfurt a.M.

Goldthorpe, John H./Lockwood, David/Bechhofer, Frank/Platt, Jennifer (1970), *Der ›wohlhabende‹ Arbeiter in England*. Bd. I (Industrielles Verhalten und Gesellschaft), Bd. II (Politisches Verhalten und Gesellschaft), München.

Gorz, André (1994), *Kritik der ökonomischen Vernunft*, Hamburg.

– (2000), *Arbeit zwischen Misere und Utopie*, Frankfurt a.M.

– (2003), *Wissen, Wert und Kapital. Zur Kritik der Wissensökonomie*, Zürich.

Gramsci, Antonio (1991), *Gefängnishefte 9.* Kritische Gesamtausgabe auf Grundlage der im Auftrag des Gramschi-Instituts besorgten Edition von Valentino Gerratana (1975). Herausgegeben von Klaus Bochmann und Wolfgang F. Haug, Hamburg.

Haberlandt, Michael (1917), *Völkerkunde*, Berlin.

Hardt, Michael (2002), »Affektive Arbeit. Immaterielle Produktion, Biomacht und Potenziale der Befreiung«, in: *Subtropen* #9/01 – Beilage der Jungle World, 2.1. 2002, S. 1–4. Online verfügbar unter: http://www.nadir.org/nadir/periodika/jungle_world/_2002/02/sub01a.htm (Stand 01.10.2006).

Herlyn, Gerrit (2007), »Deutungsmuster und Erzählstrategien bei der Bewältigung beruflicher Krisenerfahrungen«, in: Manfred Seifert/Irene Götz/Birgit Huber (Hg.), *Flexible Biografien? Horizonte und Brüche im Arbeitsleben der Gegenwart*, Frankfurt a.M., S. 165-181.

Hessler, Alexandra (2001), »Wie man Unternehmer wird. Beratungskonzepte für Existenzgründer«, in: *Das Innenleben der Organisation. Ethnographisches Wissen in der Organisationsberatung.* Webseite der gleichnamigen Tagung am Berliner Institut für Europäische Ethnologie (16.–18.2.2001). Online-Publikation verfügbar unter: http://www.arbeitskulturen.de/down/092hessler.htm (Stand 10.10.2006).

Jacobeit, Wolfgang/Lixfeld, Hannjost/Bockhorn, Olaf (1994) (Hg.), *Völkische Wissenschaft, Gestalten und Tendenzen der deutschen und österreichischen Volkskunde in der ersten Hälfte des 20. Jahrhunderts*, Wien.

Katschnig-Fasch, Elisabeth (2003) (Hg.), *Das ganz alltägliche Elend. Begegnungen im Schatten des Neoliberalismus*, Wien.

Klages, Helmut (2001), »Werte und Wertewandel«, in: Bernhard Schäfers/Wolfgang Zapf (Hg.), *Handwörterbuch zur Gesellschaft Deutschlands*, 2. Aufl., Opladen, S. 726–738.

Kleemann, Frank/Matuschek, Ingo/Voss, Günther G. (2002), »Subjektivierung von Arbeit. Ein Überblick zum Stand der Diskussion«, in: Manfred Moldaschl/Günter G. Voß (Hg.), *Subjektivierung von Arbeit*, München/Mering, S. 53–100.

Kohli, Martin (1985), »Die Institutionalisierung des Lebenslaufs«, in: *Kölner Zeitschrift für Soziologie und Sozialpsychologie* 37 (1985), S. 1–29.

Kommission für Zukunftsfragen der Freistaaten Bayern und Sachsen (1996), *Erwerbstätigkeit und Arbeitslosigkeit in Deutschland. Entwicklung, Ursachen und Maßnahmen. Teil I: Entwicklung von Erwerbstätigkeit und Arbeitslosigkeit in Deutschland und anderen frühindustrialisierten Ländern.* Bonn, Oktober 1996, Bericht online verfügbar unter: http://www.bayern.de/Wirtschaftsstandort/Zukunftsfragen/bericht _1.pdf (Stand 01.10.2006).

Korff, Gottfried (1978), »Kultur«, in: Hermann Bausinger/Utz Jeggle/Gottfried Korff/Martin Scharfe: *Grundzüge der Volkskunde*, Darmstadt, S. 17–80.

Lange, Andreas (2003), »Spielen, Lernen, Arbeiten. Thesen zur Destabilisierung des fordistischen Generationentransfers in der Hochmoderne«, in: Jutta Allmendinger (Hg.): *Entstaatlichung und soziale Sicherheit. Verhandlungen des 31. Kongresses der Deutschen Gesellschaft für Soziologie in Leipzig*, Teil 1. Beiträge aus Arbeitsgruppen, Sektionssitzungen und den Ad-hoc-Gruppen (CD-Rom), Opladen, S. 1–7.

Lange-Vester, Andrea/Timm, Elisabeth (2005), »Familie und Bildung: Reproduktion in der Krise«, in: Franz Schultheis/Kristina Schulz (Hg.): *Gesellschaft mit begrenzter Haftung. Zumutungen und Leiden im deutschen Alltag*, Konstanz, S. 269–275.

Lazzarato, Maurizio (1998), »Immaterielle Arbeit. Gesellschaftliche Tätigkeit unter den Bedingungen des Postfordismus«, in: Toni Negri/Maurizio Lazzarato/Paolo Virno, *Umherschweifende Produzenten. Immaterielle Arbeit und Subversion*, Berlin, S. 39–52.

Lipietz, Alain (1985), »Akkumulation, Krisen und Auswege aus der Krise: Einige methodische Überlegungen zum Begriff ›Regulation‹«, in: *Prokla*, Heft 58, S. 109–137.

– (1992), »Vom Althusserismus zur ›Theorie der Regulation‹«, in: Alex Demirovic u.a. (Hg.), *Hegemonie und Staat. Kapitalistische Regulation als Projekt und Prozeß*, Münster, S. 9–54.

Lohr, Karin/Nickel, Hildegard Maria (2005), *Subjektivierung von Arbeit. Riskante Chancen*, Münster.

Moldaschl, Manfred/Voß, Günter G. (Hg.) (2002), *Subjektivierung von Arbeit*, München.

Negri, Antonio/Hardt, Michael (2002), *Empire. Die neue Weltordnung*, Frankfurt a.M. u.a.

– (2004), *Multitude. Krieg und Demokratie im Empire*, Frankfurt a.M. u.a.

Pfeiffer, Sabine (2004), *Arbeitsvermögen. Ein Schlüssel zur Analyse (reflexiver) Informatisierung*, Wiesbaden.

Reiners, Diana (2007), »No future. Marginalisierte Jugendliche ohne Arbeitsmarktchancen«, in: Manfred Seifert/Irene Götz/Birgit Huber (Hg.), *Flexible Biografien? Horizonte und Brüche im Arbeitsleben der Gegenwart*, Frankfurt a.M., S. 49-81.

Rosenbaum, Heidi/Timm, Elisabeth (2006), *Verwandtschaft und soziale Sicherheit in Deutschland im 20. Jahrhundert. Soziologisch-historischer Bericht.* Unveröffentlichtes Manuskript (zur kommenden Publikation siehe das Teilprojekt im Projekt »Kinship and Social Security« am MPI für ethnologische Forschung in Halle/Saale. Vgl. unter http://www.eth.mpg.de/kass/index.html (Stand: 01.10. 2006)).

Schäfer, Claus (2003), »Effektiv gezahlte Niedriglöhne in Deutschland«, in: *WSI Mitteilungen*, Nr. 7, 2003, S. 420–428. Online verfügbar unter: http://www.boeckler.de/pdf/wsimit_2003_07_schaefer.pdf (Stand: 1.10.2006).

Schönberger, Klaus/Springer, Stefanie (2003) (Hg.), *Subjektivierte Arbeit. Mensch, Organisation und Technik in einer entgrenzten Arbeitswelt*, Frankfurt a.M./New York.

Schönberger, Klaus (2003), »Arbeit und Freizeit – Integration oder Entgrenzung? Wandel der Erwerbsarbeit – Überlegungen für eine subjektorientierte Empirische Kulturwissenschaft/Europäische Ethnologie«, in: Sabine Hess/Johannes Moser(2003) (Hg.), *Kultur der Arbeit – Kultur der neuen Ökonomie* (= *Kuckuck*. Notizen zu Alltagskultur. Sonderband 4), Graz, S. 141–166.

– (2004), »›Ab Montag wird nicht mehr gearbeitet.‹ Selbstverwertung und Selbstkontrolle im Prozess der Subjektivierung von Arbeit«, in: Gunther Hirschfelder/Birgit Huber (Hg.), *Die Virtualisierung der Arbeit. Zur Ethnographie neuer Arbeits- und Organisationsformen*, Frankfurt a.M. u.a., S. 239–266.

Schultheis, Franz/Schulz, Kristina (2005) (Hg.), *Gesellschaft mit beschränkter Haftung. Zumutungen und Leiden im deutschen Alltag*, Konstanz.

Schultheis, Franz (2004), »La stratégie europééenne de l'emploi: entre lutte contre la précarité des jeunes et production d'un habitus flexible«, in: *Schweizerische Zeitschrift für Soziologie*, 30 (3), S. 303–318.

Seifert, Manfred (2004a), »Arbeitswelten im Wandel. Zur Ethnographie der Arbeitsbedingungen und Arbeitsauffassungen«, in: *Rheinisch-westfälische Zeitschrift für Volkskunde*, 49, S. 57–94.

– (2004b), »Ausländische Saisonarbeiter in der Landwirtschaft heute. Volkskundlich-kulturwissenschaftliche Perspektiven auf Arbeit und Kulturkontakt«, in: *Österreichische Zeitschrift für Volkskunde*, Bd. LVIII/107, S. 327–345.

– (2004c), »Wie postmodern ist das postfordistsche Arbeitsmodell? Arbeit und Identität in historischen und gegenwärtigen Kontexten«, in: Gunther Hirschfelder/Birgit Huber (Hg.), *Die Virtualisierung der Arbeit. Zur Ethnographie neuer Arbeits- und Organisationsformen*, Frankfurt a.M. u.a., S. 332–356.

Sennett, Richard (1998), *Der flexible Mensch. Die Kultur des neuen Kapitalismus*, Berlin.

Silver, Beverly J. (2005), *Forces of Labor. Arbeiterbewegungen und Globalisierung seit 1870*, Berlin/Hamburg/Göttingen.

Statistisches Bundesamt (2004), *Leben und Arbeiten in Deutschland: Mikrozensus 2003*, Wiesbaden.

Tanner, Jakob (1999), »Fordismus«, in: *Historisch-Kritisches Wörterbuch des Marxismus*. Bd. 4, Hamburg, S. 579–588.

Vester, Michael/Oertzen, Peter von/Geiling, Heiko/Hermann, Thomas/Müller, Dagmar (2001), *Soziale Milieus im gesellschaftlichen Strukturwandel. Zwischen Integration und Ausgrenzung*, Frankfurt a.M.

Virno, Paolo (1994), *Mondanitá. L'idea di ›Mondo‹ tra Esperienza Sensibile e Sfera Pubblica*, Rom.

Voß, Günter G. (1995), »Entwicklung und Eckpunkte des theoretischen Konzepts«, in: Projektgruppe »Alltägliche Lebensführung« (Hg.), *Alltägliche Lebensführung. Arrangements zwischen Traditionalität und Modernisierung*, Opladen, S. 23–43.

– (1998), »Die Entgrenzung von Arbeit und Arbeitskraft. Eine subjektorientierte Interpretation des Wandels der Arbeit«, in: *Mitteilungen aus der Arbeitsmarkt- und Berufsforschung*, 31 (1998) 3, S. 473–487.

Voß, Günter G./Pongratz, Hans Joachim (Hg.) (1997), *Subjektorientierte Soziologie. Karl Martin Bolte zum 70. Geburtstag*, Opladen.

– (1998), »Der Arbeitskraftunternehmer. Eine neue Grundform der Ware Arbeitskraft?«, in: *Kölner Zeitschrift für Soziologie und Sozialpsychologie*, Heft 1, S. 131–158.

Weber, Max (1972a), *Wirtschaft und Gesellschaft. Grundriß der verstehenden Soziologie*, Tübingen.

– (1972b), *Gesammelte Aufsätze zur Religionssoziologie*, Bd. 1, 6. Auflage, Tübingen.

Wehler, Hans-Ulrich (1975), *Modernisierungstheorie und Geschichte*, Göttingen.

Wittel, Andreas (1998), »Gruppenarbeit und Arbeitshabitus«, in: *Zeitschrift für Soziologie*, Jg. 27, H. 3, S. 178–192.

Wright, Steve (2005), *Den Himmel stürmen. Eine Theoriegeschichte des Operaismus*, Berlin/Hamburg/Göttingen.

Umgang mit flexibilisierenden Beschäftigungsformen

»Transformationsgewinner« und »Transformationsverlierer«

Möglichkeiten für Erfahrung und Lebensführung jenseits fordistischer Konditionierungen

Birgit Huber

Charakteristische Arbeitsformen und -erfahrungen, wie sie sich im Transformationsprozess des fordistischen Produktionsregimes herausbilden, stehen im Mittelpunkt der vier Aufsätze von Kerstin Pietsch, Carina Großer-Kaya, Albrecht Witte und Gerrit Herlyn im vorliegenden Band. Eine Zusammenschau dieser Texte ermöglicht es, neue Auskünfte über zentrale Dimensionen einer Transformationsforschung zu erlangen, der sich nicht nur die Europäische Ethnologie widmet, sondern auch die Arbeits- und Industriesoziologie, die Wirtschaftsgeschichte und die Sozialpsychologie. Vergleichen lassen sich die Texte vor allem deswegen so gut, weil sich in ihnen eine einheitliche Argumentationsstruktur findet. Diese zeichnet sich dadurch aus, dass mit ihr sowohl die Ermöglichungsdimension als auch die Gefährdungsdimension herausgearbeitet werden, die den Subjekten in diesem Transformationsprozess gegenübertreten, und die kontextspezifisch anhand unterschiedlicher sozialer Gruppen in den Blick genommen werden. Dabei lassen sich »Transformationsgewinner« und »Transformationsverlierer« ausmachen.[1] Dass sich die jeweiligen Individuen jedoch keinesfalls nur gemäß dieser ihrer strukturellen Lage wahrnehmen, wird kenntlich, indem alle vier Autoren den biografischen Erzählungen und Selbstdeutungen der individuellen Akteure einen zentralen Stellenwert in ihrer empirischen Forschung sowie in ihren Texten einräumen. Sichtbar wird: Positive Deutungen und Umdeutungen von beruflichen Krisenerfahrungen[2] werden zu Ressourcen, die es ermöglichen, solche Krisenerfahrun-

---

1 Diese Formulierung rekurriert auf die Formulierung »Modernisierungsgewinner« beziehungsweise »Modernisierungsverlierer«, die Michael Vester in seiner Analyse des gesellschaftlichen Strukturwandels anhand der Milieus in West- und Ostdeutschland prägte (Vester u.a. 2001).

2 Im vorliegenden Text wird die Definition von »Krisenerfahrung« aufgenommen, die Herlyn in seinem Aufsatz (2007) liefert. Unter Krisenerfahrung versteht er »(biografisch

gen zu verarbeiten, ja sogar für sich zu nutzen. Die Akteure werden nicht einfach als Opfer gesellschaftlicher Transformation wahrgenommen. So betont etwa Albrecht Witte (2007), der sich mit den Ich-AG-Gründern einer Ausprägung von Alleinselbstständigkeit[3] widmet: »Man muss sich [...] von der Vorstellung verabschieden, den Scheinselbstständigen würde dieser Status aufgezwungen und sie sähen diesen als nachteilig an.« Ein Akteur aus dem Sample von Pietsch (2007) etwa nahm sich aufgrund eines Burn-Outs, sozusagen aus einer Notlage heraus, eine Auszeit von der Erwerbsarbeit in Form eines Sabbaticals. Auf den ersten Blick könnte er somit zu den »Transformationsverlierern« gezählt werden. Der Interviewte jedoch nutzt dieses »Verlustkapital« vielmehr zu einer vollständigen, aktiven Umgestaltung seiner bisherigen Lebensführung, die bis zu diesem Zeitpunkt bis in die kleinste Pore durchdrungen war von Arbeit und (Selbst-) Ökonomisierung. Zum Zeitpunkt des Interviews ist er auf dem Sprung zu einer Sprachreise ins Ausland und weiß noch nicht, wie sein Leben in einem halben Jahr aussehen wird. Er will sich diese Offenheit bewusst erhalten und betont statt der Unsicherheit einer solchen Lage ihre Chancen.

Am Beispiel der Interviewpartner von Herlyn (2007) lässt sich die grundsätzliche Kehrseite zunehmend individueller Deutungs- und Handlungsfreiräume besonders gut erkennen: »Das individuelle Anerkennen von »Schuld« und Verantwortung bezüglich beruflicher Krisenerfahrungen nimmt gegenüber kollektiven Erklärungsmustern an Bedeutung stark zu.« Diese Neigung der Betroffenen zur Selbstverantwortung von in Wahrheit durch gesellschaftliche Strukturen und unternehmerische Strategien geschaffenen Bedingungen und Konsequenzen wird auch in den anderen Beiträgen dieses Abschnittes sichtbar als eine Tendenz, die ganz offensichtlich mit der Flexibilisierung und der Subjektivierung der Arbeitsformen einhergeht (Sennett 2000).

Das – sich gegenwärtig wandelnde – Produktionsregime des Fordismus zeichnet sich durch eine Reihe von Konditionierungen aus, die im Laufe der Industrialisierungsprozesse erst mühsam durchgesetzt wurden, und die nun umso fester, da bis in den Habitus hinein, in den Subjekten verankert

---

auch als solche thematisierte) bedeutsame Einschnitte im Lebenslauf, wie Arbeitslosigkeit oder vergleichbare berufliche Um- und Neuorientierungen, in denen sich der berufliche Weg nicht so entwickelt hat, wie in der ›prospektiven Biografie‹ [...] vorgestellt.«

3 Als »Alleinselbständige« werden selbständig tätige Erwerbspersonen bezeichnet, die keine Arbeitnehmer beschäftigen. Andere in der Literatur verwendete Bezeichnungen sind zum Beispiel Soloselbständige, Ein-Personen-Unternehmen, Alleinunternehmer oder Solopreneure.

sind. Solche Konditionierungen sind ebenfalls in allen vier Beiträgen ein zentrales Thema, und zwar einerseits hinsichtlich von Konditionierungen in einer zeitlichen Dimension, andererseits im Bereich der Wahrnehmung von Arbeitsformen als »gewinnbringend«, »sinnvoll« und »anerkennenswert«. Gleichzeitig wird bei dieser Art von Analyse deutlich, welche unterschiedlichen Arbeitsformen und Krisenerfahrungen Möglichkeiten für Erfahrung und Lebensführung jenseits dieser fordistischen Konditionierungen bieten. Zugleich lässt sich erkennen, inwiefern diese tatsächlich wahrgenommen und angestrebt beziehungsweise gerade nicht angestrebt werden, und welche sozialen Gruppen daran Interesse zeigen. So können sowohl Arbeitnehmer, die ein Sabbatical aus einer Notlage heraus in Anspruch nehmen (siehe oben) als auch diejenigen, die ein Sabbatical aus einer sicheren Arbeitnehmerposition heraus bewusst als Kontrastprogramm wählen[4], ungewohnte Zeitmuster erfahren und erproben. Der besondere Umgang mit Zeit spielte in allen Interviews von Pietsch eine Rolle. »Dazu gehörten auf der einen Seite Glücksgefühle über mehr Freizeit und Selbstverwirklichungsmöglichkeiten sowie radikal veränderte Lebensrhythmen. Auf der anderen Seite erscheint unbegrenzte Freizeit nicht mehr als Segen, sondern als Last. Aus einer geregelten Existenz heraus kam das Gefühl auf, ins Ungebundene und in soziale Isolation zu gleiten.«

Hinsichtlich der Bewertung einer Arbeit als »gewinnbringend«, »sinnvoll« und »anerkennenswert« finden sich im Bereich der selbständigen Unternehmer mit Migrationshintergrund die klassischen Bewertungskriterien wie sie auch eine bürgerlich geprägte Gesellschaft hervorgebracht hat (Aßländer 2005).[5] Arbeit ist umso wertvoller, je höher sie bezahlt wird; Arbeit bildet einen wesentlichen Faktor zur Erhöhung des sozialen Status; die Arbeitsmotivation wird stark durch die Erwartungen anderer bestimmt, vor allem der Familie, aber auch, wie im Beispiel von Herrn Celik, durch äußere Faktoren wie eine kemalistisch-nationalistische Ideologie. Beide türkischen Unternehmer weisen einen typischen Selbständigenhabitus auf.

Bei den Alleinselbständigen von Witte findet sich bereits ein davon abweichendes Muster. Witte weist auf eine zentrale Trennlinie hin, welche die Gruppe der von ihm befragten Ich-AG-Gründer in zwei Teile spaltet: »Die

4 Einen derartigen Fall stellt Pietsch (2007) ebenfalls unter der charakteristischen Überschrift »Vom Unternehmensberater zum Küchenjungen« vor.

5 Bei einem der zwei Gesprächspartner, Herrn Özkan, ist ein bürgerlicher Hintergrund mit entsprechendem Arbeitsethos sogar direkt, über die eigene Familie, vorhanden. Damit bildet er allerdings eine Ausnahme unter den türkischen Arbeitsmigranten.

Trennlinie zwischen beiden Gruppen verläuft hinsichtlich der grundlegenden Einstellungen entlang der Orientierung Persönlichkeitsgestaltung versus Selbständigenhabitus, die im System der berufsbiografischen Gestaltungsmodi beide zur Kategorie ›Autonomiegewinn‹ gehören.« Der Weg vieler Alleinselbständiger, so kann Witte zeigen, stellt sich bereits eher als ein Ausstieg aus dem (fordistischen) Bewertungssystem dar. Sie lehnen die Orientierung auf Hierarchie, Wachstum und Gewinnmaximierung ab. Andererseits sind alle Erwerbstätigen in seinem Sample mit derselben verschärften Form von Selbst-Ökonomisierung konfrontiert:[6] Sie ringen um »Alleinstellungsmerkmale« auf einem Markt, der durch stagnierende Wirtschaftsentwicklung und rückläufige Konsumbereitschaft gekennzeichnet ist. Um hier nicht verdrängt zu werden, müssen sich die Individuen selbst vermarkten, unter anderem etwa durch die Selbststilisierung der eigenen Persönlichkeit zur Marke. Als Produktionsfaktor steht den Alleinselbständigen nämlich im Wesentlichen nur die eigene Arbeitskraft zur Verfügung, bei hoch qualifizierten Tätigkeiten ergänzt durch das fachspezifische Know-How, so Witte.

Inwiefern man es bei alledem gerade *nicht* mit einer Ablösung eines Produktionsregimes durch ein anderes zu tun hat, dies lässt sich besonders deutlich herausarbeiten, wenn man die soziale Einbindung der Arbeitenden in ihren familiären Hintergrund betrachtet. Auf den ersten Blick scheint man es sowohl im migrantischen Milieu als auch bei den Alleinselbständigen, die häufig akademisch qualifiziert sind, mit demselben Phänomen zu tun zu haben: Die Familie stellt bei beiden türkischen Unternehmern, die von Großer-Kaya (2007) portraitiert werden, eine wichtige Ressource bei der Ausübung ihrer Erwerbstätigkeit und dem Erhalt der Firma dar. Ebenso ist es bei den Alleinselbständigen.[7] Bei den türkischen Migranten ist jedoch die Arbeitsteilung zwischen den Familienmitgliedern klar abgegrenzt, und zudem, wie in kleinen Handwerksunternehmen typisch – nicht nur im Migrationsmilieu –, traditionell geschlechtsspezifisch gestaltet. Während die Frauen so zum Beispiel für Geschäftsinterna wie die Buchführung zuständig sind, entwickeln die Männer (wie etwa Herr Celik) den

---

6 Diese gilt geradezu als charakteristisch für postfordistische Arbeitsverhältnisse und wird vor allem unter dem Begriff »Arbeitskraftunternehmer« seit Jahren in der Arbeits- und Industriesoziologie breit und durchaus konträr diskutiert. Dazu zum Beispiel Ebringhoff 2004.

7 Dies lässt sich keineswegs nur im Sample von Witte erkennen. Das Phänomen ist in dieser Gruppe so weit verbreitet, dass Ingo Matuschek (2003) bereits den Begriff »Intergenerationelle Ko-Produktion« dafür prägte.

Außendienst weiter. Er führt das Unternehmen im Übrigen gemeinsam mit seinen Geschwistern.

Im Fall der Alleinselbständigen hingegen spielen die Familien gerade aus Gründen einer, in der Forschungsliteratur als charakteristisch postfordistisch angesehenen, Entgrenzung eine große Rolle:[8] Zum einen werden die Haushaltsgemeinschaften der von Witte befragten Ich-AG-Gründer aufgrund der Entgrenzung zwischen beruflicher und privater Sphäre in die Erwerbstätigkeit zwangsweise mit einbezogen. Zum anderen bildet das Einkommen aus der Ich-AG lediglich ein Zusatzeinkommen. Die sechs befragten Gründer sehen alle das Einkommen der Partnerin als soziale Sicherheit an, drei von ihnen hätten ohne den Rückhalt durch das Partnereinkommen den Schritt in die Selbständigkeit überhaupt nicht getan. Hier werden gerade keine klassischen Familienbetriebsstrukturen mit typisch männlichen und weiblichen Zuweisungen reproduziert, vielmehr scheinen sich hier neue Partnermodelle und Rollenaufteilungen zu finden. In Wittes Untersuchung fällt nämlich die Rolle des zuverdienenden Ehegatten ausschließlich den Männern zu, was, so Witte, nicht nur der Zufälligkeit der Fallauswahl geschuldet sein dürfte.[9]

Vor allem zwei Stärken einer empirisch-kulturwissenschaftlichen Forschung zeigen sich und zahlen sich in allen vier Aufsätzen aus: Zum einen die Herangehensweise an die Themen einer Forschung zur Transformation von Produktionsregimes über die Subjekte, ihre Selbst- und Umdeutungen. Und zum anderen eine historisch-vergleichende Perspektive, die im vorliegenden Fall zwar nicht innerhalb der einzelnen Texte vorgenommen wurde, jedoch im Rahmen dieser Zusammenschau. Deutlich wird auf diese Weise, wo man es mit Ablösungsphänomenen eines Produktionsregimes durch ein anderes zu tun hat, und wo sich stabile Koexistenzen von verschiedenen Zeitmaßen, Rhythmen, Räumen und Familienformen entwickelt haben.

8 Beispielhaft für diesen Forschungsdiskurs etwa Mayer-Ahuja/Wolf 2005.

9 Auf ähnliche Entwicklungen wird auch in der soziologischen Arbeitsforschung hingewiesen. Vgl. zum Beispiel Gottschall/Henninger 2004 sowie die dort angegebenen weiteren Veröffentlichungen dieser beiden Autorinnen.

Literatur

Aßländer, Michael S. (2005), *Von der vita activa zur industriellen Wertschöpfung. Eine Sozial- und Wirtschaftsgeschichte menschlicher Arbeit*, Marburg.

Ebringhoff, Julia (2004), »Welche Lebensführung erfordert der Typus des Arbeitskraftunternehmers? Das Beispiel von Ein-Personen-Selbständigen«, in: Hans J. Pongratz/G. Günter Voß (Hg.), *Typisch Arbeitskraftunternehmer? Befunde der empirischen Arbeitsforschung*, Berlin, S. 255–279.

Gottschall, Karin/Henninger, Annette (2004), *Freelancers in the German New Media Industry: Beyond Standard Patterns of Work and Life.* Paper as contribution to the international workshop ›Studying New Forms of Work: Concepts and Practices in Cultural Industries and Beyond‹, Berlin.

Grosser-Kaya, Carina (2007), »›Wollte meinen Eltern zeigen, ich bin arbeiten gegangen, als Fabrikant zurückgekehrt‹. Türkische Unternehmer in Berlin«, in: Manfred Seifert/Irene Götz/Birgit Huber (Hg.), *Flexible Biografien? Horizonte und Brüche im Arbeitsleben der Gegenwart*, Frankfurt a.M., S. 149-163.

Herlyn, Gerrit (2007), »Deutungsmuster und Erzählstrategien bei der Bewältigung beruflicher Krisenerfahren«, in: Manfred Seifert/Irene Götz/Birgit Huber (Hg.), *Flexible Biografien? Horizonte und Brüche im Arbeitsleben der Gegenwart*, Frankfurt a.M., S. 165-181.

Matuschek, Ingo (2003), »Intergenerationelle Ko-Produktion: Die Sozialisierung flexibilisierter Arbeit«, in: Karin Gottschall/Günter G. Voß (Hg.), *Entgrenzung von Arbeit und Leben. Zum Wandel der Beziehung von Erwerbstätig-keit und Privatsphäre im Alltag*, München, S. 333–358.

Mayer-Ahuja, Nicole/Wolf, Harald (2005) (Hg.), *Entfesselte Arbeit – neue Bindungen. Grenzen der Entgrenzung in der Medien- und Kulturindustrie*, Berlin, S. 109–152.

Pietsch, Kerstin (2007), »Sabbatical. Die berufliche Auszeit als Bestandteil der spätmodernen Arbeitsbiografie«, in: Manfred Seifert/Irene Götz/Birgit Huber (Hg.), *Flexible Biografien? Horizonte und Brüche im Arbeitsleben der Gegenwart*, Frankfurt a.M., S. 103-122.

Sennett, Richard (2000), *Der flexible Mensch. Die Kultur des neuen Kapitalismus*, Berlin.

Vester, Michael/Oerzen, Peter/von Geiling, Heiko/Hermann, Thomas/Müller, Dagmar (2001) (Hg.), *Soziale Milieus im gesellschaftlichen Strukturwandel. Zwischen Integration und Ausgrenzung*, Frankfurt a.M.

Witte, Albrecht (2007), »Ich-AGs zwischen selbstbestimmtem Arbeiten und Prekarität. Zu Aspekten arbeitsmarktpolitischer Gründungsförderung und der Erwerbsform Alleinselbständigkeit«, in: Manfred Seifert/Irene Götz/Birgit Huber (Hg.), *Flexible Biografien? Horizonte und Brüche im Arbeitsleben der Gegenwart*, Frankfurt a.M., S. 123-147.

Sabbatical. Die berufliche Auszeit als Bestandteil der spätmodernen Arbeitsbiografie

Kerstin Pietsch

Abenteuer, ferne Länder, Sonne, weiße Strände. Presseberichte über einen vorübergehenden Ausstieg aus der Arbeitswelt sind geprägt von Fernweh und Aussteigerromantik. Meist sind es Erfahrungsberichte von einer längeren Weltreise und der motivierten, reibungslosen Rückkehr an den Arbeitsplatz. Auch so genannte Sabbatical-Handbücher propagieren den Traum vom zeitweiligen Ausstieg aus den Tretmühlen der Arbeitsroutinen. Die popularen Medien künden vom zunehmenden Interesse und einer Institutionalisierung der selbst gestalteten beruflichen Auszeit, die hier unter dem bedeutungsvollen Label »Sabbatical« als wohlverdienter Ausgleich, Zugewinn an Freiheit, Teil einer aktiven Lebensplanung und Investition in die weitere Karriere positiv konnotiert wird und nichts gemein zu haben scheint mit den krisenhaften Brüchen in den Arbeitsbiografien, wie sie die *Kultur des neuen Kapitalismus* (Sennett 2000) vorzeichnet.

Angesichts dieser medial vermittelten, geglätteten Bilder und eingeebneten Erfahrungen, die das Spannungsverhältnis von »persönlichem Wollen, institutionellen Brechungen und biografisch wirksamen Einflüssen«[1] weitgehend ignorieren, erscheint es umso notwendiger, aus der Akteursperspektive über die tatsächlichen sozialen und kulturellen Praxen eines vorübergehenden Ausstiegs aus der Arbeitswelt, über erlebte Chancen und Risiken eines solches Unternehmens zu berichten. Meine diesem Beitrag

1 Siehe Heiner Minssens Sammelbesprechung zum Themenfeld »Entgrenzte Arbeit – Subjektivierte Arbeit« (2007: 135), hier zu Barbara Siemers' empirischer Studie über »Sabbaticals« (2005), mit der die Autorin auf der Basis biografischer Interviews mit Beschäftigten des öffentlichen Dienstes und aus der Privatwirtschaft genau dieses Spannungsverhältnis ausleuchtet und die Frage behandelt, inwieweit »Sabbaticals« bei verschiedenen Typen von Arbeitnehmer(inne)n »eher als riskante Unterbrechung der Erwerbsbiografie oder als Gewinn an Freiheit der Lebensgestaltung zu betrachten sind«.

zugrunde liegende Magisterarbeit[2] zielte entsprechend darauf, auf der Grundlage biografischer Interviews ganz unterschiedlich gestaltete und erlebte Auszeiten vor dem Hintergrund spätmoderner Arbeitsbedingungen, Arbeitsverträge und individueller lebensgeschichtlicher Bedürftigkeiten im Sinne einer verstehenden Ethnografie dicht zu beschreiben und damit auch die homogenisierende Rhetorik von den Bilderbuch-Auszeiten zu dekonsturieren und zu differenzieren.

Die Vorannahmen zu meiner Forschung waren von diesen skizzierten stereotypen Bildern nicht unbeeinflusst gewesen. So war es zunächst überraschend festzustellen, dass keine(r) der Interviewpartner(innen) eine solche Bilderbuch-Auszeit vorzuweisen hatte. Allerdings visierte ich auch ganz bewusst nicht nur die ursprünglichen Zielgruppen dieses Sabbatjahres an, sondern interviewte neben dem Unternehmensberater auch einen Arbeiter, der sich jedes Jahr für einige Monate frei stellen ließ, um mit seiner Ehefrau in Peru ein zweites Geschäft aufzubauen und eine kulturelle Kontrasterfahrung zu erleben, einen Erziehungsurlauber, der mit seiner Familie ein Auslandsjahr verbrachte und auf den nach der Rückkehr überraschend doch die Arbeitslosigkeit wartete, ferner zwei Sozialarbeiterinnen im öffentlichen Dienst, die dessen Sicherheiten und die Möglichkeiten eines Sonderurlaubs nutzten, um sich weiterzuqualifizieren und ihr bisheriges Arbeits- und Privatleben zu überdenken, um Kräfte zu sammeln und nachzuholen, was ihnen unter dem Diktat der Überstunden lange Zeit versagt geblieben ist.

Nicht alle der hier beschriebenen Formen des Sabbatical erwiesen sich demnach als tatsächlich frei gewählt; es fanden sich wie im Falle eines New Economy-Spezialisten mehr oder weniger verkappte Formen von Arbeitslosigkeit darunter, die jedoch als Auszeit deklariert und nach dem Stress der letzten Arbeitsjahre geradezu als Befreiung und nachgeholtes Leben erlebt wurden oder auch wie im unten vorgestellten zweiten Porträt Ausstiege auf zunächst noch unabsehbare Zeit in Folge einer »burn-out-Erfahrung«.[3] Der Begriff Sabbatical oder die Auszeit wurden in solchen Fällen

---

2 Die Arbeit wurde im Jahr 2004 am Institut für Europäische Ethnologie der Humboldt Universität Berlin unter dem Titel »Sabbatical – Zur sozialen und kulturellen Praxis eines neuen Modells« eingereicht und von Wolfgang Kaschuba und Irene Götz betreut.

3 Aufgrund des vergleichsweise kleinen Sample konnte ich nicht wie Siemers (2005) in ihrer einschlägigen Studie auf der Basis von 28 Interviews regelrechte Typen von »Sabbatical«-Nehmern unterscheiden, wie etwa den Regenerationstypus, den Kinderbetreuungstypus, den Qualifizierungstypus, den Neuorientierungstypus oder den Projekttypus.

auch genutzt, um Arbeitslosigkeit positiv zu konnotieren und dem Lebenslauf die vom Arbeitsmarkt erwartete Kohärenz zu verleihen. Auf jeden Fall wurden sie, jedenfalls den Interviews zufolge, bewusst gestaltet.[4]

Im Folgenden sollen zwei sehr gegensätzliche Fallstudien – Reportagen über die vielfältige Gestaltung der Schnittstelle Arbeit und Leben – die unterschiedlichen Beweggründe, Zielperspektiven, Träume und dann die konkreten Erfahrungen bei der Vorbereitung und späteren Ausgestaltung der Auszeit sowie (erwartbare) Schwierigkeiten bei der Rückkehr an einen Arbeitsplatz differenziert beleuchten. Die hier vorgestellten Porträts zeigen auf, wie gängige Thesen von der »Globalisierung der Biografien« (Beck 1997: 131) oder Konzepte wie das der »Patchwork-Identität« (Keupp 1999) im Kontext der Anforderungen des spätmodernen Arbeitsmarktes konkrete Gestalt annehmen, wie die Akteure Brüche, Wandlungsprozesse und Umorientierungen, freiwillige oder erzwungene Auszeiten gestalten und dabei auch gemäß der »Kultur des neuen Kapitalismus« mit ihrer Selbstverantwortlichkeitsrhetorik (Sennett 2000) als aktiv und bewusst anzugehende Lebenszeit ausdeuten.

Zur Karriere eines Konzeptes

Gegen Mitte der 1990er erwacht das öffentliche Interesse am Thema der beruflichen Auszeit auch in Deutschland. Bis dahin führte das Modell der Auszeit, das sich mit dem Begriff »Sabbatical«, dem Anklang an das alttestamentarische Siebentjahr[5], aufwertete, ein Nischendasein, nur recht we-

Doch zeigen die von mir porträtierten Fälle in unterschiedlich ausgeprägter Forme ebenfalls diese von Siemers herausgearbeiteten typischen Eigenschaften und Motivationen.

4 Siehe zu dieser sich aus der Akteursperspektive zeigenden aktiven Gestaltung von Arbeitslosigkeit zum Beispiel B. Lutz (2000).

5 Das »Siebentjahr« versinnbildlicht den rhythmischen Wechsel von Arbeit und Ruhe. Der siebte Tag der Woche ist in der jüdischen Religion ein heiliger Ruhetag. Gleiches gilt für die im Spätjudentum und alten Israel gängige Tradition, dass im siebten Jahr die Äcker nicht bestellt und die Weinberge nicht beschnitten wurden. Das jeweils siebte Jahr war demzufolge ein Brachjahr. Damit sollte die Heiligkeit jenes Jahres ausgedrückt, die Ruhe des Landes betont werden. (vgl. Correns 1960: 1ff.) In der Arbeitswelt kam dieser Begriff zunächst in den USA auf. Im 18. Jahrhundert wurden in Harvard die ersten Sabbaticals praktiziert (Kramer 2001:10). Das Modell blieb zunächst der Wissenschaft in Form des Forschungsfreisemesters vorbehalten und tritt später von den USA aus seinen Siegeszug durch die globale Arbeitswelt an.

nige Arbeitgeber praktizierten es. Neben der Wissenschaft war es vor allem der Öffentliche Dienst, der es bereits seit Ende der 1980er Jahre ermöglichte (Richter 1999: 43). Norbert Blüm verabschiedete 1998 das »Gesetz zur sozialrechtlichen Absicherung flexibler Arbeitszeitregelungen«, das die rechtliche Umsetzung von Sabbaticals erheblich erleichterte und auch die Interessenten sprunghaft wachsen ließ (Hess 2002: 18f). Im *Spiegel* erschien 1999 die Besprechung des ersten deutschen Sabbatical-Handbuchs (Richter 1999). In den Folgejahren stieg die Aufmerksamkeit weiter, vom Presseecho bis hin zu unzähligen neuen Ratgebern.

Die Realisierung einer Auszeit ist auf sehr unterschiedliche Art und Weise möglich. Dies gilt auch für den zeitlichen Umfang. Die übliche Spanne liegt bei einem Zeitraum von zwei, drei Monaten bis hin zu einem ganzen Jahr. Eine Auszeit kann bezahlt oder unbezahlt sein und schließt in der Regel die Rückkehr an den alten Arbeitsplatz ein. Aktuell bieten allerdings nur etwa drei bis fünf Prozent der deutschen Arbeitgeber[6] offiziell Sabbaticals an. Fasst man die Haltung zur Thematik zusammen, lassen sich ganz spezifische Umgangsweisen beschreiben, wobei drei Gruppen zu unterscheiden sind (Hess 2002: 197f.). Die erste Gruppe, die »Vorreiter«, sind Global Player wie VW, BMW oder Lufthansa. Bei diesen Unternehmen gibt es klare und auch eindeutige Regelungen, die offensiv propagiert werden. Arbeitnehmerwünsche werden berücksichtigt, Genehmigungen unbürokratisch erteilt. Eine Umsetzung erfolgt über spezielle Arbeitszeitkonten und interne Tarifvereinbarungen, oft verbunden mit einer Lohnfortzahlung. Die Auszeit ist hier an die optionale Vorgabe des Arbeitgebers gebunden und bietet zugleich auch die Sicherheit eines versicherungspflichtigen Beschäftigungsverhältnisses. Die zweite Gruppe bilden Unternehmen, die keine festen Regelungen haben und nur von Fall zu Fall über eine Auszeit entscheiden, wozu sie sich auf Nachfrage kaum äußern. Sabbaticals sind wenig erwünscht und werden nur in beschränktem Umfang ermöglicht. Die dritte Gruppe bilden die Unternehmen, die Mitarbeitern die Option einer Auszeit kategorisch verweigern. Sie begründen dies unter anderem mit organisatorischen Problemen und einer mangelnden Nachfrage. Neben diesen bekannten Varianten zeigen jetzt die zwei folgenden Fallbeispiele, dass andere Lösungen, auch jenseits offizieller Reglements, möglich sind.

6 In Deutschland existiert kein gesetzlicher Anspruch auf eine Auszeit, wie etwa in Frankreich, vgl. dazu Hess (2002: 41).

Vom Unternehmensberater zum Küchenjungen: Auszeit als bewusst gewähltes Kontrastprogramm

Kurt ist 33 Jahre alt, hat Mathematik und Informatik studiert. Mittlerweile ist er bei einer bekannten Unternehmensberatung angestellt und als Berater in die »operative Führungsstruktur« aufgestiegen. Seit zwei Jahren leitet er eigene Projekte. Sein Berufsalltag ist seiner Aussage zufolge »sehr abhängig vom Projektgeschäft«. Das bedeutet normale Arbeitszeit »plus Reisezeiten«. Ruhigere Zeiten gibt es für ihn nur selten. Feste Arbeitszeitregelungen sind bei seinem Arbeitgeber unbekannt: »Irgendwas von 40 Stunden steht im Arbeitsvertrag drin, als Richtwert, keine Ahnung. Da wird nichts aufgeschrieben.« Sein Alltag ist von beruflicher Mobilität gekennzeichnet. Der Wohnsitz ist Berlin, aber: »Du bist eben viel unterwegs, auf Zeit. Mal 'n halbes Jahr hier, anderthalb Jahre dort, viertel Jahr dort. Das ist wie auf Montage.« Die Auszeit, die Kurt genommen hat, hieß nicht offiziell Sabbatical. Für ihn hatte sie eigentlich gar keinen konkreten Namen. Dafür nahm er »einfach zwei Monate alten Urlaub« und ließ sich zusätzlich eineinhalb Monate freistellen.

Ruhig und bedächtig erzählte er mir von den Umständen, die zu seiner Auszeit geführt haben. Seit Jahren hat Kurt eine spezielle Verbindung zu Frankreich, die auf verschiedenen Ebenen noch eine Rolle spielen wird. Er erzählte: »Ich bin schon oft dort unten gewesen, wo ich dann auch hingefahren bin. Das ist ein kleines Dorf in der Nähe von Avignon. Die Gegend ist schön. Ich kenn' die Leute und hatte Lust, da mal länger zu bleiben. Mir gefällt es da sehr gut, ich fühl' mich da sehr wohl.« Zudem hatte er »keine Lust, den Winter in Berlin zu verbringen, weil der ja immer irgendwie eklig ist«. Er sagte: »Ich hatte das Bedürfnis, irgendwie mal richtig Urlaub zu nehmen und mal was anderes zu machen.« Im Jahr vor der Auszeit, so berichtete er, kam er nicht dazu, seinen regulären Urlaub in Anspruch zu nehmen. Weil er nicht verfiel, »hatte ich glaube ich 35 Tage alten Urlaub, weiß nicht genau. Der musste ja irgendwie mal weg. Der Auslöser war dann wieder was anderes […]«. Die Motivation für seine Auszeit war zu einem großen Teil in einer spezifischen beruflichen Situation zu finden. »Ich hatte die Einheit gewechselt und wollte in der neuen Einheit gleich was werden, was ich dann nicht geworden bin.« Kurt wollte als Karriereschritt mehr Personalverantwortung. Hierfür hatte er »sehr viel Energie investiert, das aber nicht so richtig zurückbekommen«. So entstand das dringende Bedürfnis, »mir auch mal was Gutes zu tun. Was, wo ich vor allem im Vordergrund stehe und mich mal wirklich um mich kümmern kann. Ich hab' das dann relativ langfristig geplant.«

In dem französischen Dorf, wo er regelmäßig seine Urlaube verbrachte, hat er Freunde. Einer davon ist Wirt und führt ein Restaurant. Bei seinem letzten Aufenthalt hat Kurt »wieder zwei, drei Tage in der Küche mitgemacht«. Ironisch fügte er hinzu: »Kochen ist ja mein Hobby, untalentiert, aber mit Begeisterung.« Eher aus »Jux« kamen er und der Wirt darauf zu sprechen, dass »man das ja mal länger machen könnte«. Aus Spaß wurde Ernst. »Im Juli kam dann glaub' ich irgendwann die Idee, dass ich mich da absetzte.« Kurt sah sich nun gezwungen, an seinen Vorgesetzten heranzutreten und seine Pläne mit ihm auszuhandeln. Er konnte sich dabei nicht auf ein von der Arbeitgeberseite propagiertes Modell berufen. Hier waren »solche Sachen immer in Eigenverantwortung der Führungskraft zu entscheiden. Es gibt kein vorgefertigtes Konzept dafür.« Für Kurt mündete diese Tatsache in der schwergewichtigen Frage: Wie sag ich's meinem Chef? Mitte Juli teilte er mit, dass er »über so was nachdenke«. Dessen spontane und unvermittelte Reaktion schilderte er mir so: »Na ja, in der einen Minute hat er gesagt: Du spinnst wohl! [laut, energisch] Und in der zweiten hat er gesagt: Na ja eigentlich hast'e Recht, weil wenn du's dieses Jahr nicht machst, kannst du's vielleicht nie wieder machen.« Problemlos sollte die Sache nicht werden.

Ein Aspekt, der für die Realisierung einer Auszeit oft eines der größten Hindernisse darstellt, ist die Abwesenheit einer hochqualifizierten Arbeitskraft. Dieses Problem bestand auch bei Kurt. Strategisch hatte er sich Folgendes überlegt. »Die Verantwortung, die ich zu dem Zeitpunkt für ein Projekt hatte, musste jemand anders übernehmen und auch so übernehmen, dass es für alle akzeptabel ist.« Er traf mit seinem Chef die Übereinkunft. »Wenn wir das organisieren können, ist es möglich, wenn nicht, dann geht es halt nicht. Er kann das nicht grundsätzlich ablehnen, weil es da überhaupt keine Begründung für gibt. Ich musste eben wirklich schauen, dass es in die Arbeitssituation passt.« Während dieses Aushandlungsprozesses ließ er sich, so mein Eindruck, niemals in die Position eines Bittstellers drängen. Seine Schilderungen ließen wenig Zweifel daran, dass er sein geplantes Vorhaben entschieden vertrat. Am Ende gingen seine Überlegungen auch auf. Teile seines letzten Projektes wurden terminlich und personell so konzipiert, dass die verbleibende Arbeit ganz lückenlos von einem Kollegen übernommen werden konnte. Ursprünglich hatte er vor, vier Monate nach Frankreich zu gehen. Diesen Zeitraum reduzierte er auf drei Monate zwischen Weihnachten 2001 und Ostern 2002. Er war klar davon überzeugt: »Wenn ich's wirklich drauf angelegt hätte, hätte ich auch ein halbes Jahr gekriegt. Aber da hätt's Diskussionen gegeben.«

Die organisatorische Vorbereitung »war eine relativ einfache Veranstaltung«. Da Kurt einfach nur alten Urlaub nahm, »gab es keinen Stress mit Kranken- und Rentenversicherung«. Den Anspruch auf diese Versicherungsleistungen verlor er nicht, da er sich für einen Monat freistellen ließ. »Bei unbezahltem Urlaub unter 31 Tagen, da merken die Versicherungstanten gar nichts.« Die Frage nach finanziellen Engpässen stellte sich ebenfalls nicht. »Ich hab' ja nur einen Monat kein Geld gekriegt. Insofern ließ sich das alles an.« Sein persönliches Umfeld reagierte unterschiedlich. »Also der private Freundeskreis war total begeistert.« Im Gegensatz dazu waren »meine Eltern 'n bisschen komisch drauf. Die fanden das nicht so richtig lustig«. Ihnen gegenüber musste er sich rechtfertigen. »Ob sich das alles verträgt und überhaupt. Was denn dann wäre, wenn ich wiederkommen würde.« Erst als er den Eltern versicherte, »dass das in der Company kein Problem wäre und ich auch keinen Arbeitsvertrag kündige, waren sie beruhigt«. Im Arbeitsumfeld habe er sein Vorhaben »nicht groß kommuniziert [...] Wenn, dann Leuten, mit denen ich auch privat was zu tun hatte. Ansonsten hat sich das in der Company von allein genug herum gesprochen. Ich bin bissel 'n bunter Hund, weil irgendwie sowieso 'n bisschen anders.« Er macht seinen »eigenen Stiefel«, wie er es nannte. Deshalb sei die Auszeit »schon von öffentlichem Interesse gewesen«. Direkt nachgefragt haben nur wenige Kollegen. Wenn er gefragt wurde, wollten die Kollegen wissen, »was ich da mache. Es gab zwei, drei, die sich näher interessiert haben. Die gefragt haben, ob es für sie in Frage kommen würde. Wie so was aussieht. Wie so was funktioniert.« Kurt war im Vorfeld zufällig über den Begriff »Sabbatical« gestolpert, hatte in einem Nachrichtenmagazin davon gelesen. Das »war aber nicht wirklich bewusst. Zu dem Zeitpunkt kannte ich das auch von anderen Unternehmensberatungen«.

Bevor er sich endgültig nach Frankreich aufmachte, besserte er in Berlin sein Französisch ein wenig auf. Am zweiten Weihnachtsfeiertag 2001 begann er im Restaurant des befreundeten Wirtes als Küchenjunge oder Springer zu arbeiten, hat »alles mitgemacht. Es war nicht gedacht, da irgendwie drei Monate zu faulenzen. Na ja, im Nachhinein wäre es eigentlich auch eine Idee gewesen. Denn das war ja ganz schön anstrengend da unten.« Warum hatte Kurt sich ausgerechnet eine Restaurantküche für seine Auszeit ausgesucht, wollte ich wissen. Wegen der völlig anderen Arbeitswelt? »Das war nicht bewusst.« Er sagte: »Ich kenn' die Küche und die Leute und hab' das immer nur so als Kochkursteilnehmer gesehen und wollte jetzt mal sehen, wie das so funktioniert, eben so richtig Küchenalltag, wie das organisiert ist.« Er war in keiner Form privilegiert und arbeitete wie die anderen Angestellten. Gewohnt hat er im Nachbardorf. »Da hatte ich mir ein kleines Haus gemietet. Ich hab' ja nicht viel Geld gekriegt. Aber es hat genau gereicht, um das Haus zu bezahlen. Das war auch okay. Mehr wollte ich nicht.«

Einen Unternehmensberater unter sich zu haben, sorgte bei den Restaurantkollegen nicht für besonderes Erstaunen. »Weil Gastronomie immer 'n bisschen buntes Volk anzieht. Das ist 'n kurzlebiges Gewerbe, Leute kommen und gehen.« Der Alltag in der Küche hielt Tücken bereit. »Als Ungelernter behindert man natürlich auch. Man muss sich erst mal einfügen in die Prozesse und Arbeitsabläufe.« Diese Stellung war neu für ihn, bedeutete: »Ich war mal nicht der Chef. Ich war überhaupt nicht der Chef, im Gegenteil. Ich hab' das gemacht, was man mir gesagt hat. Das hab' ich aber nicht unbedingt als unangenehm empfunden. Das war nicht so schwierig für mich. Ich hab' da auch keinen Stress gemacht.« Ungeachtet kleinerer Pannen – »Wenn du als Ungelernter in so 'ner richtigen Küche stehst, schneidest du dich halt ständig in die Finger« – war zu spüren, dass ihm diese Arbeit viel Spaß gemacht hat. Vor der Folie seines ursprünglichen Berufes empfand er den Einblick in Arbeitsprozesse und Organisation, in die ökonomische, betriebswirtschaftliche und Personalseite einer derartigen Restaurantführung als eine neue Erfahrung. »Das war schon spannend für mich so'n komplett anderes Umfeld.«

Erholt habe er sich in diesen drei Monaten »nicht wirklich«. Aber einen Unterschied auf zwei Ebenen hatte er kennen gelernt. »Das war das erste Mal in meinem Leben, dass ich körperlich gearbeitet habe. Also das war nicht wirklich Erholung. Das war Erholung für den Kopf.« Ina Merkel (2002: 245) weist darauf hin, dass »Vorstellungen von der Dienstleistungs- oder Informations- oder virtuellen Gesellschaft [...] auf das Verschwinden körperlicher Arbeit verweisen«. Überall kann man werbeträchtig inszenierte Menschen sehen, die an irgendeinem Ort der Welt, zu Hause, im Büro, im Zug oder in der Flughafenlobby emsig ihren geöffneten Laptop bedienen. Menschen, die harte körperliche Arbeit verrichten, kommen in diesen Bildern nur selten vor. So wird verständlich, dass Kurt, der körperliche Arbeit selbst ebenfalls nie erlebt hat und seine Arbeit im Restaurant wie viele ihre berufliche Auszeit als ein »Kontrastprogramm für Schreibtischtäter« (Reuther 2002: 85) begriff, verblüfft über diese exotische Erfahrung war. »Das ist 'ne völlig andere Arbeitsaufgabe. Wenn du körperlich arbeitest, dann tut dir am Abend das Kreuz weh, aber du hast deinen Kopf völlig frei.« In der Unternehmensberatung ist es so, »dass du immer irgendwas mit dir rum schleppst, weil du entsprechende Verantwortung für irgendwas trägst, dir immer irgendwelche Sachen einfallen, dir Sachen im Kopf herum gehen«. Bei körperlicher Arbeit »hast du so was nicht. Da kannste völlig abschalten. Da gehste raus und fühlst dich gut, wenn das alles geklappt hat. Weg, Feierabend. Das ist anders als ich das sonst kenne.«

Obwohl Kurt die meiste Zeit arbeitete, ergaben sich hier und da Möglichkeiten für ein wenig privates Vergnügen. Er erhielt Besuch von Freunden. »Ansonsten bin ich auch rumgereist, weil Sonntag und Montag hast du frei, da kannste was machen. Ich war in den Bergen, am Meer, in der Provence. Im Januar hatte ich eine Woche dienstfrei und bin nach Paris gefahren.« Mitte März hörte er schließlich auf und wurde mit einem standesgemäßen Ritual verabschiedet. »Der letzte Tag war lustig. Die haben mich zum Ritter geschlagen, nee nicht zum Ritter, hab'n Kochdiplom gekriegt und alles so was, wurde mit Kochlöffeln geschlagen.« Zum Ausklang reiste er noch ein wenig: »'n paar Tage Pyrenäen, ein paar Tage in Barcelona, ein bisschen Atlantik und noch mal 'ne Woche Paris. Ich hätte dann doch gern noch mal vier Wochen die Beine hoch gelegt und wäre gern noch in Paris geblieben.«

Kurt hat sich »dann doch sehr auf Berlin gefreut und auf die Wohnung [...]«. Erstaunt erlebte er die ›Schwierigkeiten‹, sich in den eigenen vier Wänden wieder wohlzufühlen. Dieser Prozess hat drei Wochen gedauert. Die Rückkehr an den Arbeitsplatz hat er nicht als schwierig empfunden. »Vom Erleben her war das vom Prinzip her wie 'n anderes Projekt gewesen, wenn Du so willst. Aber ein Projekt, was ich für mich selber gemacht habe.« Die Arbeitsaufgabe, die ihn erwartete war »sehr spannend, für mich sehr neu, karrieretechnisch interessant, weil Auslandsprojekt«. Zum Zeitpunkt des Interviews war Kurt gerade vier Wochen wieder in Berlin, dachte ab und zu: »Is' ja schön da unten gewesen. War ja nett, die Beine hoch zu legen, aber es ist nicht so, dass ich jetzt akuten Rückreisebedarf habe.« Angesprochen darauf, ob er in irgendeiner Form Neid verspürt habe, entgegnete er: »Den hab' ich vor allem auf Arbeit gesehen, privat nicht so.« Nach seinen Erfahrungen befragt haben ihn dort »nur wenige«. Ein festes Arbeitskollektiv mit stets denselben Personen ist aufgrund der Projektarbeit und wechselnder Kunden anscheinend nicht vorhanden. Es gibt manchmal »einfach nicht so die Gesprächsfläche«, sagte er. »Im aktuellen Projekt weiß es überhaupt niemand.«

Was passiert bei einer längeren Abwesenheit mit der Karriere, dem Arbeitsplatz? Nicht bei allen Interviewpartnern stellte sich die Frage nach dem Einfluss ihrer Auszeit auf das berufliche Fortkommen. Bei der Rückkehr hatte Kurt keine gravierenden Einschnitte, wie den Verlust oder einen erzwungenen Wechsel des Arbeitsplatzes zu erwarten. Dennoch wollte ich wissen, ob er sich zu seiner Karriere Gedanken gemacht hatte. Er kam auf die Personalverantwortung zurück, die er bisher noch nicht bekommen hatte. »Wenn ich sie jetzt nicht kriege, dann in meinem nächsten Job, bei der nächsten Company. Vielleicht will ich sie ja auch gar nicht haben, weiß nicht genau.« Was die Karriere betraf, sei ihm »bisher immer eher was angeboten worden«, als dass er sich »nach irgendwas gedrängt hätte«. Er sah die Dinge gelassen, gab sich optimistisch. Aber mit den Vorgesetzten verlief der Umgang nach seiner Rückkehr nicht ohne Spannungen. Sein Chef habe »das nicht so richtig verwinden können. Ich weiß nicht genau, was da noch dahinter ist. Als Chef hat er irre viel Verantwortung, ist einfach nicht so frei.« Für ihn »käme das überhaupt nicht in Frage«, zumal dieser Vorgesetzte ja im Unterschied zu Kurt nicht ungebunden und kinderlos ist. Außerdem hatten die Vorgesetzten ernsthaft befürchtet, dass Kurt nicht wieder zurückkommt. »Die haben gedacht, ich bleib' da unten und such' mir da 'n Job.« Und tatsächlich fühlte er sich nicht (mehr) »wirklich eng gebunden an den Laden«. Kurt sagte sich: »Ich mach' die Projekte für die, könnte aber sofort sagen: Tschüss, ich hab' was Besseres gefunden. Derzeit bin ich sehr frei und das is' 'n bisschen gefährlich.« Denn: »Man ist sich nicht wirklich sicher, ob ich nicht noch mal irgendwie solche Ideen hab.« Er sprach zugleich einen anderen Punkt an, den eine ›unübliche Idee‹ auslösen kann. »Das hat natürlich 'ne Vorbildwirkung. Andere Leute denken dann auch drüber nach. Das ist nicht gewollt, wirklich nicht. Das wird mir dann auch demonstriert.« Die Vorstellung seines letzten Projektes »war eigentlich mein Job, mein Baby. Durfte mein Nachfolger vorstellen. Der wird jetzt natürlich total gehypt vom Chef.« Weitere Experimentierfreudigkeit soll möglichst im Zaum gehalten werden. Denn das ist gleichbedeutend mit Macht- und auch Kontrollverlust.

Nach seiner Auszeit bilanziert Kurt, dass er derzeit in seiner Firma »ganz gut aufgehoben« sei. »Die lassen mich in Ruhe, solange meine Projekte laufen.« Solche »Freiheiten hätte ich woanders nicht«. In Frankreich war ihm ein Headhunter auf den Fersen, der ihn als Berater »woanders hin haben wollte«. Darauf ließ er sich aber nicht ein. »Das wäre dann aber alles nicht mehr so locker gewesen.« Über Unstimmigkeiten am Arbeitsplatz sage er sich jetzt:

»Na ja, mein Gott. Das is halt 'n Job. Den machst du jetzt noch 'n paar Jahre. Wenn nicht hier, dann woanders. Es gibt noch mehr Sachen im Leben, die interessant wären, ausprobiert zu werden, die da kommen könnten. Das ist 'ne Konsequenz daraus, dass man dazu 'n bisschen Abstand kriegt und damit auch 'n bisschen lockerer umgeht. Du kriegst einfach, weiß ich nicht, du hast einfach 'n paar Dinge gemacht, die andere nicht gemacht haben. Das wirkt eher fördernd für's Selbstvertrauen und das Bewusstsein, wie man auftritt.«

Die Auszeit wurde hier demnach als distinktives Moment eingesetzt und im nachhinein als eine Form der Gewinnung von wohltuender Distanz gesehen, die es erlaubt, das Primat der Erwerbsarbeit an dem einen Arbeitsplatz zu relativieren und alternative Arbeitgeber oder sogar Lebenskonzepte, zumindest jetzt noch ein paar Wochen nach seiner Rückkehr, für möglich zu halten. »Ich könnte mir vorstellen, dort zu leben, unabhängig davon, ob ich da 'n Job kriegen würde.« Kurt fand es beruhigend »zu wissen, dass man auch woanders funktionieren könnte«. Jedenfalls war Kurt nach seiner Rückkehr »noch weniger geneigt, irgendwelche Kompromisse einzugehen, was persönliches Wohlbefinden anbelangt. Das führt eher dazu, dass man härter wird, dass man eher weiß, was einem gefällt und dass man noch stärker darauf achtet, dass die Dinge so sind, wie sie einem gefallen.« Darüber hinaus stellte Kurt die Auszeit als einen Beitrag zur Persönlichkeitsentwicklung dar, die vorteilhaft für die Arbeit am eigenen »Image« sein kann. Sie kann bei der eigenen Selbstvermarktung positiv verkauft werden. Bei Kurts Arbeitgeber wurde das wahrgenommen, wie er mir versicherte. Auch wenn die mittel- und längerfristigen Auswirkungen seiner Auszeit natürlich noch offen seien, stand eine »ganz einfache Überlegung« für Kurt bereits fest. »Entweder, ich hab' tatsächlich in zwei Jahren diese Personalverantwortung gekriegt. Dann fällt das aus für die nächsten zehn Jahre. Wenn ich die nicht kriege, die mir das nicht geben, bin ich in zwei Jahren wieder weg, über 'n Winter.« Dann werde er seine Zeit aber anders verbringen: »Ich glaub', dann nicht zum Arbeiten, sondern in Frankreich rum fahren und mal 'n paar Monate in Paris leben.«

Während dieses Porträt ein selbst gewähltes, weitestgehend konfliktfrei verlaufendes Sabbatical schildert, das als Gewinn und Investition in die persönliche Entwicklung verbucht werden konnte, zeigt das nun folgende geradezu gegensätzliche Motivationen für eine Auszeit, die Folge einer

»burn-out«-Erfahrung war. Entsprechend handelte es sich hier um keine sorgfältig geplante Entscheidung. Freisetzung und die aktive Aneignung der Freiheit liegen hier eng beieinander. Auch die Integration der Auszeit in die Berufsbiografie sowie die Begrenzung dieser zur Regeneration genutzten Phase unterliegen weniger als im vorigen Fall der eigenen aktiven Entscheidungen und Planungssicherheiten, auch wenn die riskante und erzwungene Unterbrechung der Erwerbsbiografie aus der Innensicht als Gewinn an Freiheit der Lebensgestaltung interpretiert wird.

»Burn-out« und Regeneration: Auszeit zwischen Freisetzung und angeeigneter Freiheit

Dieter war zum Zeitpunkt des Interviews 34 Jahre alt, hatte in der DDR eine Berufsausbildung absolviert und später eine Weiterbildung zum Betriebswirt gemacht. Zuletzt war er im Vertrieb eines mittelständischen Unternehmens tätig, einer Aktiengesellschaft, bei der Dieter einer der vier Teilhaber gewesen war, bevor er zum Ende des Jahres 2000 vollständig ausschied. Zum Zeitpunkt des Interviews im Herbst 2002 war er noch kein neues Arbeitsverhältnis eingegangen. »Im Moment bin ich Privatier. So würde ich 's bezeichnen.« Das Wort »arbeitslos« verwendete er während des Interviews nie.

Arbeit war lange Dieters wesentlicher Lebensinhalt. »Der Job war mein Ein und Alles. Ich hatte keine Familie, keine Beziehung.« Seine damalige wöchentliche Arbeitszeit könne er nur schwer benennen, im Schnitt waren es 60 bis 70 Stunden. Er reiste häufig beruflich, war oft abends und auch am Wochenende unterwegs. Schleichend verschlechterte sich das Betriebsklima. Dieter steuerte auf eine problematische Situation zu, die gänzlich Besitz von ihm ergriff. Es kam zu Konflikten und Auseinandersetzungen, die nicht spurlos an ihm vorüber gingen. »Dadurch, dass ich irgendwann nicht mehr schlafen konnte und ständig darüber nachgedacht habe, was, wie, wo, weshalb, hat mich das zu 90 Prozent meines Lebens eingenommen, der Job.« Über die objektive Stundenzahl hinaus war Arbeit allgegenwärtig. Er war kaum noch in der Lage, sich mit anderen Dingen zu beschäftigen. In seiner Firma wurde er schon lange Zeit kritisiert. »Das hat natürlich alles an meinem Selbstwertgefühl geknabbert. Mein Selbstvertrauen war einfach schon so geschunden, dass das auch gesundheitlich an meine Substanz gegangen ist.« Diese Probleme manifestierten sich unter anderem darin, »dass ich immer kaputt war, ausgelaugt, keine Energie hatte, dass ich schlecht gegessen habe, keine Lust mehr hatte, mich zu bewegen«.

Mit der Zeit wurde die Situation für ihn unerträglich. Was folgte, war »nicht einmal eine bewusste Entscheidung«, sondern mehr ein »körperlicher oder geistiger Impuls: Wenn ich das jetzt weiter mache, werde ich größere Schäden von mir tragen.« Er beschloss schließlich, das Unternehmen zu verlassen. »Das war eine relativ spontane Entscheidung, die wir [die vier Teilhaber der Firma, Anm. K.P.] auf ein halbes Jahr hin angelegt hatten.« Dieser Weggang entsprach nicht nur der Kündigung eines regulären Arbeitsverhältnisses. Als Gesellschafter und Teilhaber war er mit privatem Kapital am Unternehmen beteiligt. »Da kann man nicht einfach sagen, man geht mal.« Er suchte fieberhaft nach einer Lösung, diese Anteile ohne höhere Verluste an Dritte zu veräußern. Die Mitgesellschafter hatten ein Vorkaufsrecht und kauften ihm die Anteile schließlich ab. Nicht aus Eigennützigkeit, sondern, »weil die mich loswerden wollten.« Die Fronten hatten sich verhärtet. Die Mitgesellschafter übten anscheinend erheblichen Druck auf ihn aus. »Man hat das dann eben so organisiert, dass ich zum 31.12. aufgehört habe [betont].« Dieter sprach sehr vorsichtig und mit viel Bedacht über diese Ereignisse. Ich konnte spüren, dass es ihm nicht leicht fiel. Er sagte, er hätte weiter in der Firma gearbeitet, »wenn es diese Disharmonie nicht gegeben hätte. Meine Arbeit hat mir auch Spaß gemacht viele Jahre.«

Unmittelbar nach dem Ausscheiden war seine Situation beängstigend. »Ich war gar nicht in der gesundheitlichen Verfassung, mir einen neuen Job zu suchen.« Er hatte keinerlei konkrete Pläne. Die Tatsache, vorläufig nicht zu arbeiten, »hat sich dann einfach so ergeben«. Auch, »weil ich gemerkt habe, dass ich das nicht mehr bewältige, diesen Stress, dass ich gar nicht die Kraft habe. Ich habe das dann einfach mal Wink des Schicksals genannt; zu sagen: Na, dann nimmt man eben mal 'ne Auszeit.« Im Gegensatz zu anderen Interviewpartnern hatte er die nicht geplant. Sie war eine Folge äußerer Umstände und seines Überlastungssyndroms. Die entstandene Situation verdichtete sich zu einem persönlichen Resümee, zu Überlegungen, »sich im Leben neu zu orientieren, einfach mal zu schauen. Was war? Was ist gewesen? Was hat man gelernt? Was können die Bereiche sein, die einem noch Freude bringen? Ich wollte immer Windsurfen gehen und habe das in dem Jahr gelernt und hab' an der Ostsee gewohnt. Die neue Aufgabe, der Sport, hat mir gut getan.«

Wieviel Zeit zwischen dem Weggang aus dem Unternehmen und dem Beginn des Lebens an der Ostsee verging, war nicht ersichtlich. In jedem Fall lebte er ein dreiviertel Jahr dort. Diese Monate waren von Rückzug geprägt. »Ich hab' wieder eine Anlehnung zur Natur gehabt, war mehr mit Natur verbunden: Wasser, Wind, Wellen, Jahreszeiten.« Das waren Dinge, so musste er feststellen, »die man nicht mitbekommt. Man weiß ja gar nicht so richtig, ob Sommer ist oder Winter, übertrieben gesagt. Die Klimaanlage im Auto läuft immer. Man hat immer die gleichen Klamotten an. Man nimmt die Dinge anders wahr. Das Tempo verändert sich.« Seine gesundheitliche Verfassung besserte sich. Die körperlichen Symptome haben »relativ schnell aufgehört, weil ich sehr einsam gelebt habe, mich bewusst total zurückgezogen habe von sämtlichen menschlichen Kontakten. Ich wollte auch nicht reden, weil ich über Jahre [im Beruf, Anm. K.P.] viel geredet habe, ständig geredet habe. Ich habe versucht, in den Tag hinein zu leben.« Auch Dieter gestaltete seine Auszeit also als Kontrastprogramm zu seiner durchrationalisierten, fremdbestimmten Zeit als Geschäftsführer mit ihren überlastenden Kontakt- und Routinezwängen. Er lebte langsamer, redete nicht, wollte keinerlei Entscheidungen fällen. Den verbleibenden Teil des Jahres 2001 verbrachte er mit den unterschiedlichsten Aktivitäten. »Ich bin verreist, vor allem zum Surfen nach Fuerteventura, wollte immer Sprachen lernen, wofür ich die Zeit nicht hatte, war 'ne Zeit lang in England. Also auch mal ohne Druck Dinge machen können. Und dann war das Jahr relativ schnell um.«

Nach diesem Jahr ergaben sich viele offene Fragen. »Ja, was kommt jetzt? Was soll eigentlich kommen, vor allem beruflich? Steigt man wieder in ähnliche Strukturen ein?« Die Realitäten des Arbeitsmarktes wurden realistisch reflektiert. Bewerber mit Dieters Berufsprofil würden zur Zeit auf dem Arbeitsmarkt nicht unbedingt »händeringend gesucht«. Er zog ebenfalls in Erwägung, »in seinem alten Gebiet vielleicht noch mal eine Ausbildung« anzuschließen. Im Vordergrund stand die Abarbeitung einer Liste unerfüllter Wünsche. »Nach dem ersten Jahr habe ich eine zweite Sache angefangen, die ich gern machen wollte. Das war die Schauspielerei.« Da Dieter finanziell aufwändigen Aktivitäten nachging, stellte sich mir irgendwann die Frage, wovon er eigentlich lebte. Dieter ging geldaufwendigen Aktivitäten nach.

»Ich bin finanziell unabhängig. Diese Frage hat sich mir so nicht gestellt. Ich habe viele Jahre dafür gearbeitet, dass ich eine gewisse finanzielle Freiheit habe. Wenn ich die nicht gehabt hätte, hätte ich diesen Schritt niemals gemacht. Ich kann mir einfach Zeit lassen mit der Entscheidung, worin will ich investieren. Dafür bin ich große Risiken eingegangen, hab' viel Zeit investiert.«

Trotz der finanziellen Unabhängigkeit wurden bestimmte Lebenshaltungskosten so gering wie möglich gehalten. Dieter hatte keine eigene Wohnung, lebte mit seiner Schwester zusammen. Er besaß kein Auto mehr.

Wie bei vielen Arbeitslosen zeigte sich auch bei Dieter, wie mit dem Wegfall der Erwerbsarbeit als alltags- und lebenslaufstrukturierendes sowie vergesellschaftendes Moment ein Gefühl von Leere und Isolation auftreten kann und die Balance des Lebens mit seinen begrenzenden Rahmungen und Horizonten verloren zu gehen droht:

»Wenn man den Job nicht mehr hat, ist in der ersten Zeit alles ganz schön und easy. Man schläft aus, man tappelt ins Café, trinkt seinen Kaffee und das Handy klingelt nicht mehr. Aber irgendwann ist es schlimm. Man steht auf und sagt: Nicht schlimm, aber es ist eigenartig. Man steht auf und sagt: Es ist irgend ein Tag. Was ist heute für ein Tag? Ja, weiß ich gar nicht. Muss ich mal gucken.«

Man hat keinen »Umkreis« durch Arbeit, Studium. Telefon und Handy, in der Gegenwartsgesellschaft ganz wesentliche Symbole gesellschaftlicher Aktivität und Teilhabe versagten ihren Dienst, nicht im technischen Sinne, sondern in ihrer sozialen Bedeutung: »Das Telefon klingelt wirklich nicht mehr. Das Interesse an einem versiegt, und man muss feststellen, dass viele Sachen und Menschen, die man vorher um sich hatte, dass die nicht mehr da sind.« Auch habe er ernüchternd festgestellt, »was eigentlich Freunde sind, dass viele überhaupt nicht verstehen, in welcher Krise man steckt«.

Dieter schildert eindrücklich, dass der Verlust von Arbeit deutlich werden lässt, wie sehr diese gemeinhin im sozialen Miteinander den persönlichen Status bestimmt. Mit der Zeit fühlte er sich oft »schon als Außenseiter«, seiner Einschätzung zufolge entsprach er einfach nicht »dem Lebensmodell, dem 90 Prozent entsprechen. Arbeiten gehen, irgendwas Wichtiges studieren, irgendwas Wichtiges machen. Man ist auch sozial nicht eingebunden.« Dieters bisherige Lebenskonstruktion, die vor allem auf der Erwerbsarbeit basierte, war faktisch zusammengebrochen. Was erzählt man, wenn man keiner Arbeit nachgeht, ohne sich gleich als arbeitslos zu bezeichnen? Als Ausweg »sucht man sich halt wieder ein Wort, so'n Wort. Was machst du?« Es blieb die Frage: Wer ist man? Surfen ist kein Beruf, und ohne einen Beruf hat man keine Stellung in der Gesellschaft. Für Dieter hatte sich gezeigt,

»dass die Welt über die Definition des Jobs funktioniert. Ein Job macht das Leben sehr einfach. Man setzt sich in den Zug und fährt los. Man ist nicht der Fahrer und das Ding fährt, das fährt immer und man muss sich keine Gedanken weiter machen. Aber wenn man nicht in diesem Zug sitzt, willst du ja auch irgendwie vorankommen, weißt aber oft gar nicht, was du zuerst machen sollst. Das fängt schon an: Der Zug fährt zwar da lang. Jetzt weiß ich aber nicht, lieber dahin oder dorthin? Ist das auch richtig? Oder vielleicht will ich eigentlich doch ganz woanders hin?«

Plötzlich sah sich Dieter dem permanenten Zwang einer Entscheidung ausgesetzt. Er beschrieb Merkmale, die kennzeichnend sind für Individualisierungsprozesse in modernen Gesellschaften (Beck/Beck-Gernsheim 1994). Eine aktive Eigenleistung der Individuen wird in der »Multioptionsgesellschaft« (Gross 1994), die dauernd neue Wahlmöglichkeiten bereit hält, nicht nur gefördert, sondern gefordert. »Das ist der große Unterschied für mich, dass man jeden Tag Entscheidungen fällt, dass man viel mehr [betont] Entscheidungen fällt, die keinen Automatismus haben.« Was könnte man einerseits nicht alles anstellen an einem Tag ohne Arbeit? Andererseits gab es auch die Frage langfristiger Lebensplanungen. »Das Schwierige, finde ich, ist, für sich eine Peilung zu kriegen, überhaupt zu sagen: Wo investiert man sich im Leben jetzt eigentlich. Was fängt man an mit seiner Zeit?« Dieter sprach im Übrigen häufig von »investieren« oder »Investment«. Die Sprache seiner Arbeitswelt übertrug er offensichtlich nun zur Deutung der ihn beschäftigenden generellen Lebensfragen.

Die längerfristige Lebensgestaltung war bei Dieter zum Zeitpunkt des Interviews in jeder Hinsicht offen. Seine Auszeit diente weiterhin auch dazu, seine gesundheitliche Verfassung zu stabilisieren. »Ich muss heute noch sagen, dass ich noch nicht mal in der Situation bin, wenn ich mal zehn Jahre zurück gehe, wie ich damals angefangen habe, dass ich so energiegeladen oder so belastbar auch bin. Also das geht noch nicht.« Hierzu argumentiert er über seine gesundheitliche Verfassung: »Bei mir hängt das wohl irgendwie mit der Leber zusammen, dadurch, dass ich mich über viele Jahre im Job schlecht ernährt habe. Da sehe ich aber zu, dass das abgestellt wird. Da muss man bestimmte Ernährungsthemen einfach befolgen.« Er wollte weiter nicht arbeiten, aber für »Mitte nächstes Jahr [2003, Anm. K.P.] habe ich mir 'ne Grenze gesetzt. Da möchte ich schon was Konkretes haben, weil mich das auch rastlos macht.« Es blieb die Kernfrage:

»Eben was soll's sein? Was soll's sein? Nehmen wir mal an, ich will in das Jobprofil zurück, wo ich mal hergekommen bin. Mein Problem wird wohl sein, über die Hürde zu kommen, dass die Leute einen einladen. Das Schwere wird sein, wenn man heute 'nen Lebenslauf da hin schickt, schauen die drauf und sagen: ›Mmh, was ist denn das für eener? Wat ist das denn?‹ [berlinert stark] Erst macht er 'n Jahr hier, dann noch 'n Jahr Tantrakurs, 'ne kleine Homöopathieschulung und dann noch 'n bisschen Nadelstechen in China.«

Die Passage war gespickt mit Selbstironie und einer Portion Galgenhumor, benannte aber einen wesentlichen Gesichtspunkt. Wie positioniert sich Dieter zu einem Lebenslauf, der eine doch erhebliche Lücke aufweist, etwa in einem Vorstellungsgespräch? Bei der Bilanzierung seiner Lebenssituation zum Ende des Interviews grenzte Dieter seine durch eine Krise erzwungene Regenerationszeit mit all ihren Ambivalenzen von einem sozial abgesicherten Sabbatjahr ab.

»Eine Auszeit zu nehmen mit 'ner Perspektive wie so 'n Sabbatjahr, kann man nicht vergleichen mit meiner Situation. Weil eine Auszeit zu nehmen aus einem Job für ein Jahr, wo man also ein Jahr später wieder in die gleichen Strukturen, in die gleiche Situation zurückkehrt, da sind Faktoren wie Unsicherheit überhaupt nicht gegeben. Das ist einfach, man segelt um die Welt oder lernt 'ne Sprache und purzelt nach 365 Tagen wieder dahin, wo man hergekommen ist. Da ist die Sicherheit da. Bei aller ökonomischen Sicherheit, die ich vielleicht habe und mir sage, okay, das kann ich im Moment noch zwei weitere Jahre betreiben, so wie ich das gerade betreibe. Nicht weil ich so reich bin, sondern weil ich relativ sparsam mein Leben darauf abgestellt habe. Was könnte man im Leben alles machen und vor diesem Überangebot an Möglichkeiten fast schon kapituliert, wo man sich überhaupt investieren soll. Oder zu sagen, wie schafft man eine Lebensmitte? Dass man zwei, drei Lüste, Leidenschaften leben kann, womit man vielleicht sogar Geld verdienen kann.«

Von der Arbeit als alleinigem und zentralem Lebensmittelpunkt hat sich Dieter entfernt. Welche Alternativen an ihre Stelle treten werden, war jedoch unklar. Zwei Wochen nach dem Interview flog Dieter zunächst einmal zu einem längeren Sprachaufenthalt nach Südafrika.

Fazit

Trotz ihrer jeweiligen Besonderheiten zeigen die Interviewten meines Samples doch gewisse Gemeinsamkeiten. Der besondere Umgang mit Zeit spielte in allen Interviews eine Rolle. Aus dem Diktat der Arbeit herausgelöst, erlebten die Interviewpartner einen neuen Zeitwohlstand (Hörning 1991: 139). Dazu gehörten auf der einen Seite Glücksgefühle über mehr Freizeit und Selbstverwirklichungsmöglichkeiten sowie radikal veränderte Lebensrhythmen. Auf der anderen Seite erscheint unbegrenzte Freizeit nicht mehr als Segen, sondern als Last. Aus einer geregelten Existenz heraus kam das Gefühl auf, ins Ungebundene und in soziale Isolation zu gleiten. Auch der Umgang mit den finanziellen Ressourcen während der Auszeit war für alle Befragten eine Herausforderung. Einige erhielten in ihrer Auszeit eine Lohnfortzahlung, andere nicht, und sie mussten dann von ihren Ersparnissen leben. Alle hatten Strategien entwickelt, um Kosten zu reduzieren. Diese reichten von der Vermietung der Wohnung während der Abwesenheit, bis hin zu einem radikalen Konsumverzicht.

Das Modell Sabbatical erobert sich einen Platz in der spätmodernen Arbeitswelt und so auch in den Biografien. Es formt sich zu einem qualitativ neuartigen Lebenslaufexperiment, zu einer eigenständigen, spätmodernen Lebenslaufstation. Vor Jahren undenkbar, wächst inzwischen die gesellschaftliche Akzeptanz. Die klassische Dreiteilung der Biografie in die Phasen Schule und Ausbildung, Arbeitsleben und Rente wird somit einmal mehr obsolet. Arbeitsfreie Phasen in der Berufsbiografie werden sich (weiter) normalisieren. Für Manche(n) ermöglicht die zunehmende Institutionalisierung des Sabbaticals ungeahnte Autonomieräume. Allerdings werden die oft durchaus krisenhaften Brüche in Biografien, wie sie die prekären Arbeitsbedingungen der späten Moderne verstärkt mit sich bringen, durch eine solche »innovative« Institution nicht nur selbst institutionalisiert, sondern auch legitimiert und schöngeredet (was auch bei den Interviewten gelegentlich der Fall gewesen sein dürfte). Sabbaticals dienen Arbeitgebern als Label und Lockmittel, mit dem sie ein positives Image vermitteln, High Potentials ködern und »burn-out«-Syndrome ihrer Mitarbeiter vermeiden wollen. Auf der anderen Seite ist die Abgrenzung zum Begriff Arbeitslosigkeit vielfach schwierig. Die subjektive Interpretation durch das Individuum spielt die maßgebliche Rolle.

Dem Subjekt bietet eine Auszeit Freiräume für Selbstverwirklichung und Selbstbestimmung fern der Arbeitsroutinen. Dennoch ist sie verbunden mit einem persönlichen Risiko, welches nicht zu unterschätzen ist (Siemers 2005). Entscheidend war, in welchem sozialen Rahmen sich die Akteure bewegten. Ein Teil der Interviewpartner war in einem Beschäftigungsverhältnis verankert, plante die Auszeit sehr strategisch als Investition in Fortbildung, mehr Lebensqualität oder zur Neuorientierung. Beim Verbleib im Arbeitsverhältnis war das persönliche Risiko weitestgehend minimiert. Eine reibungslose Rückkehr in den Beruf war dennoch nicht garantiert. Tatsache ist, dass es bei einem bestehenden Arbeitsverhältnis kein Anrecht auf exakt den alten Arbeitsplatz gibt. Dauert die Auszeit im Einzelfall zu lang, besteht das Risiko, dass der alte Arbeitsplatz nicht mehr existiert oder der berufliche Anschluss verloren geht.

Für eine zweite Gruppe von Interviewpartnern ergab sich die Auszeit aus grundlegend anderen Umständen: aus dem Niedergang der New Economy, aus einer Lebenskrise oder einer Kündigung. Sie wurden vom Ereignis mehr oder weniger überrascht, mit einer neuen Lebenssituation konfrontiert. Verglichen mit der ersten Gruppe war die Situation ungleich schwieriger. Doch wurde die Krise als der richtige Zeitpunkt, endlich eine Auszeit zu nehmen, positiv umgedeutet. Oft wurde die eingetretene Auszeit als radikale Wende wahrgenommen, die die gesamte Lebenskonstruktion veränderte. In diesen Fällen hatte die Auszeit erheblichen Einfluss auf die Berufsbiografie, deren Verlauf unsicher und kaum vorhersehbar blieb. Ein dominierendes Erleben von erzwungener Diskontinuität, Unsicherheit, dem ständige Zwang, Entscheidungen treffen zu müssen, prägte hier vielfach das Erzählen der Interviewten. Insgesamt hängen der Umgang und die Bewältigung von Veränderungs- und Umbruchsphasen vom jeweiligen individuellen biografischen Kontext, auch von der Unabhängigkeit von Familienverantwortung, vom Lebensalter, von finanziellen Ressourcen und letztlich erheblich von Persönlichkeitseigenschaften ab.

Die Integration einer Auszeit in die berufliche Biografie setzt hochgradig individualisierte Persönlichkeiten voraus, die das eigene Leben eigenverantwortlich zu planen bereit sind und den Mut aufbringen, sich aus der Arbeit als fremdbestimmtes, aber auch den Alltag strukturierendes, soziale Kontakte und Sinn stiftendes Kernelement des eigenen Lebens zu lösen und Risiken einzugehen. Sich gegen Mehrheitsauffassungen im beruflichen sowie persönlichen Umfeld durchzusetzen, war überdies für fast alle Interviewten ein Thema, besonders jedoch für die erste der beiden Gruppen. Die Wahrscheinlichkeit, im Verlauf der eigenen Biografie eine derartige Phase zu erleben, wächst in der Mitte der Gesellschaft:

»Was es heute und in Zukunft [...] immer häufiger geben wird, würde ich Normalitätskrisen nennen. Sie werden sich immer öfter fragen, ob Sie eigentlich normal sind. Die Lebensläufe werden einfach brüchiger und riskanter. Wenn man früh gelernt hat, mit den dazugehörigen Ungewissheiten umzugehen, kann man später auf mehr Erfahrung zurückgreifen. Wenn dich das alles zum ersten Mal mit fünfzig erwischt, ist es verdammt schwer, dich mit solchen Dingen noch auseinander zu setzen.« (Keupp 2005: 58)

Diese These Heiner Keupps wird durch die Ergebnisse meiner Magisterarbeit gestützt. Alle Befragten wollten eine solche Auszeit wiederholen oder hatten es bereits getan. Sie wussten, »wie es geht«. Ein bestimmtes Erfahrungsspektrum hilft, Erlebtes zu wiederholen und das Experiment Auszeit erneut zu wagen.

Literatur

Beck, Ulrich (1997), *Was ist Globalisierung?*, Frankfurt a.M.

Beck, Ulrich/Beck-Gernsheim, Elisabeth (1994), *Riskante Freiheiten,* Frankfurt a.M.

Correns, Dietrich (1960), »Traktat 5. Schebit (vom Sabbatjahr). Text, Übersetzung und Erklärung nebst einem textkritischen Anhang und zwei Karten«, in: *Die Mischna, Zeitschrift für Alttestamentliche Wissenschaft*, S.1–29.

Gross, Peter (1994), *Die Multioptionsgesellschaft*, Frankfurt a.M.

Hess, Barbara (2002), *Sabbaticals. Auszeit vom Job – Wie Sie erfolgreich gehen und motiviert zurückkommen*, Frankfurt a.M.

Hörning, Karl (1991), *Zeitpioniere. Flexible Arbeitszeiten – neuer Lebensstil*, Frankfurt a.M.

Keupp, Heiner (1999), *Identitätskonstruktionen: Das Patchwork der Identitäten in der Spätmoderne*, Reinbek.

– (2005): »Wir müssen uns entscheiden«, in: *Neon, Das Magazin*, Heft Mai 2005, S. 56–58.

Kramer, Daniel C. (2001), *Workplace Sabbaticals – Bonus or Entitlement?*, Westport/ Conneticut/London.

Lutz, Ronald (2000), »Riskante Herausforderungen: Erfahrungsmuster und Bewältigungsstrategien Arbeitsloser«, in: Irene Götz/Andreas Wittel (Hg.), *Arbeitskulturen im Umbruch. Zur Ethnographie von Arbeit und Organisation*, Münster, S. 123–140.

Merkel, Ina (2002), »Außerhalb von Mittendrin. Individuum und Kultur in der zweiten Moderne«, in: *Zeitschrift für Volkskunde,* Jg. 98, S. 229–255.

Minssen, Heiner (2007), »Entgrenzte Arbeit – Subjektivierte Arbeit«, in: *Soziologische Revue* 30, S. 131–141.

Reuther, Heike (2002), *Berufliche Auszeit,* München.

Richter, Anke (1999), *Aussteigen auf Zeit. Das Sabbatical Handbuch,* Köln.
Sennett, Richard (2000), *Der flexible Mensch. Die Kultur des neuen Kapitalismus*, Berlin.
Siemers, Barbara (2005), *Sabbaticals – Optionen der Lebensgestaltung jenseits des Berufsalltags*, Frankfurt a.M.

Ich-AGs zwischen selbstbestimmtem Arbeiten und Prekarität

Zu Aspekten arbeitsmarktpolitischer Gründungsförderung und der Erwerbsform Alleinselbständigkeit

Albrecht Witte

Das Verzeichnis Lieferbarer Bücher 2004/05 führt etwa 100 Ratgeber zum Thema Existenzgründung auf. Mit dem »Webcheck Existenzgründung« kann man aus über 1.000 Fördertöpfen den richtigen ermitteln (21.4.2007, http://www.safir-wid.de/SafirGewerbe/Start.aspx). Der Gründungskatalog der KfW Mittelstandsbank (20.4.2007, http://www.gruendungskatalog.de) verzeichnet 78 Gründungsnetzwerke, 180 Gründungsevents, 52 Gründungswettbewerbe und ebenso viele Internetforen für Gründer. Es gibt Gründungsmessen, Existenzgründungsberater, Gründerzentren, Existenzgründungslehrstühle, Softwaretools und Kontaktbörsen für Gründer, einen Gründercampus, eine Gründerwerft – ein ganzer Industriezweig kümmert sich um und lebt vom Existenzgründer, Lichtgestalt und Hoffnungsträger der Wirtschaftspolitik.[1] Für die Beratungsindustrie ist natürlich die Beratung der Gründer »entscheidend im Hinblick auf die Bestandsfestigkeit der Gründungen« (Kunz-Michel 2006: 182). Nur wird der positive Effekt solcher Maßnahmen weder in der Hartz-Evaluation[2] noch in anderen Untersuchungen empirisch bestätigt,[3] im Gegenteil: Die Nutzer von Beratungsangeboten erzielen ein (teilweise signifikant) geringeres Einkommen als diejenigen Gründer, die sich gar nicht vorbereitet haben (Wießner u.a.

1 Vgl. zum Beispiel die Berichterstattung unter der Überschrift »Messe der Hoffnungsträger« über die »21. Deutschen Gründer- und UnternehmerTage 2005« in Berlin (20.4.2007, http://www.berlinews.de/archiv-2004/3370.shtml). Günther Rexroth wollte den Gründer zum Vorbild in unserer Gesellschaft machen (Hessler 2004: 14); für Helmut Kohl war eine breite Gründerwelle »eine Schicksalsfrage unseres Landes« (Presse- und Informationsamt der Bundesregierung, Bulletin Nr. 89/1995: 863).

2 Zur Evaluation der Hartz-Gesetze siehe den Epilog am Ende dieses Beitrags.

3 Eine externe Vorbereitung hat lediglich für einige Gruppen einen schwach signifikanten positiven Effekt hinsichtlich der Bestandsfestigkeit, für manche Gruppen ergibt sich sogar ein (nicht signifikanter) negativer Effekt (Wießner u.a. 2005: 422–427); vgl. auch Groß (2004: 218) und Wießner (2001: 199).

2005: 431ff.). Die vielfältigen Beratungsangebote haben außerdem den neuen Gründertypus des »Beratungsenthusiasten« hervorgebracht, der die höchste Abbrecherquote aufweist (BMAS 2006: 165 sowie Anhang, XLII). Trotzdem werden auch in der Hartz-Evaluation die »erforderlichen betriebswirtschaftlichen Kenntnisse« als selbstverständliche Voraussetzung für den Gründungserfolg benannt.[4]

Welche Kenntnisse sind nun aber konkret damit gemeint? Über 90 Prozent der so genannten Ich-AGs[5] sind Alleinselbständige (Wießner u.a. 2005: 395).[6] Die Betriebswirtschaftslehre jedoch beschäftigt sich überhaupt nicht mit dem Ein-Personen-Unternehmen. Es liegt unterhalb der Wahrnehmungsschwelle der Wissenschaftler.[7] Die Betriebswirtschaft hat deshalb diesen Wirtschaftsakteuren auch fast nichts anzubieten (Moldaschl 2003: 96). So sind die auch in der Hartz-Evaluation referierten klassischen betriebswirtschaftlichen Aspekte von Gründungsentscheidungen wie Standort, Rechtsform, Finanzierung oder Mitarbeitereinstellung (Wießner u.a. 2005: 15ff.) für die meisten Ich-AG-Gründer gar nicht relevant. Bei den für diese Arbeit untersuchten Gründern (s.u.) ist der Standort meist ihre eigene Wohnung, sie bilden ein Einzelunternehmen, benötigen kein oder kaum Startkapital und haben in der Regel nicht vor, Mitarbeiter einzustellen.[8] Selbstverständlich soll damit nicht in Abrede gestellt werden, dass derjenige, der sich selbständig machen will, über bestimmte Informationen verfügen sollte, etwa hinsichtlich Buchführung, Steuern, Marktsituation etc. Eine Betriebswirtschaftslehre des Kleinst- oder Ein-Personen-Unternehmens ist aber noch nicht einmal in Ansätzen vorhanden.

4 Siehe Wießner u.a. 2005: 451; ebenso May-Strobl u.a. 2005: Es lässt sich keine Erhöhung der Erfolgsquote durch Beratung und Businessplan feststellen (S. 24), trotzdem wird ein Geschäftsplan für unabdingbar gehalten (S. 14).

5 Als Ich-AG werden – analog der Namensgebung durch die Hartz-Kommission (Hartz u.a. 2002) – vormals arbeitslose Gründer bezeichnet, die einen Existenzgründungszuschuss nach § 421l SGB III beziehen.

6 Als Alleinselbständige werden hier selbständig tätige Erwerbspersonen bezeichnet, die keine Arbeitnehmer beschäftigen. Andere in der Literatur verwendete Bezeichnungen sind beispielsweise »Soloselbständige«, »Ein-Personen-Unternehmen«, »Alleinunternehmer« oder »Solopreneure«.

7 Zwei typische Beispiele: »Wahrscheinlich von der ersten Minute an wird ein Unternehmer Arbeitnehmer beschäftigen.« (Kirnberger 2003: 68) »Dabei kann davon ausgegangen werden, dass den Ein-Mann-Zweckgebilden in der Praxis eine relativ geringe Bedeutung zukommt.« (Grochla 1993: 378).

8 Siehe auch Hessler 2004: 109–124 zur Diskrepanz zwischen den Inhalten der Gründungsratgeber und der Realität der Gründungen.

Der Gründungsboom

Dieser blinde Fleck der Betriebswirtschaft hinsichtlich der Alleinselbständigen steht im krassen Widerspruch zu ihrer quantitativen Bedeutung: Die Alleinunternehmerquote (das ist der Anteil der Alleinselbständigen an allen Selbständigen) lag seit den 1970er Jahren bis 1994 stets bei etwa 40 Prozent und ist seitdem auf 53,9 Prozent im Jahr 2004 gestiegen.[9] Diese Entwicklung hat nun ihre Ursache im Wesentlichen in dem enormen Anstieg der geförderten Gründungen aus Arbeitslosigkeit mittels Überbrückungsgeld oder Existenzgründungszuschuss. Bei dem 1986 eingeführten Überbrückungsgeld (§ 57 SGB III a.F.) bekam der zuvor arbeitslose Gründer das Arbeitslosengeld zuzüglich der darauf entfallenden pauschalierten Sozialversicherungsbeiträge in den ersten sechs Monaten der Selbständigkeit weiter ausgezahlt.[10] Der damit konkurrierende Existenzgründungszuschuss (§ 421l SGB III) ist zum 1. Januar 2003 auf Vorschlag der Hartz-Kommission (Hartz u.a. 2002: 163–168) eingeführt worden. Hier wurde für drei Jahre ein degressiv gestaffelter monatlicher Zuschuss von 600 Euro im ersten, 360 Euro im zweiten und 240 Euro im dritten Jahr gezahlt.[11] Zum 1. August 2006 sind beide Instrumente durch den neu eingeführten Gründungszuschuss (§§ 57, 58 SGB III n.F.) abgelöst worden.[12]

Die Gründungsstatistik des Instituts für Mittelstandsforschung Bonn[13] verzeichnet für die letzten Jahre einen sprunghaften Anstieg der Unternehmensgründungen von 451.800 im Jahr 2002 auf 509.000 im Jahr 2003 und 573.000 im Jahr 2004, während die Zahl für 2005 auf 495.000 Gründungen zurückgegangen ist. Diese Entwicklung erscheint fast ausschließlich induziert durch die gewaltige Zunahme der geförderten Gründungen aus Arbeitslosigkeit. Erhielten im Jahr der Einführung 1986 lediglich 5.600

9 Die absolute Zahl der Selbständigen mit Beschäftigten (Arbeitgeber) ist sogar leicht zurückgegangen; siehe hierzu Peistrup 2001: 36f. und http://www.ifm.uni–mannheim.de/unter/fsb/eckdaten/hb_2.htm (21.04.2007).

10 Für nähere Informationen über die rechtliche Ausgestaltung und die vielfältigen Änderungen siehe Wießner 2001: 9–14 und Wießner u.a. 2005: 170–178.

11 Für nähere Informationen über die rechtliche Ausgestaltung siehe Kossens/Leis (2004) und Wießner u.a. 2005: 189–198.

12 Zur näheren Ausgestaltung des Gründungszuschusses siehe Winkler 2006.

13 Auf die Problematik der verschiedenen Statistiken zur Erfassung von Gründungen und Selbständigen kann hier nicht weiter eingegangen werden; siehe hierzu zum Beispiel Wießner u.a. 2005: 46–53; hinsichtlich des Zahlenmaterials siehe: Gründungen und Liquidationen in Deutschland, 20.04.2007, http://www.ifmbonn.org/index.htm?/dienste/gruend.htm.

Gründer Überbrückungsgeld, so nahm die Zahl der bewilligten Förderfälle auf 71.000 im Jahr 1995 und 125.000 im Jahr 2002 zu. Nach Einführung der Ich-AG stieg die Gesamtzahl der geförderten Gründungen weiter auf etwa 250.000 in den Jahren 2003 und 2005 an, während sie im Jahr 2004 mit 351.000 Förderfällen ihren Höhepunkt erreichte. Davon entfallen im Durchschnitt der Jahre 2003 bis 2005 41,5 Prozent auf den Existenzgründungszuschuss. Das Verhältnis der durch die Arbeitsverwaltung geförderten Gründungen zu allen Gründungen veränderte sich dadurch von 1:54 im Jahr 1986 auf 1:2 in den Jahren 2003 und 2005 bzw. 1:1,6 im Jahr 2004.[14] Es bleibt festzuhalten, dass die massive Zunahme der Gründungen in den letzten Jahren ausschließlich Ein-Personen-Unternehmen betrifft und wohl ganz überwiegend auf die enorme Zunahme der geförderten Gründungen aus Arbeitslosigkeit zurückzuführen ist. Diese Entwicklung scheint nun weniger ökonomische Ursachen zu haben, sondern ist wohl in erster Linie ein Marketingphänomen und Ergebnis des beispielhaften Agenda Settings durch die Massenmedien.

Der im Jahr 2000 vom Trendbüro Hamburg eingeführte und sich im Umkreis der New Economy verbreitende Begriff der »Ich-AG« (Gesterkamp 2003: 186) wurde durch Peter Hartz und die nach ihm benannte Kommission schlagartig populär. Die wichtigsten Innovationsimpulse hat Hartz wohl im sprachlichen Bereich gesetzt, indem er mit dem »JobFloater«, dem »BridgeSystem«, der »PersonalServiceAgentur« und anderen Neologismen das Marketingvokabular in einen Bereich eingeführt hat, der bisher nur verwaltungssprachliche Wortungetüme wie »Strukturanpassungsmaßnahme« oder »Überbrückungsgeldempfänger« kannte.

Neu für die politische Kultur in Deutschland war auch die große mediale Aufmerksamkeit für eine Kommission, die eigentlich nur den Auftrag hatte, Vorschläge für eine Reform der Arbeitsverwaltung auszuarbeiten (Hartz u.a. 2002: 12–16), sowie die starke Personalisierung auf den Vorsitzenden Peter Hartz, der sich professionell selbst inszenierte. Besonders das Thema Ich-AG brachte es zu einer Dauerpräsenz in den Medien: Berichte über die lokal/regional/national ersten Ich-AGs, große Reportagen über einzelne Gründer, ihre Biografien und Geschäftskonzepte, Meldungen über skurrile Geschäftsmodelle und nicht zuletzt eine Imagekampagne der

14 Zahlen nach Wießner 2001: 13, 35 und http://www.pub.arbeitsamt.de/hst/services/statistik/detail/f.html (20.04.2007). Die genannten Zahlenverhältnisse basieren teilweise auf eigenen Berechnungen.

Bundesregierung.[15] Auch die breite kulturkritische Auseinandersetzung mit dem Begriff, die in der Wahl zum »Unwort des Jahres 2002« ihren Höhepunkt fand, trug weiter zur Verbreitung eben dieses Begriffes bei. Bereits vor der Hartz-Kommission warnte etwa Johannes Rau vor der neuen Ideologie der Ich-AG, die das menschliche Zusammenleben allein an ökonomischer Rationalität ausrichte.[16] Der Begriff wird als symptomatisch angesehen für den Prozess der Entsolidarisierung und zunehmenden Ichbezogenheit in unserer Gesellschaft (vgl. Sattelberger 2003: 820). Die Verankerung der Ich-AG im deutschen Sprachschatz und die umfassende Berichterstattung trugen also dazu bei, dass das Thema Selbständigkeit durch die Medien auf die Tagesordnung vieler Menschen gesetzt wurde. Der Anteil der Arbeitslosen, die sich noch *nicht* mit der Möglichkeit der Selbständigkeit beschäftigt hatten, sank von 74 Prozent (1986) auf 52 Prozent im Jahr 2003.[17] Die Beratungsstellen für Existenzgründer verzeichneten einen erheblichen Andrang von Interessenten, und zwar auch von solchen, für die eine Förderung als Ich-AG gar nicht in Frage kam, zum Beispiel weil bei ihnen die Voraussetzungen, aus denen sich ein Anspruch hätte ableiten lassen, gar nicht gegeben waren.

Arbeit und Leben

Die im Folgenden präsentierten empirischen Ergebnisse beruhen auf Interviews mit zehn Ich-AG-Gründern und sechs hauptberuflichen Existenzgründungsberatern.[18] Aufgrund der bisherigen Vernachlässigung der Alleinselbständigen in der wirtschaftswissenschaftlichen (aber auch in der kulturwissenschaftlichen) Diskussion handelt es sich um eine explorative

15 Einige Beispiele: DER SPIEGEL 4/2003: 62f. (»Ohne Palaver«); DIE ZEIT vom 7.8.2003 (»Die Firma bin ich«); Welt am Sonntag vom 17.08.2003 (»Endstation Ich-AG«); Fernsehfilm »Ein Solo für die Arbeit – Wie Menschen sich als Ich-AG versuchen« von Antraud Cordes-Strehle und Susanne Luerweg (WDR 21.1.2004).

16 Rede anlässlich der Verleihung des »Hans-Böckler-Preises 2000« in Potsdam (20.04.2007, http://bundespraesident.de/Die–deutschen–Bundespraesident/Johannes–Rau/Reden–, 11070.21650/Rede–anlaesslich–der–Verleihun.htm).

17 Institut für Demoskopie Allensbach (Frankfurter Allgemeine Zeitung vom 17.9.2003).

18 Diese Interviews wurden im Rahmen folgender Diplomarbeit geführt: Albrecht Witte, Die Ich-AG: Konzeption – Umsetzung – erste Erfahrungen – Kritik, Diplomarbeit an der AKAD-Fachhochschule Leipzig 2004.

Feldstudie. Im Fokus stehen die Arbeits- und Lebensbedingungen von ehemaligen Arbeitslosen, die sich mit Hilfe eines Existenzgründungszuschusses selbständig gemacht haben. Zwar ist die Auswahl der befragten Gründer nicht repräsentativ, es wurde aber bei der Zusammensetzung der Gruppe darauf geachtet, dass möglichst viele unterschiedliche Berufe, Bildungsabschlüsse, Lebensverhältnisse und Einkommenslagen vertreten waren. Die interviewten Gründer sind:

Helmut G., 44 Jahre (Antiquar); Jörg B., 40 Jahre (Schauspieler); Stefan N., 39 Jahre (Gartenpflege und Hausmeisterdienst); Corinna L., 42 Jahre (Haushaltshilfe und Raumpflege); Thomas W., 37 Jahre (Trockenbau); Lutz D., 36 Jahre (Rennbegleitung und Motorradwerkstatt); Sven M., 41 Jahre (Schulsozialarbeiter und Erziehungsbeistandschaften); Brigitte S., 38 Jahre (Projektmanagement); Walter U., 39 Jahre (Dienstleistungen für Museen); Peter R., 52 Jahre (»Kleine Dienste«).

Wenn wir uns zunächst den Tätigkeiten der Gründer zuwenden, so ergibt sich die bezeichnende Schwierigkeit, dass sie sich oft gar nicht mit einer Berufsbezeichnung benennen lassen. An den Tätigkeitsfeldern lassen sich zwei gegensätzliche Entwicklungen aufzeigen: Wir finden einerseits hoch spezialisierte Dienstleistungen (hier zum Beispiel »Rennbegleitung«)[19] und auf der anderen Seite Tätigkeiten, die darauf hinauslaufen, alles anzubieten, was jemand leisten kann. Peter R., der nach einem Schlaganfall schwerbehindert ist, nennt sein Unternehmen »›Kleine Dienste‹ für Menschen *mit* und *ohne* Handikap. Beratung – Entwicklung – Planung«. Er verwertet dabei seine beruflichen Kenntnisse als Holztechniker und Pädagoge ebenso wie seine Erfahrungen als Körperbehinderter und bietet alles rund um das Thema Behinderung an. Corinna L. wollte ihr Unternehmen auf dem Ordnungsamt als »Dienstleistungen von A–Z« anmelden, musste sich aber darüber belehren lassen, dass eine solche Bezeichnung in der Klassifikation der Gewerbezweige nicht vorgesehen ist.[20] Diese gegensätzlichen Entwicklungen stützen die These, dass Beruflichkeit als soziales und ökonomisches Organisationsprinzip auf breiter Front erodiert (Baethge/Baethge-Kinsky 1998), so dass »Beruf« zunehmend von einer gesellschaftlich streng definierten zu einer individuellen Kategorie wird (Seidel 2002: 56).

19 Rennbegleitung meint die Arbeit als Servicetechniker bei Motorradrennen.

20 Dies erinnert an Bilder aus der Weltwirtschaftskrise ab 1929, auf denen Arbeitslose mit dem Schild um den Hals »Nehme jede Arbeit an« auf der Straße standen.

Es lässt sich außerdem feststellen, dass nur zwei Gründungen (Stefan N. und Corinna L.) zu den so genannten haushaltsnahen Dienstleistungen gehören, die von der Hartz-Kommission und der Bundesregierung als hauptsächliche Tätigkeitsbereiche der Ich-AGs vorgesehen waren (Hartz u.a. 2002: 163). Die Gründer gehören somit zum größten Teil nicht zur anvisierten Zielgruppe der gering Qualifizierten (vgl. ebd.: 41), sondern ihr Ausbildungsniveau ist im Gegenteil vergleichsweise hoch.[21] Was nun alle Befragten eint und die Bedeutung der Ausbildung stark mindert, ist die Tatsache, dass sie mehr oder weniger diskontinuierliche Berufs- und Ausbildungsbiografien haben. Bei fast allen ergibt sich ein eindeutiger oder doch zumindest teilweise vorhandener Bruch gegenüber dem erlernten und/oder zuletzt ausgeübten Beruf. Bedenklich und dem Förderzweck zuwiderlaufend erscheint dabei die Tatsache, dass bei der Hälfte der Gründer die Tätigkeit als Ich-AG eine unterwertige Beschäftigung und somit unter Umständen eine Dequalifizierung darstellt, da das Niveau der nunmehr ausgeübten Tätigkeit unter dem Niveau der Ausbildung liegt. So ist von den vier Befragten mit Hochschulabschluss nur einer in einem ausbildungsadäquaten Berufsfeld tätig.

Sechs der Gründer waren bereits vorher schon ein- oder mehrmals selbständig tätig, und die meisten haben einen, einige aber auch mehrere Berufswechsel oder abgebrochene Berufsausbildungen hinter sich. Thomas W. zum Beispiel ist gelernter Industrieisolierer, war sechs Jahre als Gastwirt selbständig und hat zuletzt vier Jahre als angestellter Gärtner gearbeitet, um nun erneut mit der Ich-AG in einen völlig anderen Bereich (Trockenbau) einzusteigen. Bedenklich erscheint dabei die gänzlich fehlende Branchenerfahrung solcher Gründer, da diese Tatsache laut den Gründerstudien einen höchst signifikant negativen Einfluss auf den Unternehmenserfolg hat (beispielsweise Brüderl u.a. 1996: 117, 273; Wießner 2001: 140). Die meisten der befragten Gründer gehören also zu der großen und wachsenden Gruppe von Erwerbspersonen, die in ihrem Berufsleben Phasen der abhängigen Beschäftigung, Erwerbslosigkeit und Selbständigkeit – bei Frauen kommen oft noch Kindererziehungszeiten dazu – in mehrfachem Wechsel durchlaufen (vgl. Schaeper u.a. 2000).

Zwar stellt die Tätigkeit als Ich-AG für viele Gründer einen Bruch in ihrer Berufsbiografie dar, andererseits haben aber die meisten vor der amtlichen Anmeldung bereits angefangen, im betreffenden Tätigkeitsfeld zu

21 Dies wird durch Befunde aus anderen Untersuchungen bestätigt, zum Beispiel May-Strobl u.a. 2005: 7f.; Wießner u.a. 2005: 381f.

arbeiten, und somit die effektivste Form der Gründungsvorbereitung – das Sammeln praktischer Erfahrungen – genutzt: Einige haben dieselbe Tätigkeit bereits vorher schon einmal selbständig ausgeübt, andere waren in der Schattenwirtschaft oder in Mini-Jobs tätig.

Es bestätigt sich an diesen Befunden, dass es sich bei Unternehmensgründungen oft um einen langfristigen individuellen Prozess handelt (Bögenhold 1992: 959; Welter/Bergmann 2002: 52f., 57), der nur einer diachronen Einzelerfassung zugänglich ist. Wann ein Gründer im Verlauf dieses Professionalisierungsprozesses seine Tätigkeit beim Gewerbe-, Finanz- oder Arbeitsamt anmeldet, ist nur juristisch oder statistisch von Bedeutung, nicht aber betriebswirtschaftlich oder soziologisch.[22] Insofern ist die Bezeichnung »Existenzgründer« für viele der Betroffenen irreführend, da sie erstens einen genau definierten Zeitpunkt für einen Statuswechsel suggeriert, den es de facto meist nicht gibt, und zweitens die Selbständigkeit in vielen Fällen keine dauerhafte wirtschaftliche Existenz begründet, sondern nur ein »transitorischer Status« ist (Wenny 1999: 213).

Eines der wichtigsten Stichworte für die Beschreibung der Arbeitsbedingungen im Postfordismus ist *Entgrenzung*,[23] die Auflösung bisher fest gefügter, genau definierter, oft dichotomer Kategorien und Zuschreibungen. Auf die Grenzenlosigkeit der Tätigkeitsfelder bei einigen Gründern wurde bereits hingewiesen. Die wesentlichste Entgrenzung bei den interviewten Alleinselbständigen findet sicherlich hinsichtlich der Grenzziehung zwischen privater und beruflicher Sphäre statt. Alle Befragten erledigen – in unterschiedlichen Anteilen – auch Arbeiten zu Hause; über eigene Geschäfts- oder Werkstatträume verfügen nur zwei Gründer. Sieben verbringen den überwiegenden Teil ihrer Arbeitszeit beim Kunden beziehungsweise Auftraggeber. Vier der Befragten geben eher regelmäßige Arbeitszeiten an; dabei handelt es sich vor allem um so genannte »Scheinselbständige«.[24] Alle anderen haben mehr oder weniger unregelmäßige Arbeitszeiten. Die Gründe dafür liegen in der Saisonabhängigkeit, einer stark schwankenden Auftragslage oder dem Charakter der Tätigkeit (etwa als Schauspieler). Fast alle Befragten arbeiten zumindest gelegentlich auch am

22 »Es wäre ein Fehler, so zu tun, als ob die selbständige Erwerbsarbeit erst oberhalb einer bestimmten Einkommensgrenze oder mit einer ordnungsgemäßen Steuererklärung oder mit der Eintragung in die gelben Seiten des Branchenfernsprechbuches anfange.« (Bögenhold 1987: 31f.).

23 Siehe hierzu insbesondere den Sammelband von Gottschall/Voß 2003.

24 Zur Scheinselbständigkeit siehe weiter unten.

Wochenende und alle regelmäßig auch in den Abendstunden. Bezeichnend für die schwierige Grenzziehung ist auch, dass zwei der Befragten nicht in der Lage waren, den Umfang ihrer Arbeitszeit auch nur grob zu schätzen. Dadurch gibt es für die Mehrheit der Gründer auch in der eigenen Einschätzung weder eine klare Grenzziehung zwischen Arbeitszeit und Freizeit noch zwischen beruflicher und privater Sphäre. Was eher selten thematisiert wird, ist die Tatsache, dass es für die Hälfte der Befragten auch keine klare Grenzziehung zwischen bezahlter und unbezahlter Arbeit gibt; dieser Bereich umfasst etwa Nachbarschafts- und Familienhilfe, ehrenamtliche Tätigkeit oder Engagement in der Arbeit über das bezahlte Maß hinaus (zum Beispiel mit der Intention, sich dadurch Folgeaufräge zu sichern).

Aber nicht nur von der Seite der Unternehmen, sondern auch von der Seite der privaten Haushalte lösen sich die Grenzen zwischen privater und beruflicher Sphäre zunehmend auf. So hat etwa durch die einschlägigen Internetplattformen eine enorme Ausweitung der Handelsaktivitäten von Privatpersonen stattgefunden. Diese treten nun in direkter Konkurrenz zu gewerblichen Anbietern wie dem Antiquar Helmut G., an dessen Beispiel sich das Janusgesicht des Internets für Kleinstunternehmer zeigt. Zwar erreicht Helmut G. durch das Internet mit Leichtigkeit einen nationalen, ja prinzipiell internationalen Markt, andererseits fallen aber alle bisherigen Profilierungsmöglichkeiten und Wettbewerbsvorteile für kleine Antiquare weg, so etwa die oft sehr persönlich geprägte Kundenbindung, die Spezialisierung auf ein bestimmtes Fachgebiet oder das in langjähriger Berufserfahrung erworbene »Geheimwissen«. Gerade der direkte Kontakt zum Kunden und das Angebot individueller Dienstleistungen ist aber der entscheidende strategische Wettbewerbsvorteil von Alleinselbständigen (vgl. Wenny 1999: 182). Hier entsteht jedoch im Internet ein Markt, der sich in seiner totalen Anonymität und Transparenz den neoklassischen Vorstellungen eines vollkommenen Marktes annähert und auf dem der Wettbewerb fast nur noch über die Preise ausgetragen wird.[25] Diese geraten aber zusätzlich erheblich unter Druck, wenn nicht nur professionelle Händler sondern auch private Anbieter als Verkäufer auftreten, die ihre Handelstätigkeit nur als Hobby ausüben und keine existenzsichernden Einkünfte aus dieser Tätigkeit erzielen müssen.

---

25 Diese Aussage findet darin eine gewisse Einschränkung, dass neben dem Preis als Entscheidungskriterium auch die Zuverlässigkeit und Seriosität des Verkäufers eine gewisse Rolle spielt, für deren Beurteilung die Verkaufsplattformen ihre Bewertungssysteme zur Verfügung stellen.

Ebenfalls keineswegs neu, aber zunehmend als Massenphänomen bedeutsam ist die sich auflösende klare Kategorisierung von Erwerbsbeziehungen als abhängig oder selbständig. Zwischen den Polen reiner Abhängigkeit und reiner Selbständigkeit besteht vielmehr mittlerweile ein Kontinuum fließender Übergänge (vgl. Wießner 2001: 22; Peistrup 2001: 45, 61f.), und immer mehr Erwerbsverhältnisse befinden sich in einem Mittelbereich. Von den hier Befragten sind drei eindeutig Scheinselbständige, d.h. sie arbeiten weit überwiegend oder ausschließlich für einen Auftraggeber und prinzipiell unter denselben Arbeitsbedingungen wie vergleichbare Arbeitnehmer; weitere zwei sind stark von einem Auftraggeber abhängig, auf den mehr als die Hälfte der Einnahmen entfällt und an den sie mit langfristigen Werkverträgen gebunden sind. Dabei zeigt sich auch deutlich, dass sich die berufliche und qualifikatorische Zusammensetzung der abhängigen Selbständigen verändert hat. Bis vor einigen Jahren waren vor allem einfach strukturierte, eher gering qualifizierte Tätigkeiten betroffen sowie daneben bestimmte traditionelle Bereiche wie Heimarbeit, Außendienst oder freie Mitarbeit in den Medien (vgl. Mayer/Paasch 1990). Inzwischen findet einerseits eine Ausweitung der Mischformen zwischen abhängiger und selbständiger Beschäftigung auf immer mehr Bereiche statt und andererseits werden vermehrt hoch qualifizierte Dienstleistungen davon erfasst (beispielhaft für beides ist hier der Schulsozialarbeiter Sven M.).

Man muss sich vor diesem Hintergrund auch von der Vorstellung verabschieden, den Scheinselbständigen würde dieser Status generell aufgezwungen und sie sähen diesen als nachteilig an. Zwar ist es bei den Ich-AGs so, dass eine abhängige Selbständigkeit meist auf ein Angebot eines Auftraggebers zurückgeht, welches der Betroffene mangels Alternativen oft schlecht ablehnen kann, und dass für ihn der soziale Schutz der Arbeitnehmerrechte nicht gilt. Gegenüber den anderen Alleinselbständigen ist die Scheinselbständigkeit in den untersuchten Fällen allerdings auch mit großen Vorteilen verbunden: Das schwierigste Anfangsproblem der meisten Gründer, die Kundenakquise bzw. der Markteintritt, ist mit einem Schlag gelöst; es fallen bei den vorliegenden Gründungen weder Investitionen noch laufende Kosten an, so dass weder Eigen- noch Fremdkapital benötigt werden; Umsatz und Gewinn sind weitgehend planbar, und das Einkommen liegt von Anfang an wesentlich höher als bei den übrigen Gründern. Außerdem ist die Selbständigkeit dadurch nicht mit dem finanziellen Risiko von Schulden bei Aufgabe verbunden. Die Scheinselbständigen benötigen zudem keine besonderen kaufmännischen Qualifikationen und haben zumeist eine geregeltere Arbeitszeit und ein stabileres Arbeitsumfeld.[26] Demgegenüber steht freilich als entscheidender Nachteil die große Unsicherheit bezüglich einer längerfristigen beruflichen Zukunft, da die abhängigen Selbständigen bei Auslaufen ihres Werkvertrages oder Wegfall des Auftraggebers unter Umständen ohne soziale Absicherung vor dem beruflichen Nichts stehen.

An Produktionsfaktoren steht den Alleinselbständigen im Wesentlichen nur die eigene Arbeitskraft zur Verfügung, bei qualifizierten Tätigkeiten ergänzt durch das fachspezifische Know-How. Zur Schlüsselressource für alle Gründer avanciert das »soziale Kapital«.[27] Bereits in der Vorbereitungsphase ist die Befragung anderer Selbständiger aus der Familie, dem Bekannten- und Freundeskreis die meistgenutzte Informationsquelle für die Interviewten. Eine zentrale Rolle spielen die sozialen Kontakte auch bei der Kundengewinnung. Das Marketing der Alleinselbständigen verlässt sich fast ausschließlich auf die Wirkung von Mundpropaganda und Weiterempfehlungen. Damit allerdings wird die Kundengewinnung an die Kunden selbst delegiert. Nach Meinung vieler Berater mangelt es den Gründern oft an den sozialen und kommunikativen Kompetenzen, die für eine Kundenakquise notwendig sind. Erschwerend kommt hinzu, dass durch die vorausgehende Arbeitslosigkeit die beruflich nützlichen Kontakte stark zurückgehen (Seidel 2002: 154f.). Die viel beschworenen Vorstellungen von einer Netzwerkökonomie zwischen den Alleinselbständigen (Jobelius 2001: 76; Wenny 1999: 169ff.) werden (mit Ausnahmen) von den Befragten und den Beratern nicht bestätigt.

Eine andere Dimension im sozialen Feld ist die emotionale oder »moralische« Unterstützung durch das engere soziale Umfeld, insbesondere durch Ehe- oder Lebenspartner. Der Unterstützungsgrad ist in der Regel sehr hoch und wird von den Befragten, den Beratern und in der Literatur als ein zentraler Faktor für die Überlebenswahrscheinlichkeit eines Unternehmens angesehen (vgl. Weihe u.a. 2001: 123; Brüderl u.a. 1996: 136; Seidel 2002: 160f.). Die Unterstützung erstreckt sich auch auf das Zurverfügungstellen von Startkapital, die gelegentliche unentgeltliche Mithilfe und

26 Es sei ausdrücklich angemerkt, dass sich diese Beschreibungen und Beurteilungen nur auf die hier untersuchten Scheinselbständigen beziehen; bei anderen Formen abhängiger Selbständigkeit (so etwa Franchisenehmern) kann sich die Situation völlig anders darstellen.

27 Definiert in Anlehnung an Pierre Bourdieu als »die jeweiligen sozialen Beziehungen, über die jemand verfügt und die er aktivieren kann« (Brüderl u.a. 1996: 51); vgl. auch Moldaschl 2003: 100 und Bögenhold 1992: 958.

eine Entlastung bei Hausarbeit und Kindererziehung. Die Unterstützung durch die Familie ist für die befragten Gründer auch deshalb ganz besonders wichtig, weil durch die Entgrenzung zwischen beruflicher und privater Sphäre die Haushaltsgemeinschaft in die Erwerbstätigkeit zwangsweise miteinbezogen wird.

Der wichtigste Faktor im engeren sozialen Umfeld ist aber die finanzielle Absicherung durch den Ehe- oder Lebenspartner. Obwohl acht Gründer angeben, sie würden mindestens im Umfang einer Vollzeitarbeitnehmerstelle arbeiten, ist das aus der selbständigen Tätigkeit erzielte Einkommen nur bei zweien eindeutig existenzsichernd. Weitere drei Befragte haben eigene kleine Nebeneinkünfte oder greifen gegebenenfalls auf Ersparnisse zurück. Wenn man sich fragt, wovon die übrigen eigentlich leben, wird deutlich, dass die relevante Bezugsgröße nicht das Einkommen des Gründers sondern das Haushaltseinkommen seiner Familie ist (vgl. Kay u.a. 2001: 61). Von den sechs (männlichen) Gründern, die mit einer Ehe- oder Lebenspartnerin zusammenwohnen[28], sind bei fünf von ihnen die Einkünfte aus der Ich-AG nur ein Zusatzeinkommen zu einem existenzsichernden Einkommen der Partnerin. Unterstützt wird dies durch die Aussage, dass diese sechs Gründer das Einkommen der Partnerin als soziale Sicherung ansehen und drei davon ohne den Rückhalt durch das Partnereinkommen den Schritt in die Selbständigkeit nicht gemacht hätten. Selbständige Tätigkeiten im Nebenerwerb und insbesondere im Zuerwerb[29] haben in den letzten Jahren stark an Bedeutung zugenommen (Fleißig/Piorkowsky 2004: 50f.). Allerdings verschärft diese Entwicklung unter Umständen den Verdrängungswettbewerb, da immer mehr Selbständige auf dem Markt auftreten, die nicht darauf angewiesen sind, aus ihrer Tätigkeit ein existenzsicherndes Einkommen zu erzielen und deshalb die Preise unterbieten können.[30]

Bei den vorliegenden Zuerwerbsgründungen ist aufgrund der bisherigen Investitionen, Ergebnisse und Geschäftsstrategien zu erwarten, dass sie überwiegend auf einem niedrigen Niveau verharren werden, dabei aber sehr beständig sein könnten. Denn entscheidend für das Überleben einer

28 Die beiden befragten Frauen haben keinen Ehe- oder Lebenspartner.

29 Zuerwerbsselbständige üben ihre Selbständigkeit als erste oder einzige Erwerbstätigkeit in Teilzeit aus; Nebenerwerbsselbständige üben ihre Selbständigkeit als zweite Erwerbstätigkeit neben einem Haupterwerb aus (Fleißig/Piorkowsky 2004: 46).

30 Diese Entwicklung wird gleichermaßen für die Konkurrenz auf dem Arbeitsmarkt konstatiert, wo Löhne und Arbeitsbedingungen unterboten werden (Wagner 2003: 68).

Gründung ist nicht die absolute Höhe des finanziellen Ergebnisses, sondern dessen Interpretation (Weihe u.a. 2001: 115). Die Partnerressourcen sind einer der zentralen Erfolgsfaktoren bei Zuerwerbsgründungen.[31] Die vorgefundenen Konstellationen entsprechen zunächst einem für (West-) Deutschland typischen 1½- bzw. 1¼-Ernährer-Modell (vgl. Bosch/Knuth 2003: 280). Dabei fällt in dieser Untersuchung – im Gegensatz zur herkömmlichen Aufteilung – die Rolle des zuverdienenden Ehegatten ausschließlich den Männern zu, was zwar einerseits den Zufälligkeiten der Auswahl geschuldet ist, andererseits aber auch nicht ganz untypisch erscheint, da sich bei Alleinselbständigen oft neue Partnermodelle und Rollenaufteilungen finden.[32]

Die Avantgarde-Funktion im Hinblick auf neue Formen der Arbeit und Lebensführung eines Teils der Alleinselbständigen setzt diese in einen diametralen Gegensatz zum etablierten »Mittelstand«.[33] Wenn wir den überwiegenden Teil des Mittelstandes im »absteigenden Kleinbürgertum« verorten, so handelt es sich um eine Gruppe, die sich durch starke Abschottungstendenzen, ein Festhalten an erstarrten Traditionen und eine außerordentlich hohe Fixierung auf überkommene Rollenmuster und traditionelle moralische Einstellungen auszeichnet (Bourdieu 1988: 541ff.). Gründe dafür sind der jahrzehntelange gesellschaftliche und ökonomische Bedeutungsverlust und das Bedrohungsgefühl durch die sich beschleunigenden wirtschaftlichen Konzentrationstendenzen und die ökonomischen Umwälzungen im Prozess der Globalisierung.

Die Trennlinie zwischen beiden Gruppen verläuft hinsichtlich des berufsbiografischen Gestaltungsmodus entlang der Orientierungen Persönlichkeitsgestaltung versus Selbständigenhabitus. Während der Selbständigenhabitus mit seiner Orientierung auf Geschäftserfolg, hohes Einkommen, Status und berufliche Autonomie dem traditionellen Unternehmerbild ent-

---

31 Gründungen im Zuerwerb haben eine um 13 Prozent höhere Überlebenswahrscheinlichkeit als Vollerwerbsgründungen. Wird dagegen im Nebenerwerb gegründet und ist kein Partner vorhanden, ist die Überlebenswahrscheinlichkeit um 12 Prozent *niedriger* als bei Vollerwerbsgründungen (Brüderl u.a. 1996: 196f.).

32 Vgl. Jobelius 2001: 7); Wenny 1999: 144. Folgende Zahlen deuten dabei auf einen Wandel hin: In der Untersuchung von Leicht (2003: 256) sind unter den (bereits) alleinselbständigen Frauen 9 Prozent auf Unterhalt durch den Partner angewiesen und bei den Männern keiner, dagegen beträgt dieser Anteil unter den *Solo-Gründern* (das sind Alleinselbständige im Planungs- und Gründungsstadium) für beide Geschlechter gleichermaßen 14 Prozent.

33 Zur Kritik dieses wissenschaftlich äußerst problematischen Begriffes siehe Bögenhold 1985: 215f.

spricht, werden beim Modus der »Persönlichkeitsgestaltung« die Arbeit als Mittel der persönlichen Weiterentwicklung begriffen und betriebliche Ansprüche, Einkommen und Qualifikation den Selbstverwirklichungsinteressen untergeordnet (Schaeper u.a. 2000: 83f.). Folge im betrieblichen Bereich ist die Orientierung auf Wachstum und Expansion auf der einen und auf Sicherung lediglich des eigenen Arbeitsplatzes und Einkommens auf der anderen Seite.[34]

Nach den Vorteilen der Selbständigkeit befragt, machten deshalb auch alle Befragten Angaben wie selbstbestimmtes Arbeiten, Selbstverantwortung, freie Zeiteinteilung oder »keinen Chef zu haben«. Die meisten können sich überdies auch bei guter Geschäftslage nicht vorstellen, Mitarbeiter einzustellen, sondern streben eher eine Partnerschaft mit anderen Selbständigen an. Gleichzeitig schwindet die Bedeutung der Erwerbsform vor allem für die hoch qualifizierten Dienstleister. Diese betonen, dass in erster Linie der Arbeitsinhalt wichtig ist, demgegenüber die Erwerbsform nachrangig wird. Nur fünf Befragte sehen in der Ich-AG-Gründung den Beginn einer auf Dauer angelegten Selbständigkeit.

Die beschriebenen Orientierungen der Alleinselbständigen stehen somit im Gegensatz zur klassischen Unternehmerlaufbahn, bei der ein Gründer mit hohem Einsatz und auf der Grundlage von Innovationen ein auf Wachstum angelegtes Unternehmen zu seiner Lebensaufgabe macht, dessen Bestand im Prinzip über seine Lebenszeit hinausreichen soll, und bei dem der Status als Unternehmer stark mit Aspekten von sozialem Ansehen, Macht und Einfluss behaftet ist.[35] Eine solche Laufbahn ist als der klassische Einstieg in eine berufliche Karriere im bestehenden Wirtschafts- und Gesellschaftssystem entlang der herrschenden Normen und Werte zu sehen. Demgegenüber stellt sich der Weg vieler Alleinselbständiger eher als ein Ausstieg aus diesem System dar – mit der Ablehnung einer Orientierung auf Hierarchie, Wachstum und Gewinnmaximierung.[36]

34 In der Münchner Gründungsstudie wollen ein Drittel der Gründer einen möglichst hohen Gewinn erzielen, während es den anderen zwei Dritteln nur um ein ausreichendes Einkommen geht (Brüderl u.a. 1996: 200); vgl. auch Semlinger 1995: 21f.

35 Vgl. Wöhe/Döring 2005: 3; siehe auch die anschaulichen Schilderungen der Lebens- und Arbeitswelt der Inhaber kleiner Unternehmen in Kotthoff/Reindl 1990.

36 Vgl. Jobelius 2001: 52, 65. In etwas abgeschwächter Form gilt das auch für viele Kleinunternehmer mit Arbeitnehmern, etwa im IT-Bereich (Reichwald u.a. 2004: 158f.). Für Friebe/Lobo (2006), die ein »intelligentes Leben jenseits der Festanstellung« propagieren, verläuft an der Frage des selbstbestimmten Arbeitens die »Grenze zwischen bür-

Wenn wir die hier erörterten Ergebnisse auf die theoretische Folie der Arbeiten von Voß und Pongratz beziehen, so erscheint es bedauerlich, dass die beiden in ihrem Aufsatz von 1998 noch davon ausgegangen sind, dass der Arbeitskraftunternehmer sowohl selbständig als auch unselbständig tätig sein kann (S. 135ff.), um nun in ihren neueren Arbeiten zu der herkömmlichen Trennlinie zwischen Kapital und Arbeit als maßgeblicher Kategorisierung zurückzukehren und die Alleinselbständigen zu einem Grenzfall zu erklären (Pongratz/Voß 2003: 32). Das ist schon wegen der quantitativen Bedeutung dieser Gruppe nicht gerechtfertigt. Es wird darum gehen, die Alleinselbständigen als eigene Kategorie wahrzunehmen, als eine spezifische Erwerbsform mit wachsender Bedeutung.

Dabei ergeben sich auch aus der Sicht der Befragten die dringendsten beruflichen Probleme nicht im betriebswirtschaftlichen Bereich, sondern aus den Anforderungen der Alleinselbständigkeit als Erwerbs- und Lebensform: Organisation und Selbstorganisation, Begrenzung der Selbstausbeutung, Zeitmanagement oder Trennung von Beruf und Privatleben. Diese Problemlagen rekurrieren auf die grundlegenden Dimensionen des Arbeitskraftunternehmers: Selbstkontrolle, Selbst-Ökonomisierung und Selbst-Rationalisierung (ebd.: 24). Auf diese Anforderungen sind die meisten Alleinselbständigen nicht vorbereitet und ihre Bewältigung gelingt deshalb oft nur unzulänglich, wie auch von den Gründungsberatern bestätigt wird.

Makroökonomie

Zum Abschluss soll noch ein Blick auf die makroökonomischen Wirkungen des Existenzgründungszuschusses und damit die Effizienz dieses Förderinstruments geworfen werden. Die seinerzeitigen Regierungsparteien SPD und Bündnis 90/Die Grünen stellten die Einführung der Ich-AG unter den Dreiklang »Beschäftigung fördern – Selbständigkeit stärken – Schwarzarbeit abbauen« (Bundestagsdrucksache 14/9946: 4). Wenn wir mit Letzterem beginnen, so wird damit unterstellt, dass Arbeitslose in erheblichem Umfang schwarzarbeiten. Das ist empirisch falsch. Nach den vorliegenden Untersuchungen sind Arbeitslose in geringerem Umfang als Erwerbstätige in der Schwarzarbeit tätig (Glatzer 1986: 34; Mummert/

gerlichem Lager und Bohème« (S. 28); das Schlagwort von der »digitalen Bohème« adelt diese Haltung zu einem elitären Bewusstsein.

Schneider 2001: 306f.). Dazu steht nicht im Widerspruch, dass von den hier Befragten mindestens drei ihre Tätigkeit vorher »schwarz« ausgeübt haben. Eine Unternehmensgründung bedeutet aber in diesem Zusammenhang nicht automatisch eine umfassende Legalisierung der beruflichen Betätigung. Da die bisherigen Kunden nur bereit sind, die gewohnten »schwarzen« Preise zu zahlen, verlören die Gründer auf einen Schlag ihren gesamten vorhandenen Kundenstamm. Die Ich-AG bietet nun die Möglichkeit, zusätzlich zur Schwarzarbeit Leistungen auch offiziell abzurechnen. Insofern haben diese Alleinselbständigen dann ein legales und ein illegales Standbein. Der Existenzgründungszuschuss entpuppt sich so als ein Instrument, das Schwarzarbeit nicht legalisiert oder abbaut, sondern möglicherweise noch begünstigt.

Hinsichtlich der Förderung der Selbständigkeit ist zwar zunächst eine quantitative Zunahme der Gründungen zu konstatieren, die aber gleichzeitig – und das berichten alle Gründungsberater – mit einer Abnahme der Qualität und Nachhaltigkeit der gegründeten Unternehmen einhergeht. Selbständigkeit wird immer mehr zu einer »sozialen und wirtschaftlichen Restkategorie« (Wenny 1999: 126f.) für diejenigen, die ansonsten keine Chance auf dem Arbeitsmarkt mehr haben oder für sich sehen. Das gesellschaftliche Ansehen der Selbständigkeit hat durch die Ich-AG als Strohhalm der Verzweifelten[37] sicher mehr gelitten, als dass diese zu einer erhofften neuen Gründungskultur beiträgt (vgl. Kunz-Michel 2006: 182).

Was die Auswirkungen auf die Beschäftigung, also die Zahl der Erwerbstätigen und das gesamtwirtschaftliche Arbeitsvolumen, betrifft, so sind die Mitnahme-, Verdrängungs- und Substitutionseffekte zu berücksichtigen (vgl. Wießner 2001: 72–76; IAB 2002: 57; Meager 1995). Zumindest bei den abhängigen Selbständigen substituiert die Selbständigkeit oft eine abhängige Beschäftigung. Ganz deutlich wird das in den vorliegenden empirisch erhobenen Fällen sowohl bei Sven M. als Schulsozialarbeiter[38]

37 Diese (Selbst-)Einschätzung berichten nicht nur die Gründungsberater von ihren Kunden, auch in den Medien wurden die Ich-AGs nach der ersten Euphoriewelle zunehmend als Verzweiflungstaten charakterisiert; siehe zum Beispiel Hannoversche Allgemeine Zeitung vom 24.01.2004 (»Völlig verloren nach all den Siegen«) sowie Süddeutsche Zeitung vom 7.01.2004 (»Die Ich-AG – eine Erfolgsgeschichte«).

38 Der juristische Kampf gegen die Scheinselbständigkeit verliert jede Glaubwürdigkeit, wenn es vor allem öffentliche Betriebe sind, die auf diese Art und Weise Kosten einsparen wollen. So planten die Berliner Verkehrsbetriebe bereits im Februar 2003, etwa 700 Busfahrer zu entlassen und per Ich-AG als scheinselbständige Fahrer weiterzubeschäftigen (Der Tagesspiegel vom 12.02.2003; DIE WELT vom 13.02.2003).

als auch bei Brigitte S., der vom Auftraggeber freigestellt wurde, ob sie in abhängiger oder selbständiger Form arbeiten wolle. Auch die Mitnahmeeffekte sind als außerordentlich hoch einzustufen, was sich schon an dem dramatischen Anstieg der Förderzahlen kurz vor Einführung des Arbeitslosengeldes II dokumentiert.[39] Von den hier Befragten hätte sich mehr als die Hälfte auch ohne den Existenzgründungszuschuss selbständig gemacht. Auch im Rahmen der Hartz-Evaluation erklärten etwa zwei Drittel der geförderten Gründer, sie hätten auch ohne eine Förderung den Schritt in die Selbständigkeit vollzogen, wenn auch ein Teil von ihnen in kleinerem Umfang oder zu einem späteren Zeitpunkt (Wießner u.a. 2005: 391).

Am gravierendsten und gleichzeitig am schwierigsten nachzuweisen sind Verdrängungseffekte (vgl. Meager 1995: 22f.). Diese sind umso höher, je größer die Marktsättigung und je höher der Konkurrenzdruck in der jeweiligen Branche ist. Es ist das grundsätzliche Dilemma der geförderten Existenzgründungen, dass Verdrängungseffekte nur vermieden werden könnten, wenn die neuen Unternehmen in einer unbesetzten Marktnische oder in einem noch nicht gesättigten Markt tätig würden – solche Voraussetzungen sind heute tatsächlich kaum mehr vorhanden. Ansonsten können die Gründer »in einem etablierten Markt versuchen, einen Teil der Nachfrage und Kunden zu sich ›umzuleiten‹« (Bögenhold 1990: 176). Das versuchen einige der Befragten dadurch zu erreichen, indem sie den Zuschuss dazu nutzen, die Preise der bereits am Markt tätigen Konkurrenz zu unterbieten. Da die Ich-AGs zudem hauptsächlich in Wirtschaftsbereichen mit niedrigen Eintrittsbarrieren tätig sind, beschleunigt die Gründungsförderung so das Verdrängungskarussel in diesen Sektoren, denn aus Märkten, in die man leicht hineinkommt, kann man auch leicht wieder hinausgedrängt werden (Wießner 2001: 172ff.).

Auch internationale Erfahrungen belegen, dass Existenzgründungsprogramme wie die Ich-AG mit niedrigen Einstiegsbarrieren, geringen aber lang laufenden Zahlungen, großen Teilnehmerzahlen und einem hohen Anteil von Gründungen im Dienstleistungsbereich sehr hohe Mitnahme- und Verdrängungseffekte produzieren (Meager 1995: 16–23). Aufgrund dieser Überlegungen dürften der Netto-Arbeitsplatzeffekt und damit der Beitrag zum Abbau der Arbeitslosigkeit durch den Existenzgründungszuschuss gegen Null gehen. Auch in der Literatur wird ein beschäftigungspo-

39 Mit Einführung des Arbeitslosengeldes II zum 1. Januar 2005 hatten bisherige Bezieher von Arbeitslosenhilfe keinen Anspruch mehr auf Förderung durch den Existenzgründungszuschuss (Wießner u.a. 2005: 196).

litischer Effekt der Förderung von Existenzgründungen generell bezweifelt (Sachverständigenrat 1994: 256f.; Pfeiffer 2005; Seidel 2002: 207).

Epilog: Die Hartz-Evaluation

Schon öfter wurde in der vorliegenden Arbeit auf die Evaluation der Hartz-Gesetze Bezug genommen, deren Ergebnisse mittlerweile zum Teil zugänglich sind (Wießner u.a. 2005; BMAS 2006).[40] Die Evaluation basiert sowohl auf quantitativen als auch auf qualitativen Methoden und kommt hinsichtlich der deskriptiven Befunde zum Existenzgründungszuschuss oft zu ähnlichen Beschreibungen, wie sie im vorliegenden Aufsatz dargelegt wurden. Es ist hier nicht der Platz für eine umfassende Aufarbeitung der Evaluation[41], einige Kritikpunkte sollen aber kurz angesprochen werden. Sie beziehen sich in erster Linie auf das Ausblenden heikler oder unerwünschter Aspekte, die mangelnde Verzahnung der quantitativen und qualitativen Befunde sowie auf die Gesamtbewertung der Ergebnisse, nämlich dass es sich bei Überbrückungsgeld und Existenzgründungszuschuss um »erfolgreiche Instrumente der Arbeitsmarktpolitik« handle (Wießner u.a. 2005: 460), obwohl die empirischen Ergebnisse auch andere Schlussfolgerungen zulassen.

So wird etwa das Problem der Scheinselbständigkeit mit dem lapidaren Hinweis abgetan, dass Scheinselbständige keine Förderung erhalten (sollen) (ebd.: 172, 189). Gleichzeitig finden sich in den Kurzdarstellungen der qualitativen Interviews sehr viele Hinweise auf abhängige Selbständige (beispielsweise Nr. 031, 034, 043, 054).[42] Widersinnig erscheint vor allem, dass auch Scheinselbständige im Rating der Erfolgsprognose[43] ein Doppel-

40 Innerhalb des gesamten monumentalen Evaluationsprojektes befasst sich das Modul 1e mit der staatlichen Förderung von Existenzgründungen; zum Gesamtprojekt siehe Kaltenborn u.a. 2005.

41 Zu einer grundsätzlichen und methodischen Kritik siehe Bartelheimer/Wagner 2005.

42 Die Nummern beziehen sich auf die personengebundene Durchnummerierung der Interviews in Wießner u.a. 2005, Anhang B, S. 248–387. Im Gegensatz zu den vom Verfasser interviewten Scheinselbständigen führten diese vier Fälle alle direkt in die Pleite, was das große Risiko der Bindung an einen Auftraggeber unterstreicht.

43 In der Auswertung der qualitativen Interviews wurden alle noch bestehenden Gründungen hinsichtlich ihrer Entwicklungschancen mit einem vierstufigen Rating bewertet (Wießner u.a. 2005: 334).

plus (sehr gut) erhalten können (zum Beispiel Nr. 009) und damit eine unerwünschte (wenn nicht sogar ungesetzliche) Förderung als Erfolg gewertet wird. Die ganze Fragwürdigkeit dieses Ratings zeigt sich etwa an einer mit dem Existenzgründungszuschuss geförderten Lektorin (Nr. 053). Sie arbeitet auf selbständiger Basis ausschließlich für den Verlag, bei dem sie vorher angestellt war. Trotz Vollzeittätigkeit reichen die Einnahmen nur knapp, um den Lebensunterhalt zu finanzieren, was die Scheinselbständige aber hinnimmt, da es sich nur um einen Zuverdienst zum Familieneinkommen handelt. Obwohl auch die Autoren feststellen, dass hier »Einkommen und Befähigung in einem eklatanten Missverhältnis« stehen, erhält die ›Gründung‹ eine Plus-Bewertung hinsichtlich ihrer Erfolgsaussichten. Dabei handelt es sich im Ergebnis um nichts anderes als eine staatlich subventionierte Prekarisierung von Arbeitsbeziehungen.[44]

Darauf deuten auch die quantitativen Auswertungen zur Einkommensentwicklung hin, aus denen sich ergibt, dass das Einkommen für 53–70 Prozent der Bezieher von Überbrückungsgeld oder Existenzgründungszuschuss (je nach Gruppe) im Vergleich zur letzten abhängigen Beschäftigung gesunken ist (ebd.: 394). Der durchschnittliche Beitrag des Gründers zum monatlichen Haushaltseinkommen wird mit Werten zwischen 773 Euro (Ich-AG, Frauen, Ostdeutschland) und 1.792 Euro (Überbrückungsgeld, Männer, Westdeutschland) beziffert. Da diese Werte offensichtlich die Fördergelder mit einschließen und zudem die Einkommen von Selbständigen einer enormen Spreizung unterliegen, so dass das arithmetische Mittel stets durch eine sehr kleine Anzahl sehr hoher Einkommen nach oben verzerrt wird (Bögenhold 1985: 221ff.; Uhly 2002: 161–165; Lagemann 2001: 211), kann man ohne weiteres aus den Angaben schließen, dass der Großteil der geförderten Gründer nur minimale Einkünfte aus seiner selbständigen Tätgkeit erzielt.[45] Dieses fatale Ergebnis wird dann in der Zusammenfassung für den Bundestag zu der Aussage beschönigt, die Gründer könnten *während des Förderzeitraumes* »ihren Lebensunterhalt eigenständig finanzieren, und zwar in der überwiegenden Zahl der Fälle ebenso gut wie in der früheren abhängigen Beschäftigung« (Bundestagsdrucksache 16/505: 116). An diesen Beispielen wird der hinter der Evaluation ste-

44 Zu Prekarität im Bereich der Selbständigkeit siehe Uhly 2002: 32–40; vgl. auch Semlinger 1995: 16.

45 Es ist bezeichnend für die Ausrichtung der Evaluation, dass das Einkommen der Gründer in der Studie nur eine äußerst knappe Darstellung erfährt und statistische Werte fehlen, die ein genaueres Bild liefern könnten, wie etwa der Medianwert.

hende unbedingte politische Wille deutlich, auf jeden Fall zu einer positiven Bewertung der Gründungsförderung zu kommen.

Als der entscheidende Erfolg der Förderung wird im politischen Fazit die hohe Verbleibquote in der Selbständigkeit hervorgehoben (ebd.: 117f.), die beim Existenzgründungszuschuss 75–81 Prozent beträgt (Wießner u.a. 2005: 386f.). Auch diese Bewertung erscheint sehr fraglich, wenn man berücksichtigt, dass zum Zeitpunkt der Befragung etwa 17 Monate nach der Gründung noch nicht einmal die Hälfte des Förderzeitraums von drei Jahren vorbei ist. Warum aber so viele Gründer trotz ihrer desaströsen finanziellen Lage so lange durchhalten, erschließt sich erst aus den qualitativen Interviews. In sehr vielen Fällen handelt es sich eben um einen Zuerwerb zu einem existenzsichernden Einkommen (etwa Nr. 062, 068, 052), zuweilen soll nur die Zeit bis zur Rente überbrückt werden (Nr. 002) oder es reicht zum Lebensunterhalt nur aufgrund der »extremen Genügsamkeit« der Gründerin (Nr. 041). Für die meisten aber dürfte das Motto des Gründers eines Reparaturservices (Nr. 042) zutreffen: lieber auf niedrigem Niveau selbständig als arbeitslos. Als typisch wird außerdem geschildert, dass viele Gründer ihre wirtschaftliche Lage viel zu positiv und optimistisch einschätzten (Wießner u.a. 2005: 320ff.) und deshalb unter Umständen auch den Zeitpunkt zum Aufhören verpassten (ebd.: 323f.).

Weitere Aspekte, die in der Evaluation (fast) völlig ausgeblendet werden, sind die Dequalifikation durch die selbständige Tätigkeit[46] oder die Arbeitsbedingungen, insbesondere das Problem der Selbstausbeutung oder die schwierige Trennung von Beruf und Privatleben. Verdrängungseffekten wurde erst gar nicht nachgegangen, obwohl ohne ihre Berücksichtigung – wie oben ausgeführt – eine Aussage über die Effizienz der Förderung überhaupt nicht möglich ist. Dabei weist der Existenzgründungszuschuss noch nicht einmal eine monetäre Effizienz für den Fiskus auf (BMAS 2006: 174).

Zusammenfassend lässt sich sagen, dass die Erfolgsmeldungen der Evaluation zu den geförderten Gründungen aus der Arbeitslosigkeit höchst fragwürdig erscheinen, zumal sie sich auf das Kriterium der Nicht-Arbeitslos-Meldung beziehen und nicht auf die dauerhafte Existenzsicherung mittels einer selbständigen Tätigkeit. Anstatt die ohnehin sehr hohe Fluktuation aus der und in die Selbständigkeit (Uhly 2002: 184–187; Lagemann

46 Auch hierfür finden sich in den Interviews reichlich Belege, etwa Nr. 007, 008, 026, 041.

2001: 202) weiter anzuheizen[47], sollte das politische Augenmerk eher darauf gerichtet werden, wie die Prekarisierung von Arbeitsbeziehungen vermieden und die Nachhaltigkeit der wirtschaftlichen Existenz von Alleinselbständigen erhöht werden kann.

Literatur

Baethge, Martin/Baethge-Kinsky, Volker (1998), »Jenseits von Beruf und Beruflichkeit? Neue Formen von Arbeitsorganisation und Beschäftigung und ihre Bedeutung für eine zentrale Kategorie gesellschaftlicher Integration«, in: *Mitteilungen aus der Arbeitsmarkt- und Berufsforschung,* Jg. 31, S. 461–472.

Bartelheimer, Peter/Wagner, Alexandra (2005), *Machbarkeitsstudie Arbeitsmarktmonitor. Voruntersuchung für ein Projekt zur wissenschaftsgestützten Begleitung der Umsetzung der neuen Arbeitsmarktgesetze (Hartz I bis IV),* Düsseldorf (Hans-Böckler-Stiftung, Arbeitspapier, 102).

Bögenhold, Dieter (1985), *Die Selbständigen. Zur Soziologie dezentraler Produktion,* Frankfurt a.M./New York (Campus Forschung, 440).

– (1987), *Der Gründerboom. Realität und Mythos der neuen Selbständigkeit,* Frankfurt a.M./New York.

– (1990), »Ergebnisse einer empirischen Studie über arbeitslose Werftarbeiter«, in: Johannes Berger/Volker Domeyer/Maria Funder (Hg.), *Kleinbetriebe im wirtschaftlichen Wandel,* Frankfurt a.M./New York (Reihe des Forschungsschwerpunkts »Zukunft der Arbeit«, Universität Bielefeld, 7), S. 159–178.

– (1992), »Überlegungen zu den Konstitutions- und Rekonstitutionsprozessen des ›selbständigen‹ Unternehmertums im Zuge der gesellschaftlichen Transformation. With a Little Help of Friends«, in: Hansgünter Meyer (Hg.), *Soziologen-Tag Leipzig 1991, Soziologie in Deutschland und die Transformation großer gesellschaftlicher Systeme,* Berlin, S. 953–960.

Bosch, Gerhard/Knuth, Matthias (2003), »Das deutsche Beschäftigungssystem im 13. Jahr nach der Vereinigung«, in: *WSI Mitteilungen,* Jg. 56, S. 275–283.

Bourdieu, Pierre (1988), *Die feinen Unterschiede. Kritik der gesellschaftlichen Urteilskraft,* 2. Aufl., Frankfurt a.M. (Suhrkamp-Taschenbuch Wissenschaft, 658).

Brüderl, Josef/Preisendörfer, Peter/Ziegler, Rolf (1996), *Der Erfolg neugegründeter Betriebe. Eine empirische Studie zu den Chancen und Risiken von Unternehmensgründungen,* Berlin (Betriebswirtschaftliche Schriften, 140).

47 »Besonders hohe Gründungsquoten gehen […] in der Regel mit höheren Marktaustrittsquoten, also mit einer höheren Fluktuation des Unternehmensbestandes einher.« (Lagemann u.a. 1999: 86).

Bundesministerium für Arbeit und Soziales (BMAS 2006), *Die Wirksamkeit moderner Dienstleistungen am Arbeitsmarkt. Bericht 2006 des Bundesministeriums für Arbeit und Soziales zur Wirkung der Umsetzung der Vorschläge der Kommission Moderne Dienstleistungen am Arbeitsmarkt* (Langfassung), Berlin.

Fleißig, Sabine/Piorkowsky, Michael-Burkhard (2004), »Existenzgründungen im Kontext der Arbeits- und Lebensverhältnisse in Deutschland. Eine Strukturanalyse von Mikrozensusergebnissen für die Jahre 1985 bis 2001 – Methodische Grundlagen, ausgewählte Ergebnisse und Perspektiven«, in: *Jahrbuch Entrepreneurship,* Bd. 2, S. 41–60.

Friebe, Holm/Lobo, Sascha (2006), *Wir nennen es Arbeit. Die digitale Bohème oder: Intelligentes Leben jenseits der Festanstellung,* München.

Gesterkamp, Thomas (2003), »Riskiere dich selbst! Die gar nicht so erstaunliche Erfolgsgeschichte des Nonsens-Wortes ›Ich-AG‹«, in: Gottschall/Voß, S. 185–201.

Glatzer, Wolfgang (1986), »Haushaltsproduktion, wirtschaftliche Stagnation und sozialer Wandel«, in: Ders./Regina Berger-Schmitt (Hg.), *Haushaltsproduktion und Netzwerkhilfe. Die alltäglichen Leistungen der Haushalte und Familien,* Frankfurt a.M./New York (Sonderforschungsbereich 3 der Universitäten Frankfurt und Mannheim »Mikroanalytische Grundlagen der Gesellschaftspolitik«, Schriftenreihe, 14), S. 9–50.

Göggel, Kathrin/Gräb, Johannes/Pfeiffer, Friedhelm (2006), *Selbständigkeit in Europa 1991–2003: Empirische Evidenz mit Länderdaten,* Mannheim (ZEW Discussion Paper, 06-015).

Gottschall, Karin/Voß, G. Günter (2003) (Hg.), *Entgrenzung von Arbeit und Leben. Zum Wandel der Beziehung von Erwerbstätigkeit und Privatsphäre im Alltag,* München/Mering (Arbeit und Leben im Umbruch. Schriftenreihe zur subjektorientierten Soziologie der Arbeit und der Arbeitsgesellschaft, 5).

Grochla, Erwin (1993), »Betrieb, Betriebswirtschaft und Unternehmung«, in: Waldemar Wittmann u.a., *Handwörterbuch der Betriebswirtschaft, Bd. 1,* 5. Aufl., Stuttgart (Enzyklopädie der Betriebswirtschaftslehre, 1), Sp. 374–390.

Groß, Karl-Heinz (2004), »Finanzierung und Beratung von Kleinstunternehmen«, in: Joachim Lange (Hg.), *Klein aber fein – trotzdem pleite? Finanzierung und Beratung von Kleinstunternehmen*, Rehburg-Loccum 2004 (Loccumer Protokolle, 10/04), S. 209–219.

Hartz, Peter u.a. (2002), *Bericht der Kommission »Moderne Dienstleistungen am Arbeitsmarkt«,* o.O.

Hessler, Alexandra (2004), *Existenzgründer als Leitbild. Zum Umgang mit einem Erfolgsmodell der modernen Arbeitswelt,* Münster u.a.

Institut für Arbeitsmarkt- und Berufsforschung (IAB 2002), *Moderne Dienstleistungen am Arbeitsmarkt. Stellungnahme des IAB zum Bericht der »Hartz-Kommission«,* Nürnberg (IAB Werkstattbericht, 13/2002).

Jobelius, Sebastian (2001), *Ein-Personen-Selbständigkeit und autonome Formen abhängiger Beschäftigung. Ansatzpunkte neuer sozialstaatlicher Arrangements,* Sankt Augustin (GWD Research Serie, 19).

Kay, Rosemarie/May-Strobl, Eva/Maaß, Frank (2001), *Neue Ergebnisse der Existenzgründungsforschung,* Wiesbaden (Schriften zur Mittelstandsforschung, N.F. 89).

Kaltenborn, Bruno/Knerr, Petra/Kurth-Laatsch, Sylvia (2005), »Die Hartz-Evaluierung«, in: *Sozialer Fortschritt,* Jg. 54, S. 90–97.

Kirnberger, Christian (2003), »Rechtliche Aspekte der Unternehmensgründung«, in: Michael Dowling/Hans Jürgen Drumm (Hg.), *Gründungsmanagement. Vom erfolgreichen Unternehmensstart zu dauerhaftem Wachstum,* 2. Aufl., Berlin/Heidelberg/New York, S. 53–72.

Kossens, Michael/Leis, Gert (2004), »Ich-AG und Gesetz zur Förderung von Kleinunternehmen«, in: *Sozialer Fortschritt,* Jg. 53, S. 22–27.

Kotthoff, Hermann/Reindl, Josef (1990), *Die soziale Welt kleiner Betriebe. Wirtschaften, Arbeiten und Leben im mittelständischen Industriebetrieb,* Göttingen.

Kunz-Michel, Jochen (2006), »Zur Evaluierung der Arbeitsmarktreformen Hartz I bis III«, in: Henning Pfannkuche/Joachim Lange (Hg.), *Und die Moral von der Geschicht'…? Die Evaluierung der Arbeitsmarktreformen (»Hartz I bis III«),* Rehburg-Loccum (Loccumer Protokolle, 14/06), S. 181–183.

Lagemann, Bernhard/Frick, Siegfried/Welter, Friederike (1999), »Kultur der Selbständigkeit«, in: Rudolf Ridinger/Peter Weiss (Hg.), *Existenzgründungen und dynamische Wirtschaftsentwicklung,* Berlin (Veröffentlichungen des Round Table Mittelstand, 2), S. 61–93.

Lagemann, Bernhard (2001), »Unternehmensgründungen in Deutschland: Empirie, politische Gestaltung und Förderung«, in: Joachim Merz (Hg.), *Existenzgründung 2: Erfolgsfaktoren und Rahmenbedingungen,* Baden-Baden (Schriften des Forschungsinstituts Freie Berufe, 12), S. 199–223.

Leicht, René (2003), »Profil und Arbeitsgestaltung soloselbständiger Frauen und Männer. Versuch einer empirischen Verortung von Ein-Personen-Unternehmer/innen«, in: Gottschall/Voß, S. 231–259.

May-Strobl, Eva u.a. (2005), *Die Ich-AG als neue Form der Existenzgründung aus der Arbeitslosigkeit. Eine empirische Analyse des Gründungserfolgs bei Inanspruchnahme des Existenzgründungszuschusses,* Bottrop/Bonn (Gesellschaft für innovative Beschäftigungsförderung – Institut für Mittelstandsforschung Bonn, Arbeitspapiere, 13).

Mayer, Udo/Paasch, Ulrich (1990), *Ein Schein von Selbständigkeit. Ein-Personen-Unternehmen als neue Form der Abhängigkeit,* Köln (HBS-Forschung, 2).

Meager, Nigel (1995), *Arbeitsmarktpolitik für Existenzgründer. Internationale Erfahrungen der Existenzgründungsförderung von Arbeitslosen,* Berlin (Wissenschaftszentrum Berlin für Sozialforschung, Discussion Paper, FS I 95–209).

Moldaschl, Manfred (2003), »Von der Personalwirtschaftslehre zur Wirtschaftslehre der Person. Konsequenzen von Intrapreneuring, neuer Selbständigkeit und Ich-AG«, in: Ders./Friedrich Thießen (Hg.), *Neue Ökonomie der Arbeit,* Marburg, S. 95–122.

Mummert, Annette/Schneider, Friedrich (2001), »The German Shadow Economy: Parted in a United Germany?«, in: *FinanzArchiv,* Jg. 58, S. 286–316.

Peistrup, Matthias (2001), *Die Entstehung von Ein-Personen-Unternehmen in Deutschland,* Essen (Schriften und Materialien zu Handwerk und Mittelstand, 12).

Pfeiffer, Friedhelm (2005), »Existenzgründungen: Ein Weg zur Beschäftigungsförderung?«, in: *Zeitschrift für ArbeitsmarktForschung,* Jg. 38, S. 325–340.

Pongratz, Hans J./Voß, G. Günter (2003), *Arbeitskraftunternehmer. Erwerbsorientierungen in entgrenzten Arbeitsformen,* Berlin (Forschung aus der Hans-Böckler-Stiftung, 47).

Reichwald, Ralf u.a. (2004), *Die neue Welt der Mikrounternehmen. Netzwerke – telekooperative Arbeitsformen – Marktchancen,* Wiesbaden.

Sachverständigenrat zur Begutachtung der gesamtwirtschaftlichen Entwicklung (1994), *Jahresgutachten 1994/95. Den Aufschwung sichern – Arbeitsplätze schaffen,* Stuttgart.

Sattelberger, Thomas (2003), »Die Irrungen und Verwirrungen der Ich-AG«, in: *Universitas,* Nr. 686, S. 816–823.

Schaeper, Hildegard/Kühn, Thomas/Witzel, Andreas (2000), »Diskontinuierliche Erwerbskarrieren und Berufswechsel in den 1990ern: Strukturmuster und biografische Umgangsweisen betrieblich ausgebildeter Fachkräfte«, in: *Mitteilungen aus der Arbeitsmarkt- und Berufsforschung,* Jg. 33, S. 80–100.

Seidel, Michael (2002), *Existenzgründung aus der Arbeitslosigkeit. Erfolgsfaktoren und ihre prozesshafte Entstehung und Veränderung,* Wiesbaden.

Semlinger, Klaus (1995), *Arbeitsmarktpolitik für Existenzgründer. Plädoyer für eine arbeitsmarktpolitische Unterstützung des Existenzgründungsgeschehens,* Berlin (Wissenschaftszentrum Berlin für Sozialforschung, Discussion Paper, FS I 95–204).

Uhly, Alexandra (2002), *Zur Neuen Selbständigkeit. Eine segmentationstheoretische Analyse auf der Datenbasis des Sozio-ökonomischen Panels,* Frankfurt a.M. u.a. (Europäische Hochschulschriften, Reihe V: Volks- und Betriebswirtschaft, 2832).

Voß, G. Günter/Pongratz, Hans J. (1998), »Der Arbeitskraftunternehmer. Eine neue Grundform der Ware Arbeitskraft?«, in: *Kölner Zeitschrift für Soziologie und Sozialpsychologie,* Jg. 50, S. 131–158.

Wagner, Alexandra (2002), »Zur Notwendigkeit der Diskussion über gesellschaftliche Leitbilder – Plädoyer für ein neues Normalarbeitsverhältnis«, in: Axel Gerntke u.a. (Hg.), *Hart(z) am Rande der Seriosität? Die Hartz-Kommission als neues Modell der Politikberatung und -gestaltung? Kommentare und Kritiken,* Münster/Hamburg/London (Zweiter Arbeitsmarkt, 7), S. 59–86.

Weihe, Jochen/Laufner, Wolfgang/Schüler, Silke (2001), »Bedingungen erfolgreicher Existenzgründungen – Ergebnisse einer Längsschnittuntersuchung im Landkreis Lüneburg«, in: Joachim Merz (Hg.), *Existenzgründung 2: Erfolgsfaktoren und Rahmenbedingungen,* Baden-Baden (Schriften des Forschungsinstituts Freie Berufe, 12), S. 113–134.

Welter, Friederike/Bergmann, Heiko (2002), »›Nascent Entrepreneurs‹ in Deutschland«, in: Jürgen Schmude/Robert Leiner (Hg.), *Unternehmensgründungen. Interdisziplinäre Beiträge zum Entrepreneurship Research,* Heidelberg, S. 33–62.

Wenny, Armin (1999), *Ein-Personen-Unternehmen. Die Rolle der Unternehmensform im wirtschaftlichen Wandel, die soziale und wirtschaftliche Stellung von Selbständigen ohne eigene Beschäftigte,* Marburg.

Wießner, Frank u.a. (2005), *Bericht 2005. Evaluation der Maßnahmen zur Umsetzung der Vorschläge der Hartz-Kommission. Arbeitspaket 1: Wirksamkeit der Instrumente, Modul 1e: Existenzgründungen,* Berlin u.a.

Wießner, Frank (2001), *Arbeitslose werden Unternehmer. Eine Evaluation der Förderung von Existenzgründungen vormals Arbeitsloser mit Überbrückungsgeld nach § 57 SGB III (vormals § 55a AFG),* Nürnberg (Beiträge zur Arbeitsmarkt- und Berufsforschung, 241).

Winkler, Ute (2006), »Der neue Gründungszuschuss«, in: *info also. Informationen zum Arbeitslosenrecht und Sozialhilferecht,* Jg. 24, S. 195–200.

Wöhe, Günter/Döring, Ulrich (2005), *Einführung in die Allgemeine Betriebswirtschaftslehre,* 22. neubearb. Aufl., München.

»Wollte meinen Eltern zeigen, ich bin arbeiten gegangen, als Fabrikant zurückgekehrt«

Türkische Unternehmer in Berlin

Carina Großer-Kaya

Die gesellschaftliche Einbindung von Migrantinnen und Migranten erfolgt in erster Linie über die Kategorie Arbeit. Dies wird in der bundesdeutschen Debatte um Einwanderung vor allem an der Geschichte der verwendeten Begrifflichkeiten für Migrantinnen und Migranten deutlich. In den ersten Jahrzehnten der Bundesrepublik stellten Bezeichnungen wie »Gastarbeiter« und »ausländischer Arbeitnehmer« (Tränhardt 1984; Hoffmeyer-Zlotnik 1977) eine unmittelbare Verknüpfung des Migranten mit seinem Erwerbsstatus her und suggerierten eine bestimmte auf abhängige Erwerbstätigkeit ausgerichtete Migrationsmotivation. Das Bild des Migranten ist in der deutschen Einwanderungsgeschichte der Nachkriegszeit dabei direkt verbunden mit dem Prototyp des männlichen, allein stehenden beziehungsweise allein wandernden Migranten aus dem Mittelmeerraum, der im Interesse der Erwirtschaftung von finanziellen Ressourcen ungelernte und körperlich anstrengende Tätigkeiten ausführt, um nach seiner Rückkehr in sein Herkunftsland einen sozialen Aufstieg zu realisieren.

Dieses Bild repräsentiert in dieser Zeit zwar die Lebenswirklichkeit der Mehrheit der Migranten, blendet aber andere Formen von Migration wie Flucht vor politischer Verfolgung (Blaschke 1991) und die Migration von Frauen (Abadan-Unat 1985) aus. Mittlerweile hat sich das Spektrum der möglichen Bezeichnungen für Migrantinnen und Migranten erheblich erweitert, in dem Maße wie auch die Motive für Einwanderung vielfältiger geworden sind bzw. in der Forschung Beachtung fanden. Dies wird unter anderem durch die Einführung neuer Begrifflichkeiten deutlich, die der Vielfalt der Migrationsformen gerecht zu werden versuchen (Treibel 1999; Özel/Nauck 1987).

Die strukturellen Rahmenbedingungen des Phänomens Migration spiegeln sich in erster Linie in der rechtlichen Stellung von Migranten in der Bundesrepublik Deutschland wider. Auffällig ist hierbei die kontinuierliche

Ausrichtung der Gewährung, Verfestigung und Verwehrung von Aufenthaltsrechten am jeweiligen Erwerbsstatus. Deutlich wird dabei, dass sich das Interesse an der Anwerbung vor allem nach volkswirtschaftlichen Gesichtspunkten richtet. In der Lebenswirklichkeit von Migranten bedeutet dies, dass der rechtliche Status von eigener Erwerbstätigkeit oder der von Familienangehörigen abhängig ist und umgekehrt der Zugang zum bundesdeutschen Arbeitsmarkt durch den jeweiligen Rechtsstatus bestimmt wird. Dadurch wird sichtbar, in welchem Maße Migrationsmotivation und Formen von Einwanderung am Punkt Erwerbsarbeit zusammenlaufen.

Aufgrund komplexer struktureller Veränderungen der globalen Produktionsverhältnisse befindet sich die gesellschaftliche Organisation der Arbeitswelt in Transformation. Durch die technologische Entwicklung und die Intensivierung internationaler Arbeitsteilung verändern sich Quantität und Qualität von Erwerbsarbeit. Die Verknappung der Ressource Arbeit führt zu einem verschärften Verteilungskampf um Arbeitsplätze. Gleichzeitig verlagern sich Einkommensmöglichkeiten in Sektoren, in denen vor allem ein hoher Bildungsabschluss sowie ein hohes Maß an informationstechnologischem Wissen erforderlich ist. Aufgrund der strukturellen Verknüpfung von Migrantinnen und Migranten mit Erwerbsarbeit ist diese Gruppe in besonderer Weise von sozioökonomischer Transformation betroffen und deshalb mit transitorischen Situationen konfrontiert, die zu ökonomischer Verwundbarkeit, Abwertung des sozialen Status und zu Brüchen in den Biografien führen.

Arbeitsfelder von Migrantinnen und Migranten aus der Türkei

Seit den 1960er Jahren ist Deutschland das Hauptmigrationsland für türkische Staatsangehörige. 50–75 Prozent aller Wanderungen aus der Türkei haben seitdem Deutschland als Ziel (Faist 2000: 51). Seit 1961 wurden bis zum Anwerbestopp von 1973 Kontraktarbeiter aus der Türkei angeworben. Seitdem hat sich die Migration aus der Türkei in Richtung Familiennachzug und Heiratsmigration verlagert. Die Angehörigen der Kontraktarbeiterinnen und -arbeiter der ersten Generation unterlagen starken arbeitsrechtlichen Beschränkungen. Seit dem Militärputsch 1980 und dem Beginn des Bürgerkrieges in den von Kurden bewohnten Provinzen hat die Zahl der Flüchtlinge stark zugenommen (Blaschke 1991). Die Wanderungsmotivationen aus der Türkei bewegen sich zwischen den Polen einer Suche nach Arbeit und der Flucht vor politischer Verfolgung. Die mittlerweile seit 40 Jahren kontinuierlich andauernde Migration aus der Türkei führt dazu, dass sich eine Einwanderer-Community etabliert, die durch komplexe und teilweise widersprüchliche ethnische, religiöse, soziale und geschlechtliche Fremd- und Selbstzuschreibungen gekennzeichnet ist.

Während der Anwerbephase bis 1973 lagen die Hauptfelder für die Beschäftigung von Migranten aus der Türkei im Bereich der Industrie (Schiffbau, Eisen- und Stahlerzeugung, Gießerei, Textilverarbeitung, Kosmetikindustrie). So waren 1974 85 Prozent der bei der Ruhrkohle AG Beschäftigten Migranten aus der Türkei, im Jahr 1990 lag der Anteil sogar bei 95 Prozent. In der Gegenwart zeigt sich, dass Migrantinnen und Migranten aus der Türkei auch in den jüngeren Jahrgängen in besonders hohem Maße von Arbeitslosigkeit betroffen sind. Gleichzeitig besteht die Tendenz, dass auch die in Deutschland geborene Generation im Vergleich zu anderen Migranten und gleichaltrigen Deutschen hinsichtlich ihrer Bildungschancen benachteiligt zu sein scheint, was zu problematischen Entwicklungen beim Einstieg ins Erwerbsleben führen kann.

Trotz der problematischen Entwicklungen weist Sabine Hess zurecht darauf hin, dass Migrantinnen und Migranten zwar »Betroffene der Umstrukturierungen« sind, jedoch gleichzeitig »Träger und Akteure der Globalisierung« (Hess/Lenz 2001: 198). Daraus folgt, dass die ökonomische Transformation neue Lebens- und Arbeitsformen ermöglicht, die auch von Migrantinnen und Migranten genutzt werden können. Migration ist dabei als Chance zu sehen, sich von traditionellen Wertsystemen zu lösen und neue Lebensmodelle zu schaffen. Gerade im Hinblick darauf zeigt beispielsweise die wachsende Gruppe der erfolgreichen Unternehmer mit Migrationshintergrund, dass sozialer Aufstieg möglich ist. Vor allem die Wachstumsbranche des Dienstleistungssektors ist mit ihrer Spezialisierung auf Dienstleistungen für die Migranten-Community und auch darüber hinaus von Bedeutung.

Der kurze Blick auf diese Entwicklungen verdeutlicht, dass Brüche in den Biografien vor allem bei Migrantinnen und Migranten aus der Türkei eine bedeutende Rolle spielen können. Deshalb kann angenommen werden, dass die Beschäftigung mit Biografien Einblick in die subjektive Einstellung zu Arbeit und den Umgang mit ökonomischer Transformation sowie ihrer Verarbeitung ermöglicht. Dies möchte ich exemplarisch an zwei Migranten darstellen. Gemeinsam ist beiden Interviewten, dass sie zum Zeitpunkt des Interviews als Selbständige tätig sind und ihr Unternehmen erfolgreich führen. Das bedeutet, dass sie innerhalb der Migranten aus der Türkei – und der Erwerbstätigen insgesamt – einer besonderen Berufsgruppe angehören. Durch ihren ökonomischen Erfolg bilden sie gleichzeitig ein »Gegenbild« zum medial vermittelten Bild des marginalisierten und im prekären Beschäftigungsverhältnis arbeitenden Migranten. Dies unterscheidet sie möglicherweise in ihrer Perspektive auf Arbeit im Vergleich mit Angestellten und anderen Erwerbstätigen. Die Fragestellungen, die ich anhand des empirischen Materials zu beantworten versuche, sind zum einen, wie die Herausbildung eines subjektiven Verständnisses von Arbeit in die individuelle biografische Erfahrung eingebettet ist, und zum anderen, in welcher Weise der Umgang mit Brüchen in der Biografie erfolgt und wie diese Brüche be- und verarbeitet werden.

Bedeutung von Arbeit in Unternehmerbiografien

Beide Interviews wurden im Rahmen des Forschungsprojekts »Türkische Unternehmer in Deutschland«[1] im Jahr 2001 nach der biografisch-narrativen Methode geführt und mit Hilfe der rekonstruktiven Fallanalyse (Rosenthal 1995) ausgewertet. Das erste Fallbeispiel wurde ausführlich von Robert Pütz (2004) besprochen. An dieser Stelle erfolgt eine sekundäre Auswertung des Materials im Hinblick auf die oben genannten Fragestellungen.

Fallbeispiel 1: Herr Özkan – »Wollte ich meinen Eltern zeigen, ich bin arbeiten gegangen, als Fabrikant zurückgekehrt.«

Herr Özkan ist als in der Gegenwart erfolgreicher Unternehmer ein Repräsentant der Migranten der ersten Generation, der es durch Migration zu ökonomischem Erfolg gebracht hat. Er wurde 1947 in Istanbul geboren. Sein Vater ist Offizier in der türkischen Armee, seine Mutter Hausfrau.

1 Das DFG-geförderte Forschungsprojekt (Laufzeit 2001 bis 2003), in dessen Rahmen ich als wissenschaftliche Hilfskraft Interviews führte und auswertete, die auch für diesen Beitrag die Datengrundlage sind, wurde von Robert Pütz (Geografie, Universität Mainz) geleitet.

Bereits in seine Erzählungen über seine Kindheit integriert er eine Geschichte zur Legitimation seiner späteren erfolgreichen Unternehmertätigkeit:

»Und Geschäft hab ich auch meine fünfte, sechste Lebensjahr versucht. So, Cola, so was Ähnliches, Sprudel zu verkaufen, so im Sommer seitdem. Hat da meine Mutter, hat mich immer da unterstützt. Also, einmal ein paar Flaschen. Und ich konnte noch nicht mal mit der Hand eine Flasche aufmachen. Kleiner Bengel war ich. Kommt meine Schwester mit Freundinnen und die fragen: ›Na, Du Verkäufer, da Deine äh, Deine Sprudel ist auch kalt, wenn 32 Zähne Geige spielen kann‹, sagt man so, wenn es so kalt ist, spielen, Zähne spielt Geige. Ich bin hundertprozentig sicher, das liegt stundenweise in Eis, dass es auch kalt ist, ›wenn das nicht kalt ist, wenn die Zähne keine Geige spielt, kriegst Du kein Geld‹, sie sagt zu mir. Sag ich so: ›O.k., kannst Du mal probieren.‹ Und dann jeder nimmt einen Schluck und trinkt dann und am Ende meine Schwester so, machte so [schnalzt mit der Zunge]: ›Nee, da spielen die Zähne nicht Geige, deswegen kriegst Du kein Geld!‹ Damit hab ich gelernt, immer bar zu kassieren.«

Der Umstand, dass er finanziell von seiner älteren Schwester ausgenutzt worden ist, bringt ihn dazu, seine Geschäftsphilosophie zu kreieren. Die Erzählung dient deren Verdeutlichung und vermittelt einen Einblick in seine Arbeitsweise, die auch in der Gegenwart nach der Devise »erst Geld dann Ware« zu funktionieren scheint.

Nach Abitur und Militärdienst bewirbt er sich um einen Arbeitsplatz in Deutschland, wird angenommen und arbeitet zunächst als Schweißer in Hameln. Danach arbeitet er acht Monate bei VW. Er möchte an der TU Braunschweig studieren, kann aber die notwendigen Deutschkenntnisse nicht vorweisen. In der Präsentation ist ihm dieses Scheitern unangenehm, da er seine Migration als Abenteuer wahrnimmt und den ökonomischen Faktor wohl aufgrund seiner sozialen Herkunft ausblendet. Die Konfrontation mit schweren Arbeitsbedingungen auf der untersten Stufe der Hierarchie passt nicht zu seinem Selbstbild. Er reagiert in dieser Phase jedoch mit einer extrem hohen Arbeitsmotivation, die als Ziel das Brechen von Akkorden und die Maximierung der Stückzahlen hat.

»In sehr kurzer Zeit hatte ich die Methode gelernt. An meinem Arbeitsplatz betrug die Stückzahl im Acht-Stunden-Akkord 60 und in kürzester Zeit schaffte ich in der Zeit, in der die andere Schicht 60 machte, 90 Stück. Letztlich kritisierten mich die deutschen Arbeiter, die in der anderen Schicht arbeiteten und sagten Dinge wie ›Wir müssen unsere Familien durchbringen, wir können uns nicht mit dir beschäftigen, du hast kein Recht, die in der Fabrik festgelegten Produktionszahlen so sehr zu erhöhen, du bringst uns in Schwierigkeiten‹ aber die Warnungen steigerten sich bis zu Beleidigungen als ›schmutziger Ausländer‹ und trotz allem habe ich meine Arbeit fortgesetzt. Da ich in der Produktion erfolgreich war, hat man über mich in der Werkszeitung berichtet. Ich habe in dem Unternehmen ein Jahr gearbeitet. Letztlich habe ich den Tagesakkord von 90 auf 120 erhöht.«[2]

Seine anscheinend enorme Arbeitsleistung begründet er vor allem mit seiner Herkunft als Türke, der in der Welt beweisen muss, dass ein Türke besser ist als die Angehörigen anderer Nationen. Aufgrund seines derzeitigen sozialen Status als mittelständischer Unternehmer wird die mühselige industrielle Arbeit des klassischen Migranten aber nicht als die erwünschte Form der Arbeit für sich selbst angesehen. Sie stellt vielmehr eine im Nachhinein als kurze Übergangsphase interpretierte Zeit dar.

»Wenn die gesehen haben, ich spreche Englisch. Natürlich das sind alles Bauern immer. Und die haben auch seinen Chef geholt. Der Chef spricht auch perfekt Englisch. Dann hab ich auch meine Ruhe. Dann kommt –, funktioniert alles wunderbar. Kommen noch zwei Türken. Ich war der Dolmetscher. Auf Englisch mit Chef. Das kann ich alles übersetzen und so weiter.«

Seine Präsentation vermittelt ein starkes Interesse, sich aus der Masse der Migranten hervorzuheben, um zu verdeutlichen, dass er nicht aus ökonomischer Not als ungebildeter »Bauer« migriert ist, sondern dass diese Phase nur einen Übergang zu den eigentlichen Herausforderungen darstellt. Migration ist für die Erlangung seiner ökonomischen Eigenständigkeit und der Unabhängigkeit von familiären Zwängen notwendig, so dass er den zeitweisen sozialen Abstieg – vom Bürgerssohn zum Industriearbeiter – in Kauf nimmt.

1970 gibt er seine bisherige Tätigkeit auf und geht nach Berlin, wo er Arbeit als Hilfsarbeiter in einer Glaserei findet.

»Und dann bin ich zur Glaserei gegangen. Hab gesagt: ›Ich bin Glaser. Ich möchte bei Ihnen arbeiten.‹ Da sagt er: ›Ja, wie haben Sie gelernt, wo haben Sie gelernt?‹ Ich hab gesagt, in der Türkei. Und dann hat er mir einen Glasschneider gegeben, der Senior. Sagte: ›Schneiden Sie mal das Glas!‹ Oh weh! Ich wusste bis jetzt nicht, womit, womit Glas geschnitten wird, mit Diamant, wusste ich. Diamant. Wie sieht das aus, als Schere oder Hammer, wusste ich alles wirklich nicht. Ja. Hab ich gesagt: ›Ja, nee, Mensch, äh, ja, machen Sie mal das mal vor, dann kann ich auch das nachmachen!‹ Hat er freundlicherweise einen Schnitt gemacht. Hab ich gleich so wie er es hab ich festgehalten, Glasschneider. Einen halben Schnitt hab ich auch geschafft, aber der hat dann gesehen, dass ich nicht unbedingt Professioneller bin. Haben Sie gesagt: ›Gut, können Sie bei uns anfangen.‹ Damals die normale Arbei-

2 Quelle ist hier eine von dem Interviewpartner verfasste Selbstdarstellung (Privatbesitz).

ter verdient sieben, acht Mark im Stundensatz. Ich hab mit drei Mark 60 da angefangen.«

Aufgrund seiner Wohnsituation, die Glaserei befindet sich im Hinterhof seiner Wohnung, kommt er durch »Schicksal und Zufall«, wie er es deutet, zu seinem Beruf. Zunächst wird er als ungelernter »Türke« diskriminiert, dann jedoch integriert er sich erfolgreich in das deutsche System der beruflichen Bildung. Von diesem Zeitpunkt an arbeitet er kontinuierlich an seinem beruflichen und sozialen Aufstieg und arbeitet sich in der beruflichen Hierarchie hoch. Er macht zunächst seinen Berufsabschluss als Glaser und den Meisterbrief und ist insgesamt elf Jahre in der Glaserei tätig. 1982 schließlich eröffnet Herr Özkan eine eigene Glaserei in Kreuzberg und gewinnt eine überwiegend türkische Kundschaft für sich.

Durch dieses strategische Vorgehen setzt er seinen Weg jenseits des klassischen türkischen Gastarbeiters fort. Seine Schilderungen lassen den Eindruck entstehen, dass es auf seinem Weg keine strukturellen und rechtlichen Behinderungen in dieser Lebensphase gegeben hat, da beruflich alles reibungslos zu verlaufen zu sein scheint. Möglicherweise liegt es an der Zeit, die ökonomisch günstig für seine Vorhaben ist, möglicherweise aber überwindet er die Hindernisse ohne weitere Probleme.

1989 dann gründet Herr Özkan in der Türkei eine Fensterproduktion, mit der er jedoch scheitert. Hier zeigt sich, dass er im türkischen Kontext Fremdheit erfährt. Er kennt die Besonderheiten von Unternehmen in der Türkei nicht, orientiert sich an dem ihm mittlerweile vertrauten deutschen Kontext, und so misslingt sein wirtschaftliches Engagement im Heimatland.

»Das war falsche Erziehung in Deutschland. Das hat mir viel Geld gekostet. Und dann hab ich auch als Konkurrenz gleich ein Gewerbegebiet, diese Türkei große Fensterproduktionsfirma äh die besser sind näher gekommen. ›Oh, Junge, Landsleute, komm, machen wir gemeinsam, Partnerschaft!‹ Und so weiter. Auf einmal hab ich festgestellt, die haben auch seine Mitarbeiter bei mir als Angestellter, hab ich angestellt. Das wusste ich nicht, das war, das gehört die Leute bei denen. Die machen die Spionaja-, Spionage ohne Ende. Die haben auch meine paar gekauft. Wenn ich an-, wenn eine Firma anruft hier aus äh dann finde ich die von seiner Firma, also solche Sachen. Da bin ich richtig getroffen, richtig ruiniert. Ich kenn da niemand, ja mit meiner halber, halben Erziehung deutsch, da äh, da haben sie mich richtig über den Tisch gezogen, ne. Das hab ich alles kapiert, aber alles zu spät.«

Die negativen Erfahrungen führen dazu, dass er sich entscheidet, den Migrationskontext zum alleinigen Handlungsfeld zu machen. Da die Glaserei während des Vorhabens in der Türkei weiter bestand, setzt er an dem Punkt wieder an, an dem er aufgehört hat. Das bedeutet, dass die Glaserei als ein Instrument der Absicherung seiner eher riskanten Großinvestitionen dient und einen »sicheren Hafen« für sich und seine Familie darstellt.

1992 gründet er nach mehreren gescheiterten Versuchen mit verschiedenen Partnern unter alleiniger Regie eine Fensterproduktion. 1997 zieht er mit der Firma nach Berlin um und 1999 baut er auf einem von ihm erworbenen Gelände den heutigen Standort der Fensterproduktion sowie Büros und seine Privatwohnung. Die Glaserei besteht bis heute weiter. Heute beschäftigt Herr Özkan insgesamt 73 Mitarbeiter, 65 Deutsche und acht Türken. Sein Unternehmen produziert täglich 200 Fenster und hat einen Jahresumsatz von vier bis fünf Millionen Euro. Er leitet die Fensterproduktion, seine Ehefrau führt die Glaserei, in der fünf Personen beschäftigt sind. Die Fensterproduktion hat eine europäische Kundschaft, die vor allem aus Großkunden besteht, und die Glaserei hat einen ausschließlich aus der Türkei stammenden Kundenstamm.

Für Herrn Özkan stellt Arbeit einen wesentlichen Faktor zur Erhöhung seines sozialen Status dar. Dabei wird seine Arbeitsmotivation stark durch die Erwartungen anderer (Vater, Ehefrau) und der kemalistisch-nationalistischen Ideologie bestimmt. Er arbeitet erfolgreich mit seiner Strategie, sich und seiner Familie seinen unternehmerischen Erfolg zu beweisen. Die Erwartungen an sich selbst sind hoch, wie das Eingangszitat zeigt. Durch seine Migration wird die zeitweise Ausübung von körperlich anstrengender, schlecht bezahlter und geistig wenig anspruchsvoller Tätigkeit gerechtfertigt. Dabei versteht er den Status »Fabrikant« jedoch nicht als Gegensatz zu dem als »Arbeiter«, sondern als höhere Stufe des Daseins des arbeitenden Menschen, verbunden mit anspruchsvoller und sich über die Maßen auszahlender Tätigkeit.

Sein Handeln erfolgt in einem Gleichgewicht aus Risikobereitschaft und Absicherung des erreichten sozialen Status. Dies wird in den problematischen Phasen seiner Biografie deutlich. Trotz seiner Bereitschaft, neue große Investitionen an neuen Standorten zu tätigen, sichert er sich durch das Fortbestehen der ersten Glaserei ab und ist nach seinem Scheitern in der Lage, an dem Punkt wieder anzusetzen, an dem er begonnen hat. Die Absicherung des Erreichten erfolgt im Kontext der Familie. Die Glaserei wird seit ihrer Gründung als Familienbetrieb geführt, in dem er sich auf die Loyalität seiner Ehefrau verlassen kann.

Fallbeispiel 2: Herr Celik – »Das wahre Leben begann mit der Ausbildungszeit.«

Herr Celik wird 1966 in einem Dorf in Zentralanatolien als jüngster von insgesamt vier Geschwistern geboren. 1970 geht sein Vater nach Deutschland und holt Mutter und Kinder 1971 nach. Die Mutter arbeitet in der Küche eines Krankenhauses, der Vater bei der Stadtreinigung. Herr Celik besucht die Grundschule, dann die Hauptschule. 1982 macht er den erweiterten Hauptschulabschluss mit schlechtem Notendurchschnitt. Im Anschluss beginnt er eine Ausbildung als Beton- und Stahlbauer, während der er die Vorteile des Arbeitslebens entdeckt.

»Das wahre Leben begann mit der Ausbildungszeit. Man wurde tätig, man hat Herausforderungen gehabt und äh man hat auch äh dafür auch Geld bekommen, ja. Irgendwie war der Ansporn da, keine Ahnung. Da habe ich dann Ernst der Lage gesehen. Da wurde ich erwachsen, ja. Da habe ich dann gesehen, aha, du hast Möglichkeiten, du hast äh auch die Möglichkeit, diese Möglichkeiten dann zu nutzen, ja. Und diese Wege, diese Schritte, die man halt machen kann, die habe ich gesehen. Gut, es wäre natürlich besser geworden, wenn es zum Abschluss gekommen wäre. Aber gut sollte nicht sein. Ich bereue auch gar nichts.«

Erstmals fühlt er sich als Erwachsener und sieht die Möglichkeit, ökonomisch eigenständig zu werden. Diese Erfahrung liefert die notwendige Motivation, um eine erfolgreiche Bildungslaufbahn anzustreben. Er macht sein Fachabitur und beginnt danach ein Studium des Bauingenieurswesens, dass er nach fünf Semestern aus verschiedenen Gründen abbricht. Er heiratet seine »große Liebe«, rebelliert aber gleichzeitig gegen die Erwartungen seines Schwiegervaters, der einen Bauingenieur in der Familie haben möchte. Es zeigt sich, dass er nicht allein wegen des sozialen Status bereit ist, seine Bildungslaufbahn fortzusetzen, sondern er entschließt sich, entgegen den Erwartungen der angeheirateten Familie zu handeln. Vor allem die frühe Entscheidung zur Heirat und zur Gründung einer Familie führt zu dem Anspruch an sich selbst, als Mann für die Frau und eventuelle Kinder sorgen zu können. Ein weiteres Durchlaufen des Bildungssystems würde ihn finanziell abhängig machen.

»Und ich habe einen gewissen Stolz. Ich weiß auch nicht, ist vielleicht falsch. Ich habe ein altmodisches Denken, keine Ahnung. Ich bin zwar modern eingestellt, aber äh gewisse Sachen sind, kommt das Altmodische doch raus. Und äh irgendwie wollte ich auch nicht, dass meine Frau arbeitet und ich gehe zur Schule, ja. Aber auf der anderen Seite, wenn man bedenkt äh, wenn ich Bauingenieur zu Ende studiert hätte, dann hätte ich ja für das Rest des Lebens für meine Frau sorgen können, ja.«

Sein Verständnis von Arbeit ist sehr an traditionellen geschlechtsspezifischen Rollenzuschreibungen orientiert. Er betrachtet seine Motivation, ökonomisch unabhängig zu sein, als »Stolz« und durchaus selbstkritisch als »altmodisches Denken«. Aus der rückblickenden Perspektive gesteht er jedoch ein, dass seine Weigerung, finanziell von seiner Frau abhängig zu sein, nicht zu seinem Vorteil gewesen ist. Deshalb ist seine Entscheidung, die Ausbildung abzubrechen, wohl seinem besonders starken jugendlichen Ehrgeiz, als jung verheirateter Mann mehr Einkommen als seine Frau zu erwirtschaften, geschuldet. Die Möglichkeit durch eine längere Ausbildungszeit langfristig ein höheres und gesicherteres Einkommen zu erzielen, zieht er erst im Nachhinein in Betracht.

Die Entscheidung, den akademischen Bildungsweg abzubrechen, führt dazu, dass er als Quereinsteiger bei einer Firma für Einweggeschirr und Verpackungen arbeitet, zunächst im Lager, dann als Vertreter. Hier arbeitet er sich kontinuierlich hoch und erreicht innerhalb einer kurzen Zeit einen innerbetrieblichen Aufstieg.

»Wenn ich nichts tue äh bewegt sich gar nichts. Also es liegt an mir äh aus mir das Bestmögliche rauszuholen, ja. Und ich kann mich sehr gut erinnern äh, wenn ich äh für andere gearbeitet habe, wie ich gesagt habe damals Einweggeschirr Verpackung. Ich habe im Lager angefangen zu arbeiten, innerhalb kürzester Zeit habe ich mich hochgearbeitet als Vertreter für äh Einweggeschirr Verpackungen für Restaurants. Also das ist das höchste, was man erreichen konnte und das habe ich innerhalb von acht Monaten erreicht, ja. Erst mal für türkisch Imbisse, Lebensmittelläden und dann war ich Vertreter für äh Restaurants. Und äh darüber geht es nicht mehr. Also ich war ein Mensch, der äh immer Erfolg hatte.«

Trotz des abgebrochenen Studiums interpretiert er seine berufliche Laufbahn als durchweg von Erfolg gekennzeichnet. Er verfügt über ein großes Selbstbewusstsein und ein gewisses Maß an Rebellion gegen die Erwartungen der Elterngeneration und setzt sich damit konsequent durch. Nachdem der Inhaber die Firma verkauft, kündigt er, da er mit dem neuen Geschäftsführer keine gemeinsame Basis erkennen kann.

»Dann hat die Firma ja, hat die Firma verkauft und ich bin mit dem neuen Geschäftsführer nicht zurechtgekommen. Äh weil das lief vorher äh wie ein Familienbetrieb ab, weil äh wir – ich den Chef auch persönlich kannte und wie er dann alles verkauft hat und die neuen äh Geschäftsführern bin ich gar nicht zurechtgekommen. So dass ich eben äh aufgehört habe. War eine zeitlang arbeitslos. Habe dann äh mich selbständig gemacht äh in einem ja eine Art Musikcafé. Habe es acht Monat betrieben. Dann habe ich das aufgegeben, weil es nicht so gut lief.«

Seine eigenständige Kündigung des Arbeitsverhältnisses zeigt, dass er nicht bereit ist, sich den Anweisungen anderer ohne Vorbehalte zu unterwerfen. Er geht das Risiko ein, zunächst ohne Arbeit dazustehen. Dies ist gerade aufgrund seines Anspruchs, als Mann seine Familie adäquat zu versorgen, interessant und zeigt, dass er nicht um jeden Preis bereit ist, sich den Vorgesetzten zu unterwerfen, was zu seinem von Stolz geprägten Selbstbild passt. Auch die Tatsache, dass sein erster Versuch, sich selbständig zu machen, nach kurzer Zeit scheitert, führt nicht dazu, dass er später nicht wieder bereit ist, das unternehmerische Risiko einzugehen. Vielmehr interpretiert er sein Scheitern dahingehend, dass er noch nicht die zu ihm passende Tätigkeit gefunden hat.

»Ich habe meinen Bruder besucht, der hat damals bei Mister Minit gearbeitet. Und da hatte mein Bruder eine Filiale als Franchisenehmer. Ja und ich war zu der Zeit arbeitslos und habe ihn halt besucht und habe gesehen, dass er eben sehr viel beschäftigt war. Und äh konnte dieser ganzen Arbeit nicht nachkommen. Äh habe ihm dann praktisch ausgeholfen und dann hat sich das irgendwie so ergeben, dass ich bei ihm angefangen habe, dass wir verschiedene Filialen von Mister Minit übernommen haben als Franchisenehmer.«

Seine jetzige Tätigkeit als Unternehmer erarbeitet er sich nicht zielgerichtet durch eine Ausbildung oder ähnliches, sondern er kommt durch die Hilfstätigkeit beim Bruder dazu. Er steigt wie schon bei seiner ersten Berufstätigkeit quer ein und erarbeitet sich das dafür notwendige Wissen auf informellem Weg. Es zeigt sich hier erstmals, dass – wie auch in dem oben dargestellten Fall – die feste familiäre Einbindung für seine berufliche Laufbahn von großer Bedeutung ist. In der Folgezeit übernehmen beide Brüder gemeinsam mehrere Filialen als Franchisenehmer. Dadurch wird das Risiko geteilt und die finanziellen Möglichkeiten können voll ausgeschöpft werden.

»Aber im Großen und Ganzen wir der Meinung waren – als Franchisenehmer kann man äh eine Filiale noch so hocharbeiten, äh man nimmt die Jacke und geht, dir gehört nichts, ja. Und deswegen haben wir uns irgendwann entschieden, dass wir gesagt haben, eine eigene Filiale, selber kaufen und wenn wir den hocharbeiten, dann haben wir was davon. Der Laden gehört uns.«

Sie sind jetzt selbständige Betreiber und keine Franchiser mehr wie bei den anderen Filialen. Dadurch nimmt sich Herr Celik erstmals als tatsächlich selbständig und unabhängig wahr. Aus der Perspektive der Gegenwart präsentiert er als Motivation für seine Selbständigkeit die Möglichkeit, sein Einkommen immer wieder maximieren zu können, um sich sein Leben angenehm zu gestalten.

»Für mich ist das auch unvorstellbar, irgendwo zu arbeiten und äh man hat ein geregeltes Einkommen, wenn man Überstunden macht, kriegt man ein paar Mark mehr und äh wenn nicht, kriegst du halt dein Gehalt. Auch wenn du Überstunden hast und was weiß ich, hast du ein Nettogehalt von sage ich mal irgendeine Summe X, fünftausend Mark, mehr ist nicht drin, ja. Und das dein Leben lang diese Arbeit und mit Stress und hast du nicht gesehen und äh machst und tust und hast nur diese Summe X raus, mehr ist nicht drin. Und das ist ein Gefühl für mich, wo ich mir sage, Mensch, das kann's nicht sein. Ich möchte in meinem Leben irgendwas erreichen.«

Im Vergleich mit der Zeit vor der Selbständigkeit zeigt sich, dass die Beschränkung auf ein festes Einkommen ihm wenig erstrebenswert scheint. Hier präsentiert er sich fast überschwänglich, ohne die Risiken der unternehmerischen Tätigkeit in seine Betrachtungen mit einzubeziehen. Dies vermittelt den Eindruck, dass der Erweiterung des Geschäfts und der Gewinnmaximierung keinerlei Grenzen gesetzt sind und ihm alle Wege offen stehen. 1999 eröffnet Herr Celik ein Geschäft in einen Laden mit Werkstatt zur Montierung von Schließanlagen, einem Lager für Ersatzteile und einem Büro.

»Ich habe äh seit über einem Jahr keine Schuhe mehr angefasst. Ich weiß gar nicht mehr, wie Schuhe repariert werden, ja. Aber äh wie gesagt, ich bin der Mensch, der vorneweg geht und die Arbeiten, die ich gemacht habe, die werden übergeben, ja. Werden verteilt. Und äh wir haben einige Mitarbeiter, die halt gewisse Tätigkeiten übernommen haben. Und ich bin derjenige, der eben im Außendienst neue Aufträge ranholt, neue Herausforderungen annimmt und es gibt nichts, was man nicht machen kann.«

Durch die Arbeitsteilung innerhalb der Familie und die Einbeziehung von Mitarbeitern werden die Tätigkeiten klar voneinander abgegrenzt. Dadurch kann jedes Mitglied des Unternehmens seinen Fähigkeiten entsprechend eingesetzt werden. Auch Herr Celik schätzt seine Fähigkeiten dahingehend ein, dass er nicht alle Arbeiten erledigt, sondern als besonderer Teil des Ganzen, seinen Betrag zum geschäftlichen Erfolg leistet. So übernimmt er nach innen und außen die führende Rolle in dem Familienunternehmen, in dem er den Außendienst weiter entwickelt. 2001 hat Herr Celik vier feste und zwei freie Mitarbeiter, außerdem den Bruder im Innendienst und seine

Schwester, die sich um die Buchhaltung kümmert. Das Geschäft in der Einkaufspassage ist mittlerweile zur Zweigstelle geworden.

Herr Celik sieht Arbeit als einen wesentlichen Bestandteil seines Eintritts in das Erwachsenenleben an. Sie ist der »Ernst des Lebens« und ermöglicht ihm eine zunächst von den Eltern unabhängige Existenz. Durch Erwerbsarbeit wird er ein Teil der Erwachsenenwelt und bekommt dadurch das entscheidende Mittel zur Verwirklichung seiner Träume und Ideen in die Hand. Diese beziehen sich in erster Linie auf die Arbeitswelt und die Möglichkeiten, die sie ihm bietet. Er zeigt ein hohes Maß an Risikobereitschaft und sichert sich mit seinen Plänen durch den Rückhalt, den er durch sein familiäres Umfeld vermittelt bekommt, ab. Dadurch steigt er innerhalb der familiären Hierarchie zur Führungskraft auf und überholt seinen älteren Bruder, der bereits vor ihm ins Arbeitsleben eingetreten ist.

In seinem Selbstbild spielt die Erfahrung von Erfolg im Berufsleben eine entscheidende Rolle bei der Entwicklung seines Selbstbewusstseins. Negative Erfahrungen können dadurch ausgeblendet werden und mindern den unternehmerischen Ehrgeiz in keiner Weise. Auch in der Präsentation seiner Biografie werden die Misserfolge nachträglich als unerheblich übergangen und die Erfolge in den Vordergrund seiner Selbstdarstellung gerückt. Dadurch gelingt es ihm in der Gegenwart auch, sich mit dem Abbruch des Studiums zu arrangieren. Möglich ist jedoch, dass ihn diese Phase, in der Heirat, Beruf und familiäre Erwartungen zusammen kamen, mehr gefordert hat als er dies im Rückblick wahrnehmen möchte.

Migranten als Akteure in einer sich wandelnden Arbeitswelt

Die Erwerbstätigkeit des typischen männlichen Arbeitsmigranten ist für Herrn Özkan negativ besetzt und bedeutet harte und körperlich schwere Arbeit, wie er sie für einen kurzen Zeitraum selbst ausgeübt hat. Sie ist verbunden mit Erfahrungen unmittelbarer ethnischer Diskriminierung am Arbeitsplatz. Er befreit sich von dem Stigma des »Gastarbeiters« mit Hilfe des durch die Selbständigkeit erreichten ökonomischen Erfolgs und durchläuft dabei in äußerst stringenter Weise das deutsche Berufsbildungssystem. Dadurch unterscheidet sich seine berufliche Laufbahn von der vieler Arbeitsmigranten seiner Generation. Er leitet ein ihm besonderes Arbeitsethos aus der eigenen Herkunft ab, indem er sich selbst hohe Arbeitsleistung abverlangt und dadurch ein spezifisch türkisches Arbeitsethos konstruiert. Diese Interpretation seines Arbeitseinsatzes ermöglicht ihm, sich der erfahrenen Diskriminierung zu widersetzen und ein positives Selbstbild im Migrationskontext zu entwerfen.

Für Herrn Celik bedeutet Arbeit – unabhängig vom durch sie erreichten sozialen Status – den entscheidenden Schritt in das Erwachsenendasein. Dabei nutzt er die Möglichkeiten des bundesdeutschen Bildungssystems, widersetzt sich jedoch den Erwartungen der Elterngeneration. Er erreicht durch praktisches informelles Erlernen seiner jetzigen Tätigkeit seinen gegenwärtigen ökonomischem Erfolg und sozialen Aufstieg. Der Ausweitung seines Erfolgs durch Arbeit sind in seinem Selbstverständnis scheinbar keine Grenzen gesetzt. Sein Verständnis von Arbeit orientiert sich dabei stark an seiner männlichen Rolle als Versorger der Familie, die für ihn persönlich im Vordergrund steht.

Beide Unternehmer präsentieren ihre Biografie als Geschichte des sozialen Aufstiegs. Strukturell gegebene Benachteiligungen blenden sie aus und überwinden ökonomische Krisen und Rückschläge scheinbar ohne ihren Lebensweg generell in Frage zu stellen. Trotzdem ist aus den Biografien abzuleiten, dass sie durchaus in kritischen Lebensphasen mit prekärer Arbeit, mit Diskriminierungen und strukturellen Benachteiligungen sowie Rückschlägen konfrontiert waren. Der gegenwärtige Erfolg steht jedoch im Vordergrund ihres Selbstbildes und führt dazu, dass sie aufgrund ihres Stolzes über das Erreichte Krisen nicht in den Vordergrund treten lassen. Problematische Lebensphasen werden vielmehr dahingehend umgedeutet, dass sie den Erfahrungshorizont auf dem Weg zum Erfolg erweitern und dazu geführt haben, das eigene Handeln dementsprechend zu verändern. Der ökonomische Wandel scheint ihren unternehmerischen Erfolg nicht negativ zu beeinflussen, vielmehr ist die von ihnen gezeigte Flexibilität im Umgang mit problematischen Situationen eine Chance, sich den stattfindenden ökonomischen Transformationen zu stellen und sie für sich nutzbar zu machen.

Die Analyse der Biografien zeigt, dass sich das Verständnis von Arbeit aus einer Vielzahl von Erfahrungen und daraus entstehenden Deutungen zusammensetzt und einen Rahmen für das eigene Handeln in der Welt der Arbeit darstellt. Beide Beispiele verdeutlichen, dass die Konfrontation mit kritischen Lebensphasen neue Handlungsspielräume eröffnet, die ökonomischen Erfolg und sozialen Aufstieg ermöglichen. Aufgrund ihrer in der Gegenwart erfolgreichen unternehmerischen Tätigkeit zeigen die Lebensgeschichten dieser beiden Unternehmer, dass sie aktiv an der Gestaltung der ökonomischen Veränderungen teilhaben. Damit erweitern diese Lebensgeschichten das Bild des prekarisierten Migranten in den Medien. Dabei wird deutlich, dass die Biografien von Migranten in der gesamtgesellschaftlichen Realität deutlich mit neuen Formen der Arbeit korellieren, die sich in einem Spektrum verschiedener beruflicher Betätigungen bewegen, welche sich im Hinblick auf Einkommen und sozialen Status stark voneinander unterscheiden.

Literatur

Abadan-Unat, Nermin (1985), »Die Auswirkungen der internationalen Arbeitsmigration auf die Rolle der Frau am Beispiel der Türkei«, in: Dies. (Hg.), *Die Frau in der türkischen Gesellschaft*; Frankfurt a.M., S. 201–239.

Blaschke, Jochen (1991), »Kurdische Communities in Deutschland und Europa. Ein Überblick über ihre soziale und kulturelle Situation«, in: Berliner Institut für vergleichende Sozialforschung (Hg.), *Kurden im Exil*, Berlin, Nr. 2.1.1–16 (Loseblattsammlung).

Faist, Thomas (2000) (Hg.), *Transstaatliche Räume. Politik, Wirtschaft und Kultur in und zwischen Deutschland und der Türkei,* Bielefeld.

Hess, Sabine/Lenz, Ramona (2001) (Hg.), *Geschlecht und Globalisierung: ein kulturwissenschaftlicher Streifzug durch transnationale Räume,* Königstein im Taunus.

Hoffmeyer-Zlotnik, Jürgen (1977), *Gastarbeiter im Sanierungsgebiet. Das Beispiel Berlin-Kreuzberg*, Hamburg.

Özel, Sule/Nauck, Bernhard (1987), »Kettenmigration türkischer Familien. Ihre Herkunftsbedingungen und ihre Effekte auf die Reorganisation der familiären Interaktionsstrukturen in der Aufnahmegesellschaft«, in: *Migration* 2 , S. 61–94.

Pütz, Robert (2004), *Transkulturalität als Praxis. Unternehmer türkischer Herkunft in Berlin*, Bielefeld.

Rosenthal, Gabriele (1995), *Erzählte und erlebte Lebensgeschichte. Gestalt und Struktur biographischer Selbstbeschreibungen*, Frankfurt a.M.

Tränhardt, Dietrich (1984), »Ausländer als Objekte deutscher Interessen und Ideologien«, in: Hartmut M. Griese (Hg.), *Der gläserne Fremde. Bilanz und Kritik der Gastarbeiterforschung und der Ausländerpädagogik*, Opladen, S. 115–132.

Treibel, Annette (1999), Migration in modernen Gesellschaften. Soziale Folgen von Einwanderung, Gastarbeit und Flucht, Weinheim/München.

Deutungsmuster und Erzählstrategien bei der Bewältigung beruflicher Krisenerfahrungen

Gerrit Herlyn

Die Darstellung der eigenen Berufsbiografie war im DFG-Projekt »Kultur, Alltag und Wandel der Technik im Spiegel biografischer Erfahrungen« (Schröder 2000a) geführten Interviewgesprächen eines der zentralen Themenfelder. Als besonders interessant erwiesen sich dabei individuelle Krisenerfahrungen, bei denen die Linearität einer als erfolgreich und kontinuierlich beschriebenen Berufsbiografie brüchig wurde und der Deutung und Interpretation im Hinblick auf den Lebensentwurf bedarf. Diese Brüche können als wichtige Katalysatoren, an denen sich Bedeutungszuschreibungen und (Wert-)Vorstellungen der Arbeitswelt ablesen lassen, verstanden werden, die – vor dem gesellschaftlichen Hintergrund gelockerter und fragmentierter Berufsbiografien – eine besondere Herausforderung darstellen.

Mit Blick auf »Biografisierung« (Brose/Hildenbrand 1988; Egbringhoff u.a. 2003) und »Subjektivierung von Arbeit« (aus volkskundlich-kulturwissenschaftlicher Perspektive vor allem: Schönberger 2004; Schönberger/Springer 2003) ist aus Sicht der Biografieforschung vor allem interessant, welche individuellen und persönlichen Begründungen und Erklärungen angeführt werden und wo sich kollektive beziehungsweise allgemeine Deutungsmuster finden lassen. Die im Folgenden diskutierten Beispiele sind Anstoß zur Hypothese, dass die Subjektivierung und die Biografisierung von Arbeit dazu führen, dass das individuelle Anerkennen von »Schuld« und Verantwortung gegenüber kollektiven Erklärungsmustern an Bedeutung stark zunimmt.[1] In Folge davon treten etwa Erklärungsmuster wie Rationalisierungs- oder Technisierungsprozesse als legitimer Bestandteil einer geteilten kollektiven Erfahrung zurück und strukturelle Ursachen

---

1 Die Begründung von Krisenerfahrungen am Arbeitsplatz ist etwa bei den in den späten 1970er Jahren von Albrecht Lehmann befragten Arbeitern noch in diesem kollektiven Sinn vorhanden, wenn zumeist »Rationalisierung« als Ursache genannt und anerkannt wurde (Lehmann 1983: 195).

einer sich wandelnden Arbeitswelt werden als Erklärung vor dem Hintergrund des Anspruchs an eine gestaltete Berufsbiografie weniger wichtig.

Aus Sicht der Biografieforschung soll im Folgenden der Fokus auf die sprachliche Verarbeitung und Darstellung dieser Erfahrungen gerichtet werden. Dieser »Prozess der Sinnproduktion im autobiografischen Erzählen [lässt sich] als rhetorischer Prozess« auffassen (Koller 1993: 37). Somit ist aus Sicht der Biografieforschung »nicht [zu fragen], was eine Erfahrung erzählbar, sondern was sie erzählenswert macht« (ebd.). Alltagswirksame Argumentationen und Sinnzuweisungen in den Biografien lassen sich in diesem Sinn als rhetorische Figuren (am Beispiel Computer: Herlyn 2005) verstehen, die aus Sicht der handelnden und deutenden Subjekte Orientierung und Ordnung, aber auch Legitimation und Rechtfertigung sind.[2] Diese sprachlichen Muster lassen sich, auch aufgrund der Gesprächsnähe der zugrunde liegenden Interviews, als kulturanalytisch wichtige Materialien verstehen, mit denen Aspekte der alltagsweltlichen Deutung eigener und beobachteter fremder Erfahrungen erfasst werden können. Hierzu trägt bei, dass das Sprechen über Arbeit – auch über Krisenerfahrungen – und die Darstellung der eigenen Berufslaufbahn wichtiger Bestandteil von »biografischer Kommunikation« (Fuchs-Heinritz 2000: 96ff.) ist und so ein allgegenwärtiges Thema der Alltagskommunikation darstellt und nicht nur in der Situation des Interviews. »Selbst- und Fremdpositionierungen« (Lucius-Höhne/Deppermann 2004) kommen so in der Deutung von Berufserfahrungen und Berufsbiografien eine besondere Bedeutung zu.

Mit Blick auf die konkreten Interviewmaterialien lässt sich dies etwa mit der Frage verbinden, welche Deutungen der Arbeitswelt durchscheinen und akzeptiert sind und welche Deutungsspielräume (wie von wem) zugelassen werden; aber auch darüber hinausgehend, welche Vorstellungen einer normalen Erwerbsbiografie und von Arbeitslosigkeit sich in den Biografien zeigen und spiegeln.

Unter Krisenerfahrungen[3] verstehe ich im Folgenden dabei (biografisch auch als solche thematisierte) bedeutsame Einschnitte im Lebenslauf, wie

---

2 Zur Funktion von Rechtfertigungsgeschichten aus Sicht der volkskundlichen Erzählforschung: Lehmann 1991.

3 Dass diese Erfahrungen im biografischen Interview besonders ausführlich thematisiert werden, lässt sich mit Heinz Bude mit Blick auf die Lebenskonstruktion begründen: »In Zeiten persönlicher Krisen indes werden wir auf diese unterhalb der Ebene bewusster Ziele und Maximen wirkende Strukturalisierung unserer Existenz aufmerksam. Uns passiert etwas, was wir nicht mehr ›auf die Reihe bringen‹ können. Die Kohärenzregeln unseres Lebens sind nicht mehr mächtig, unserem Handlungs- und Erfahrungsraum Grenzen

Arbeitslosigkeit oder vergleichbare berufliche Um- und Neuorientierungen, in denen sich der berufliche Weg nicht so entwickelt hat wie in der »prospektiven Biografie« (Hessler 2004: 185) vorgestellt.

Der eingangs formulierten These folgend sollen drei unterschiedliche biografische Interpretationen bzw. rhetorische Konstruktionen beruflicher Krisensituationen vorgestellt und analysiert werden.

Im ersten Beispiel geht es um die Frage nach den Erklärungsmustern für biografische Krisen, denen eine allgemeinere beziehungsweise strukturellere Gültigkeit zugesprochen wird. Der Fall eines kurz vor der Frühpensionierung stehenden Programmierers zeigt, welche Argumente und Begründungen für seinen als Degradierung empfundenen Verlust an Kompetenz und Verantwortung im Beruf angeführt werden und wie Eigenverantwortung und äußere Gründe abgewogen werden. Im zweiten Beispiel wird die im Zuge der Biografisierung und Subjektivierung von Arbeit deutlich werdende Verlagerung der Deutung der Berufsbiografie ins Individuelle deutlich. Dies zeigt sich an zwei Beispielen, in denen Erfahrungen der Arbeitslosigkeit retrospektiv zum Bestandteil der positiven Deutung der Berufsbiografie werden. Hieraus wird auch die zumindest partiell vorhandene Anforderung deutlich, sich zunehmend selbst als Gestalter der Berufsbiografie kommunikativ zu präsentieren. Drittens – auch dies verweist auf einen ähnlichen Zusammenhang – ist die Privatisierung der Deutungen der beruflichen Krisen zu nennen. Mit dem zunehmenden Anspruch an die selbst gestaltete Berufsbiografie und dem Primat der Selbstverwirklichung steigt auch die Selbstverantwortung, die bei der Begründung beruflicher Krisen zu nennen ist. Die Beispiele sind vor allem auch vor dem Hintergrund des Alters beziehungsweise der Generationslage der Interviewten zu sehen. Hier spiegelt sich zum ersten, welche Berufserfahrungen in welcher Zeit mit welchen vorherrschenden Bildern der Arbeitswelt gemacht wurden. Zum zweiten ist aus Sicht der Biografieforschung der Umstand von Bedeutung, wieviel Zukunft beziehungsweise Vergangenheit der Berufsbiografie jeweils durchlebt wurde.

Die erhobenen Materialien, dies ist für das Verständnis der folgenden Beispiele ebenfalls wichtig, sind nicht mit dem expliziten Fokus auf die Erfahrungen in der Arbeitswelt bzw. auf berufliche Krisensituationen geführt worden, sondern allgemeiner bzw. offener mit der thematischen Ausrich-

---

und Richtung zu geben. Eine psychisch aufwendige Dekonstruktions- und Rekonstruktionsleistung setzt ein, an deren Ende meist eine veränderte Lebenskonstruktion steht, die ein verändertes Leben regiert.« (Bude 1991: 252) tung auf »Technik als biografische Erfahrung«. Dabei stand in einem Gutteil der Interviewgespräche allerdings das Thema Arbeit beziehungsweise standen die Arbeitserfahrungen im Mittelpunkt der Interviews. Die in den diskutierten Beispielen durchscheinende Heterogenität liegt dabei in der bewusst weit gefassten Streuung des Samples und den sehr offen geführten Interviews begründet (ausführlich hierzu: Schröder 2000a). Methodisch wäre also gegen das vorliegende Vorgehen der Einwand berechtigt, dass die gewählten Beispielmaterialien zu einer anderen Fragestellung erhoben wurden. Angesichts der Offenheit der geführten Interviews und der zugestandenen Freiheit bei den Schwerpunktsetzungen der Interviewten sollte dies im Sinne eines offenen Forschungsprozesses (Schröder 2000b) aber als Hinweis auf biografisch wichtige Themen verstanden werden.[4]

Überreste allgemeiner und struktureller Erklärungsmuster

Das im Folgenden diskutierte erste Beispiel kann als Beleg für das zunehmende Verschwinden geteilter Erklärungs- und Deutungsmuster in der Arbeitswelt gelesen werden. Der Gesprächspartner Volker Ueberberg ist zum Interviewzeitpunkt 58 Jahre alt. Die Schilderung der beruflichen Laufbahn bildet im Interview den Schwerpunkt. Nach der Mittleren Reife und einer Ausbildung zum Versicherungskaufmann ist er seit den frühen 1970er Jahren zunächst als so genannter Operator bei einer Versicherung beschäftigt, anschließend nach einer Weiterbildung bei einem großen Elektronik-Konzern im EDV-Bereich als Programmierer tätig. Seit etwa fünf Jahren hat er im Beruf zunehmend das Gefühl, den Anschluss zu verlieren und mit den durch den technischen Wandel verursachten Veränderungen nicht mehr Schritt halten zu können. So ist es nicht verwunderlich, dass er seine Altersteilzeit, die wenige Monate nach dem Interview ansteht, herbeisehnt. »Leitlinie des Erzählens« (Lehmann 1983: 17) ist im Interview das Gefühl, von den technischen Entwicklungen in der Arbeitswelt überholt worden zu sein, gewissermaßen Zeuge der Entwertung des eigenen Wissens zu sein. Die biografische Dimension des Interviews und die katalytische Funktion der Gesprächssituation werden von der beim Interview anwesenden Ehefrau insofern bestätigt, als sie ihrem sonst

4 In den im Folgenden zitierten Transkriptionen sind die Interviewer mit den Kürzeln HS (Hans Joachim Schröder), GH (Gerrit Herlyn) und SR (Sandra Ruschmann) abgekürzt.

schweigsamen Partner attestiert, »er habe so viel gesprochen, dass es für zwei Monate reicht«.[5] Anhand der allgemeinen (sozialen und kollektiven) Beobachtungen und den Gründen für die derzeitig als vor allem frustrierend wahrgenommenen Situation soll versucht werden, die dabei wirksame rhetorische Konstruktion aufzuschlüsseln.

Dabei sind es vor allem zwei Motive, die vom Interviewten intensiv thematisiert werden. Für die alltagsweltliche Orientierung und Deutung dieser Erfahrung wird erstens vor allem der Generationenvergleich (in Bezug auf den Computer: Herlyn 2003: 139) genutzt, in dem ein quasi »natürlicher« Vorsprung der Jüngeren in Bezug auf die erfolgreiche Computernutzung beschrieben wird und bei dem die Älteren in der Logik der Argumentation in eine nachteilige Position geraten:

»Die Jüngeren sind ja die, die jetzt studieren, die kommen dann fertig studiert an und die, die kennen ja auch dann die neuesten Programmiersprachen, die haben sie auf der Uni mitgekriegt. Ich weiß nicht, wie das bei denen geht, wenn die in zwanzig Jahren plötzlich mal schnell was anderes lernen sollen. (HS: Also würden sie das so auf das Alter zurückführen diese Unterschiede auch, also würden sie sagen, dass die Jüngeren besser damit zurechtkommen zum Beispiel?) Ja, vor allen Dingen ja auch, weil sie mit den ganzen Dingen aufwachsen, für mich war das ja immer völlig was Neues.«

Als zweites wichtiges Argument wird die Gesetzmäßigkeit des technischen Wandels der Arbeitswelt angeführt, dass die älteren Mitarbeiter von der Entwicklung überrollt werden, (»uns jetzt heute diese Entwicklung überflüssig macht«). Der entscheidende Entwicklungssprung ist für Herrn Ueberberg mit der Einführung der Personal-Computer an Einzel-Arbeitsplätzen und der Abschaffung der Großrechner verbunden. Diese Entwicklung, die für die meisten Computernutzer positiv mit dem Einstieg in die neue Technik verbunden ist, bedeutet für Herrn Ueberberg den Beginn des Verlusts von wichtigen Kompetenzen in seiner beruflichen Umgebung. Im biografischen Sinne wichtig – und als Versuch des positiven Arrangierens zu verstehen – ist der »Schicksalsvergleich« (Lehmann 1991) mit der etwas jüngeren Generation von Programmierern, die es noch schwerer trifft, da es für diese nicht möglich ist, in Altersteilzeit zu gehen und es seiner Einschätzung nach für diese wenig Aussichten auf eine neue Stellung gibt.

5 Interviewprotokoll Hans Joachim Schröder.

»Ich hab so und so lange Jahre immer in einer bestimmten Art und Weise programmiert und das lief und das konnte ich. Ich habe auch manche Dinge, die dann dazukamen auch peu a peu dann nach und nach gelernt, weil das so nebenbei dann lief während der Arbeit, aber dann ist es so, wenn man dann plötzlich von dieser Sache in eine andere reinspringt, in eine völlig andere Welt, weil diese ganze PC-Programmierung ist eine völlig andere Welt als die, die Großrechnerprogrammierung. Es ist ja wirklich meines Erachtens ein regelrechter Bruch. Vorher gab es mal eine Entwicklung, da kam mal wieder was Neues, das lernte man und dann hat man das angewandt und das war auch wunderbar. Im Moment habe ich das Ge-, den Eindruck, also sagen wir mal, seit die PCs ernsthaft in den Büros benutzt werden mit Servern und allem Pipapo. Das ist schon ein Generationssprung oder ein, ein Entwicklungssprung, ein technischer Entwicklungssprung, der so groß ist, dass eben doch eine ganze Reihe von Leuten da von betroffen sind. (SR: Was ist denn mit den ganzen anderen, also ich meine…) Den ganzen anderen, die kriegen, wir haben bei uns deutschlandweit über 90 Personen, die Abfindungsverträge kriegen (HS: Also das ist eine große Firma, wo sie da sind) Ja, ja, wir haben weltweit über 20.000 Mitarbeiter (HS: Oha), sind auch rund um den Erdball vertreten. Und all die Programmierer sind dann in diese Unternehmensberatung reingekommen, insofern sind wir also global vertreten überall, jetzt haben wir auch noch mit den Franzosen fusioniert, jetzt ist es noch stärker, jetzt sind wir 30.000 Mitarbeiter weltweit. Und von unseren 800 oder was weiß ich in Deutschland, sind es 90, die davon betroffen sind. Das geht los mit einem Alter von 45, eine Kollegin, und ja kommt dann so über 50, 53, dann nachher so mein Alter. Und die in meinem Alter sind natürlich gut dran, weil die sagen, dann machen wir Altersteilzeit und dann ist die Sache erledigt, aber die Jüngeren, für die ist es schon bitter. (SR: Was machen die?) Ja, gute Frage. Soweit ich gehört habe, nehmen die alle die Abfindungsverträge an und was sie dann machen, weiß ich nicht, ob sie noch mal einen Job in dieser Branche finden.«

Die Zurückstufung zeigt sich an den konkret übrig gebliebenen Tätigkeiten und der Formulierung, er macht jetzt das »was ich mal ich mal in Lehrzeiten gemacht habe«. Die – auch biografische – Bewertung mit den Sprachbildern »Abschiebung«, »Zeit abbummeln« und dass die Tage von seiner Frau wie bei einem »Knasti« abgezählt werden, schwankt zwischen Ironisierung, Bitterkeit und Resignation im Rückblick auf das Berufsleben.

»Also ich programmiere gar nicht mehr, ich mache jetzt mehr so, arbeite im Sekretariat. Das, was ich mal in Lehrzeiten gemacht habe, ich nehme Gespräche an, verteile die und na ja mache dann auch mal so ein bisschen was, ein bisschen mehr, als was Sekretärinnen können, weil ich ja nun doch mit dem Computer ein bisschen besser umgehen kann und viele Dinge, also Word weiß ich zum Beispiel auch nicht viel. Da können die vielleicht sogar ein bisschen mehr als ich. […] (HS: Ja, aber jetzt Ende August machen sie dann richtig, ah ja,) Ja, dann ist das Arbeitsleben für mich beendet (HS: Ja, ja, das ist ja … (Frau Ueberberg: Und das sind die Arbeitstage, die reinen Arbeitstage) (HS: Die jetzt noch kommen.) (Frau Ueberberg: Die noch kommen, das sind also an jedem Tag, den er zur Arbeit geht, schneide ich da ein Stückchen ab.) (HS: Ach da schneiden sie, das machen sie jetzt wie bei der Bundeswehr?) (Frau Ueberberg: Genau. Und das war mal ein langes Stück und jetzt ist das nur noch so ein kleines) Wie die Knastis ja, manchmal fühle ich mich auch so.«

Die Ausführungen von Herrn Ueberberg, seine Schilderung des negativen Endes seiner Berufstätigkeit, mit den angeführten Begründungen lassen sich als Modell einer »älteren« Arbeitswelt interpretieren. Die lange Zugehörigkeit zum gleichen Betrieb im gleichen Tätigkeitsbereich waren biografisch gesehen relativ stabile Rahmenbedingungen, die erst mit dem tief greifenden Wandel im EDV-Bereich in jüngster Zeit einen Bruch erfahren haben. Diese Vorstellungen spiegeln sich durchaus in der biografischen Deutung. Vergleichbare Interpretationen finden sich vor allem in anderen mit Älteren geführten Interviews, bei denen ebenfalls die Vorstellung einer stabilen und von Kontinuität geprägten Arbeitswelt vorhanden war.

Krisenerfahrungen als positive Wendepunkte

Eine ganz andere Umgangsstrategie bei der biografischen Verortung der Krisenerfahrungen lässt sich als positives Umdeuten beschreiben. Erfahrungen von zwischenzeitlicher Arbeitslosigkeit gewinnen in den zwei folgenden Beispielen retrospektiv betrachtet einen positiven biografischen Sinn, wenn sie Zwischenstationen zur derzeitigen Tätigkeit waren und so positiv innerhalb eines auf Konsistenz zielenden (Berufs-)Biografieentwurfs interpretiert werden. Neben der biografischen Dimension spiegelt sich in diesen Interviews die zunehmende Anforderung, ein positives Bild der eigenen Berufsbiografie zu zeichnen, sich selbst als erfolgreichen Gestalter des eigenen Werdegangs zu präsentieren und die eigene Berufsbiografie als Erfolgsgeschichte zu präsentieren.[6] In diesem Sinne bedeutet das

6 Hans Joachim Schröder hielt im Protokoll zu einem weiteren Interview, in dem diese Art des routinisierten und sehr selbstbewussten Sprechens über den Beruf deutlich wurde, als Gesprächseindruck fest: »Es zeigte sich sofort, dass er nicht nur sehr redebereit und redegewandt ist, sondern es offensichtlich von seinem Beruf her gewohnt ist, selbständig und ausdauernd zu reden. Manchmal war es gar nicht so einfach, ihn durch eine

Sprechen über die eigene Arbeit eben auch, dass Krisenerfahrungen mit positivem Sinn versehen, gedeutet und interpretiert werden müssen. Dies ist im Einzelfall stark abhängig von der beruflichen Tätigkeit, die Kommunikation über die berufliche Identität und die entsprechenden Modi der Selbstdarstellung sind aber als Folge von Biografisierung und Subjektivierung nicht nur in den typischerweise hier immer wieder genannten Berufsfeldern vorhanden.

Wichtig aus Sicht der Biografieforschung ist bei der Beurteilung der folgenden Beispiele ebenfalls, dass die Deutungen aus einer Gegenwartsperspektive vorgenommen werden, somit biografische Entwicklungen zielgerichtet im Hinblick auf die derzeitige (und in den Beispielen eben als positiv eingeschätzten) Situation beschrieben werden.

Im ersten Beispiel erzählt der zum Interviewzeitpunkt 44 Jahre alte Verfahrensingenieur Herr Mengert-Voss über seine längere Arbeitslosigkeit, über eine Umschulung im EDV-Bereich und über die kurz vor dem Interview gefundene neue Arbeit. Zunächst schildert er die Phase der Arbeitslosigkeit als kaum problematisch, vielmehr beschreibt er die zusätzlich frei gewordene Zeit als positiv.[7] Anschließend beschreibt er die zunehmende Unzufriedenheit mit der ungewohnten Situation, um schließlich, dies lässt sich als »überraschende Wende« (Rehbein 1984: 108) als typisches Element des Erzählens interpretieren, den Weg zum neuen Arbeitsplatz zu beschreiben. Deutlich wird so, dass in der Darstellung von Herrn Mengert-Voss eine zu starke Identifikation mit dem biografischen Zustand Arbeitslosigkeit vermieden werden soll. Die typischen negativen Bilder der Arbeitslosigkeit werden dabei abgewehrt (»so in ein richtig tiefes Loch bin ich eigentlich nicht gefallen«) und so wird auch die Interviewerfrage nach den negativen Folgen beantwortet. Vielmehr wird die Eigeninititative bei der Problemlösung herausgestellt und vor allem mit dem Engagement bei den Internetfähigkeiten deutlich gemacht. Gewissermaßen als Zusammenfassung dieser positiven Deutung greift Herr Mengert-Voss auf einen bekannten Werbeslogan zurück (»Nie war es so wertvoll wie heute«), um die im Bereich Arbeit wiedererlangte Wertschätzung seiner Person hervor-

Frage zu ›unterbrechen‹. Mit dem, was er über seinen Beruf erzählt, wird klar, dass er sozusagen als Schulungsredner geschult ist.«

7 Dies ergibt auch einen Kontrast zu gängigen Bildern der Arbeitslosigkeitsforschung, wenn »Arbeitslosigkeit als Biographieblockierung« beschrieben wird (Siebers 1996: 54ff.). Diese anderen Deutungen von Arbeitslosigkeit sind meines Erachtens auch darin begründet, dass dies nicht das eigentliche Thema der Interviews war, sondern näher an »normaleren« Formen der Alltagskommunikation lag.

zuheben und die – vor allem auch aus eigener Kraft – überwundene Krisensituation der Arbeitslosigkeit zu betonen.

»(HS: Diese Bewerbungen und das, ist das ihnen sehr auf das Gemüt gegangen oder wie ist das?) Also zuerst überhaupt nicht, also absolut nicht. Ich habe es eigentlich richtig genossen auszuschlafen, machen zu können, was ich wollte, Sachen aufarbeiten, die ich schon immer machen wollte. Ich sage mal, das erste halbe Jahr null Probleme damit. Das war herrlich, das Arbeitsamt zahlte und vorher kein schlechtes Gehalt und das heißt auch, von dem Arbeitslosengeld konnte man noch leben. Aber so nach einem halben Jahr dann schlichen mir doch irgendwelche Zweifel ein. Und was mir dabei eigentlich geholfen hat, war eben auch jetzt dann die Beschäftigung mit dem Internet und seinen Möglichkeiten, dass ich mich da eingearbeitet hatte. Da hat zwar diese Situation doch immer genervt und das war eigentlich auch nicht immer unbedingt angenehm sagen zu müssen, dass man arbeitslos ist. Aber ich sage mal, so in ein richtig tiefes Loch bin eigentlich nicht gefallen, weil ich vielleicht auch die Fähigkeit habe, mich mit mir selber zu beschäftigen und neue Sachen dann anzueignen (HS: Und wie hat es dann auf sie gewirkt, überall diese Absagen zu kriegen?) Es war nachher auch eine Gewöhnungssache. Diese Absagen sind immer nach dem gleichen Tenor geschrieben: »Wir haben uns für jemand anders entschieden!«, ohne eigentlich konkret auf die jeweilige Person einzugehen. Das war immer oder das eigentlich ja immer nichts aussagende Antworten. Dann wurde man eben nicht genommen. Und das hat mich auch eigentlich überhaupt nie so richtig berührt. (HS: Wieviele Bewerbungen haben sie denn ungefähr losgelassen?) ich würde mal sagen an die hundert so über ein Jahr verteilt. (HS: Aber das war viel. Und wie ist es dann weiter gegangen?) Und da dann immer mehr Leute zu mir gesagt hatten, ich kann das so gut und auch mit den Homepages erstellen und ja, mache doch da was und so. Und allmählich habe ich es dann auch geglaubt. Und da es mir sowieso Spaß bringt, dann habe ich mich umgesehen nach einer Umschulung, weil ich hatte mich dann zwar beworben auf einige Stellen, die in dem Bereich ausgeschrieben waren, aber da auch immer nur Absagen bekommen. Auch zurecht bekommen, weil ich überhaupt nicht das Hintergrundwissen hatte. Und da habe ich gesagt, jetzt brauchst du ein bisschen Hintergrundwissen. Und dann mir einen Kurs ausgesucht, der gewisse Grundlagen vermittelt bezogen auf Programmierung. Ich hatte meinen Platz und dann zehn Monate die Schulbank wieder gedrückt. Ja, und wie es der Zufall bei so was immer will. Habe ich für unseren Kurs die Homepage erstellt und ins Internet gebracht. Aufgrund dieser Homepage hat sich dann eine Firma bei mir gemeldet und wollte mit mir sprechen. Das war gerade kurz vor Abschluss unseres Kurses. Also in der Werbung hieß es ja mal früher: ›Nie war er wertvoller als heute‹ oder so. Irgendwo so eine alte Werbung habe ich da im Kopf. Und ich kann sagen in Anlehnung dessen: Nie habe ich mich besser gefühlt.«

In ähnlicher Art und Weise lässt sich diese rhetorische Konstruktion im Interview mit Herrn Ihme feststellen. Der Interviewte ist 36 Jahre alt und zum Interviewzeitpunkt als Programmierer in einem Hamburger Verlagshaus tätig. Ausführlich thematisiert er im Interview sein Studium der Informatik in der DDR und den schwierigen Neuanfang in der Bundesrepublik. Dabei wird das sprachliche Bemühen, sich selber als positiven Protagonisten und Gestalter der eigenen Berufsbiografie zu präsentieren, besonders deutlich. Auch hier lässt sich die Darstellung als (Erfolgs-)Erzählung begreifen, die mit der ausführlichen Schilderung der Krise beginnt und in der sich der Interviewte als positiven Protagonisten positioniert, in dem er über die dargestellte Eigeninitiative, aber auch dank glücklicher Fügungen (»wieder mal das Glück«) die krisenhafte Situation überwindet. Dabei gelangen typische Stilmittel des Erzählens zum Einsatz, so werden Dramatisierungen und Übertreibungen eingesetzt (»wie man es im Film sieht, ganz unten, habe bei null angefangen«) und mit denen hier der Gegensatz zwischen Krise und gegenwärtiger beruflicher Situation betont werden soll. Das detaillierende Nacherzählen wörtlicher Rede (»Und da sagte der beim Arbeitsamt...«) ist ein weiteres typisches Stilmittel, mit dem erlebte Situationen in der Erzählsituation lebendig und authentisch werden sollen.[8] Als biografische Schlüsselstelle, mit der dies verdichtet wird, kann wohl die besondere Situation der Aufnahmeprüfung für die Siemens-Nixdorf-Schule interpretiert werden.

»Ich habe gedacht, hier bei der Armee, wenn die Wende kommt, gut, dann gehst du raus. Und dann gehst du rüber und guckst mal in deiner Branche. Die Frau war zwischendurch auch arbeitslos geworden, der Sohn, na ja, war im Kindergartenalter. Und da habe ich gesagt: »okay, gehe hier rüber und dann war ich hier und was machst du jetzt hier?« Und da habe ich mich beworben hier in Neumünster bei der Groneschule, über das Arbeitsamt ging das immer, und zwar haben die angeboten so Seminare für ich sage mal Winword, also für ein Editierprogramm, und da habe ich gesagt: »Oh, wenn ich da mitmachen könnte, dann hätte ich eine Qualifikation!« und mich da beworben. Da sagte der beim Arbeitsamt, dem habe ich da eigentlich viel zu verdanken: »Herr Ihme, sie haben das Studium hier, sie sind da falsch am Platz, ich habe zwar im Moment keinen Job für sie, aber wissen sie was, in Kiel ist die Siemens-Nixdorfschule, die macht Umschulung, richtig hier Programmierung. Da gibt es einen Eignungstest, wenn sie den bestehen, können sie das da mitmachen, dauert 15 Monate und dann haben sie da so ein Zertifikat und

8 Mit Jörg Bergmann lassen sich Zitate in Gesprächen als besonders wirksame »Authentisierungsmarkierungen« begreifen: »Das vergangene Ereignis wird weniger narrativ rekapituliert als vielmehr dramatisch in Szene gesetzt, – um nicht zu sagen reinszeniert. Zitate fungieren dabei als entscheidendes stilistisches Mittel der szenischen Dramatisierung, da sie es dem Sprecher gestatten, auch die emotional-affektiven Ausdruckselemente einer vergangenen Äußerung zu vergegenwärtigen.« (Bergmann 1998: 119)

dann haben sie mal diesen Stempel ›westtauglich‹.« So, vorher ein bisschen nebenbei bei einem Bekannten noch am Presslufthammer gestanden, um da mal eine Mark zu verdienen. Ich habe Sozialfürsorge gekriegt in der Zeit, weil ich von der Armee kam. Sechs Wochen war ich im Sozialamt, ich brauchte nur vierzehntägig kommen, weil sie gesehen haben, ich versaufe mein Geld nicht, aber saß da mit allen, wie man es im Film sieht, ganz unten, habe bei null angefangen. Ja und da bin ich dahin, ich hatte noch das Ohrensausen da bei der Prüfung, habe diesen Test bestanden. Ich sage mal, das war eigentlich für mich hier für die Entwicklung ein großes Zeichen. Ich habe den Brief gehabt, ich habe gesagt: ›Machst du ihn auf oder machst du ihn nicht auf‹ wenn es eine Ablehnung war, wusste ich wieder nicht, wie es weitergeht. Weil es wieder so ein Zünglein an der Waage gewesen. Ich habe mich zwischenzeitlich beworben bei der Firma Bofrost, um Ausfahrer zu machen für Eis und so, was gar nicht meins ist, aber ich habe gewusst, ich habe da in Schwerin noch eine Frau und ein Kind sitzen, arbeitslos, wir wollen irgendwie weiterkommen und da habe ich gesagt, selbst wenn du, jetzt mit dreitausend Mark brutto nach Hause gehst, da kannst du vielleicht davon eine Wohnung finanzieren und die Familie ist wieder zusammen.

Mittlerweile, sage ich es mal so, geht es mir ein bisschen besser. So. Und dann habe ich es aufgemacht: ich habe es bestanden. So und da habe ich da die 15 Monate gemacht, ich habe auch ein Zertifikat gekriegt, ich habe bis auf Betriebswirtschaftslehre habe ich eine zwei oder eine drei, eine Arbeit war vier und die andere war bei zwei, ich weiß nicht, was da mit mündlich und so, das war das schlechteste, ansonsten hatte ich durchweg eins, (HS: Oh, ist ja toll) Ich will es nicht sagen, um jetzt zu prahlen, aber die Sache ist, ich habe da nichts dazugelernt, es hieß jetzt bloß nicht die Programmiersprache wie bei uns Algol, sondern die hieß hier Cobol. Dann kamen hier zwei Herrn von der Firma und haben sich vorgestellt und haben gesagt, sie suchen. Die haben dann eingestellt, eins, zwei, drei, vier, vier Mann, so bei dreien war schon, die hatten schon eine Zusage und dann habe ich die Bewerbung, also die Unterlagen doch hingeschickt, dann kam ich noch zum Gespräch, da hatten sie noch mehr und dann hatte ich noch wieder mal das Glück vielleicht oder dass ich die Vorqualifikation hatte, dann hat man mich hier eingestellt statt einen anderen. Das war der oder ich, dann bin ich hierher gekommen.«

In beiden Darstellungen des beruflichen Werdegangs fällt die positive Integration der kurzzeitigen Krisen auf. Dies lässt sich in einem allgemeineren Sinn als Anforderung gegenwärtiger Arbeitswelten interpretieren.[9]

---

9 Ähnlich wird dies auch im Interview mit einem Pharma-Vertreter deutlich. Hier lässt sich diese biografische Umdeutung anhand eines Studienabbruchs feststellen. In der Darstellung im Interview ist es so, dass er die »Uni« nicht mehr wollte, nicht die »Uni« ihn. Retrospektiv wird der nicht geschafften Prüfung so ein positiver Sinn zugewiesen. »(HS: Was haben sie denn studiert? Ich habe erst Naturwissenschaften studiert in Köln und dann Medizin in Hamburg und bin zweimal durchs Physikum gefallen. Und da hatte ich von der Uni so die Schnauze voll, da habe ich eine kaufmännische Lehre bei Höchst

Das dabei betonte Motiv der Eigeninitiative (dem jeweils glückliche und verdiente Fügungen folgen) repräsentiert einen wichtigen Wert gegenwärtig gültiger Ansprüche des selbst und individuell gestalteten Berufslebenslaufs. Deutlich wird auch, dass die Erfolgsorientierung so auch in die Darstellung einfließt. Auffällig ist, dass diese Art des Sprechens über Krisenerfahrungen jeweils bei männlichen Interviewten vorkommt und im skizzierten Sinne in die rhetorische Konstruktion »eingearbeitet« wird.

Privatisierung der Deutung

Eine dritte Art der rhetorischen Konstruktion ist mit der Interpretation der Krisenerfahrung im sozialen und privaten Nahbereich zu sehen. Krisensituationen werden in Zusammenhang mit persönlichen Beziehungen und der sozialen Situation am Arbeitsplatz gedeutet. Vor dem Ideal der gestalteten Berufsbiografie und der Selbstverwirklichung im Beruf werden Abweichungen und Frustrationen hier vor allem auf einer individuell-persönlichen Ebene begründet.

Diese Sichtweise wird im Gespräch mit der gelernten und zum Interviewzeitpunkt arbeitslosen 27jährigen Goldschmiedin Astrid Ottenberg deutlich. Für die beiden geschilderten Krisensituationen werden einmal der Chef im Ausbildungsbetrieb und einmal eine Kollegin, mit der es zu Konflikten kam, als Hauptverantwortliche ausgemacht. Anders als in den vorherigen Beispielen wird hier ein anderer Entwurf der Berufsbiografie thematisiert und vermittelt: Arbeitszeit als soziale Zeit soll positiv besetzt sein und kollegiale Verhältnisse sollen gut sein. Gleichzeitig soll die berufliche Tätigkeit individuellen Neigungen und Bedürfnissen entsprechen, etwas allgemeiner gesagt der Selbstverwirklichung dienen.

Die folgende Interviewpassage über die Ausbildung zum ursprünglichen Wunschberuf Goldschmiedin verdeutlicht dies. Auffallend ist die Selbstbezüglichkeit der angebotenen Erklärungen für das letztlich als gescheitert bewertete Ausbildungsverhältnis, in dessen Anschluss sie auch nicht mehr als Goldschmiedin gearbeitet hat. Erklärt wird dies vor allem auf der Ebene der Beziehung zum Ausbilder, dessen zu hohe Erwartungen

---

gemacht hier in Hamburg und bin dann nach zwei Jahren in den pharmazeutischen Außendienst gegangen und habe danach dann so verschiedene Stationen durchlaufen, auch leitende Funktionen gehabt.«

für das Gefühl der Überforderung und die mangelnde Unterstützung verantwortlich gemacht werden.

Aus Sicht der rhetorischen Konstruktion lässt sich dies als defensive und selbstbezügliche Strategie der biografischen Deutung beschreiben. Auf der strukturellen Ebene, aber eben nachgeordnet, wird erst der Interessengegensatz zwischen Ausbilder und Auszubildender deutlich.

» [...] das stand unter keinem guten Stern. Und der hat es dann auch irgendwann geschafft, das mir gründlich zu verderben, also mir einzureden, dass ich es nicht kann und nicht weiß, wie es geht, und dass ich sowieso lieber heiraten und Kinder kriegen sollte, weil eh Goldschmieden wäre nicht mein Ding. [Pause] Na ja, was dann ja auch irgendwie gewirkt hat. Ich weiß nicht so genau, wie diese Entwicklung zustande kam, aber irgendwann mochte er mich nicht mehr besonders. Und ich weiß nicht, woran das, also ich denke mal, es hing damit zusammen, dass da auch so ein bisschen übersteigerte Erwartungen waren, einerseits von mir, andererseits von ihm, weil ich war der erste Lehrling von den beiden. Es war ein Ehepaar, und hm [Pause] na ja, ich war halt ihr erster Lehrling und sie fanden zu Anfang, dass ich ganz toll sei und haben mir also schon nach dem dritten Monat irgendwie einen Platinring in die Hand gedrückt und meinten: »mach mal« Und da war so der erste Punkt bei mir erreicht, wo ich dachte: «So Gott, hm, Hilfe. Jetzt bin ich irgendwie überfordert. Das will ich alles nicht « Und war aber gleichzeitig auch hm geschmeichelt natürlich ohne Ende. Und wollte mir das auch nicht nehmen lassen, also wollte da natürlich auch da nichts sagen: »So, nee, Moment, will ich nicht!« sondern wollte das auch, habe mich natürlich auch gebauchpinselt gefühlt und wollte das irgendwie so weiter haben. Und das hat dann irgendwann, ja, zu einer Art Zusammenbruch geführt, dass ich [Pause] ja mich überfordert gefühlt habe, ich nicht mehr so konzentriert war bei der Sache und so kam es dann eins zum andern. Dann wurde meine Leistung irgendwann schwächer und schwächer und schwächer. Und wenn man dann erst mal in so einem Teufelskreis ist wie zum Beispiel man macht was, es klappt sofort auf Anhieb und dann macht man das noch mal und dann klappt es plötzlich nicht mehr, dann sagt man, na ja gut, na ja gut, na ja gut, ich mache es noch mal. Dann klappt es immer noch nicht. Und irgendwann so, »Oh, jetzt klappt es überhaupt gar nicht mehr. Und dann klappt es auch überhaupt gar nicht mehr und dann, an solchen Punkten ist dann irgendwie, dann hat dann niemand angehalten und gesagt: »okay, jetzt gucken wir mal, woran es liegt, was ist denn los?« oder beziehungsweise, wenn, dann wurde es eben nur kurz gemacht, dass dieser Druck weggenommen worden ist so.«

Bei der vor dem Interview beendeten Tätigkeit in der Verwaltung einer Reederei findet sich ebenfalls wieder eine – dann allerdings nicht näher erläuterte – persönliche Beziehung, die zunächst ins Feld geführt wird.

»Dass ich da weg wollte, lag hauptsächlich also an einer Kollegin von mir, die mich also bis zum Umfallen genervt hat. Und [Pause], dann kam dazu, dass die Arbeit natürlich auch nicht so der Hit war, also auf Dauer war sie dann doch eher etwas eintönig und langweilig und ich habe da wenig Chancen gesehen, da mal was anderes zu machen, weil es so fürchterlich speziell ist und ich ja auch überhaupt keine Vorkenntnisse hatte.«

Auf einer ähnlichen Ebene ist die Deutung der Krise im zweiten Beispiel. Eine gelernte 36 Jahre alte Zahnarzthelferin, die zum Zeitpunkt des Interviews als Assistentin in einer Multimedia-Agentur arbeitet, schildert ihre Überlegungen hinsichtlich ihrer Berufsbiografie zwischen Enttäuschung über die derzeitige Tätigkeit und (hoffnungsvollen) Zukunftsplänen. Die formulierten Wünsche an eine Karriereplanung finden mehr mit Blick auf ein höheres Einkommen und eine interessantere Tätigkeit statt als mit einer auf Kontinuität zielenden Berufsbiografie, was sich etwa darin zeigt, dass sie sich eine dauerhafte Tätigkeit im Ausbildungsberuf nicht vorstellen kann. Die eingeschränkten Möglichkeiten als allein erziehende Mutter spiegeln durchaus ein problematisches Verhältnis zwischen (optimistischem) Anspruch und der gegebenen Situation, das eigene Ideal von der Berufsbiografie könnte mit dem tatsächlichen Verlauf kollidieren. Diese Selbstverwirklichungsdimension wird in einer Interviewpassage deutlich, in der sie über ihr Hobby, das Tanzen, erzählt und das schwierige Verhältnis zwischen »Traumberuf« und beruflicher Realität deutlich werden: »Eigentlich wollte ich ja immer Tänzerin werden. Das ist eigentlich mein eigentlicher, meine eigentliche Berufung.«

Schluss

Ausgehend von biografischen Interviewmaterialien, in denen berufliche Krisen- und Umgangssituationen thematisiert wurden, habe ich versucht, die jeweiligen Deutungen als rhetorische Konstruktionen zu kontextualisieren. Mit Blick auf die zunehmende Biografisierung und Subjektivierung von Arbeit finden sich dabei vermehrt individuelle und individualisierte Erklärungen, kollektive Deutungsmuster scheinen zunehmend zurückzutreten und ihre Legitimität in Bezug auf die Arbeitswelt zu verlieren. Der noch vorhandene Bezugspunkt der stabilen Berufslaufbahn wurde im ersten Beispiel des vor der Frühpensionierung stehenden Programmierers deutlich, dessen zuletzt frustrierende Erfahrungen zumindest partiell noch mit strukturellen Ursachen begründet wurden. Die beiden folgenden Abschnitte verweisen mit der positiven Umdeutung der Krisensituation und dem Selbstbezug der Erklärung auf jene im Zuge der Subjektivierung wirksame Verantwortungsverschiebung. Selbstverwirklichung und Eigeninitiative lassen sich als positive Werte, die sich in der Berufsbiografie spiegeln sollen, in der biografischen Darstellung erkennen.

Der von mir gewählte Zugang über biografische Interviewmaterialien, die mit einer anderen Fragestellung erhoben wurden, allerdings in ihrem kommunikativen Charakter nahe an alltäglichen Gesprächssituationen waren, ist dabei nah an anderen alltäglichen Formen biografischer Kommunikation und zeigt, welche narrativen Muster dabei alltagswirksam auftreten.

Lediglich angedeutet (und somit Ausgangspunkt weiterer Diskussionen) blieb, inwieweit welche soziografischen Parameter mitbestimmend für die Darstellungen sind, inwiefern etwa das positive Umdeuten eine typisch männliche (Darstellungs-)Strategie ist und das Personalisieren als eine eher von Frauen benutzte Darstellungsweise funktioniert und umgekehrt und entsprechend auch Erwartungshaltungen diesbezüglich vorhanden sind.

Literatur

Bergmann, Jörg R. (1998), »Authentisierung und Fiktionalisierung in Alltagsgesprächen«, in: Herbert Willems/Martin Jurga (Hg.), *Inszenierungsgesellschaft*, Opladen, S. 107–123.

Brose, Hanns-Georg/Hildenbrand, Bruno (1988), »Biographisierung von Erleben und Handeln«, in: Dies. (Hg.): *Vom Ende des Individuums zur Individualität ohne Ende*, Opladen, S. 11–30.

Bude, Heinz (1998), »Lebenskonstruktionen als Gegenstand der Biographieforschung«, in: Gerd Jüttemann/Hans Thomae (Hg.): *Biographische Methoden in den Erfahrungswissenschaften*, Weinheim, S. 247–258.

Egbringhoff, Julia/Kleemann, Frank/Matuschek, Ingo/Voß, Günter G. (2003), *Bildungspolitische und bildungspraktische Konsequenzen der Subjektivierung von Arbeit. Arbeitsbericht der Akademie für Technikfolgenabschätzung in Baden-Württemberg*, Stuttgart.

Fuchs-Heinritz, Werner (2000), *Biographische Forschung. Eine Einführung in Praxis und Methoden*, 2. Aufl., Wiesbaden (Hagener Studientexte zur Soziologie).

Herlyn, Gerrit (2003), »Der Computer, das nicht-menschliche Wesen? Zur Veralltäglichung einer komplexen Technik«, in: Silke Göttsch/Christel Köhle-Hezinger (Hg.), *Komplexe Welt – Kulturelle Ordnungssysteme als Orientierung*, Münster u.a., S. 133–141.

– (2005): »›*Verführer*‹ – ›*Zeitverschlinger*‹ –›*Gegenspieler*‹. *Rhetorische Figuren der (Computer-) Technikdeutung*«, in: Thomas Hengartner/Brigitta Schmidt-Lauber (Hg.), *Leben – Erzählen. Beiträge zur Erzähl- und Biographieforschung, Festschrift für Albrecht Lehmann*, Berlin, S. 409–427.

Hessler, Alexandra (2004), *Existenzgründer als Leitbild. Zum Umgang mit einem Erfolgsmodell der modernen Arbeitswelt,* Münster u.a.

Koller, Hans-Christoph (1993), »Biographie als rhetorisches Konstrukt«, in: *BIOS. Zeitschrift für Biographieforschung und Oral History*, Jg. 6, H.1, S. 33–45.

Lehmann, Albrecht (1983), *Erzählstruktur und Lebenslauf. Autobiographische Untersuchungen,* Frankfurt a. M./New York.

– (1980/81): »Rechtfertigungsgeschichten. Über eine Funktion des Erzählens eigener Erlebnisse im Alltag«, in: *Fabula*, Jg. 21/22, S. 56–69.

– (1991), »Der Schicksalsvergleich. Eine Gattung des Erzählens und eine Methode des Erinnerns«, in: Brigitte Bönisch-Brednich/Rolf W. Brednich/Helge Gerndt (Hg.), *Erinnern und Vergessen. Vorträge des 27. Deutschen Volkskundekongresses Göttingen 1989*, Göttingen, S. 197–207.

Lucius-Hoene, Gabriele/Deppermann, Arnulf (2004), »Narrative Identität und Positionierung«, in: Gesprächsforschung – Online-Zeitschrift zur verbalen Interaktion, Jg. 5, S. 166–183, http://www.gespraechsforschung-online.de/heft2004/heft2004.htm (Stand: 14.07.2005).

Rehbein, Jochen (1984), »Beschreiben, Berichten und Erzählen«, in: Konrad Ehlich (Hg.), *Erzählen in der Schule*, Tübingen, S. 67–124.

Schönberger, Klaus (2004), »›Ab Montag wird nicht mehr gearbeitet!‹ Selbstverwertung und Selbstkontrolle im Prozess der Subjektivierung von Arbeit«, in: Gunther Hirschfelder/Birgit Huber (Hg.), *Die Virtualisierung der Arbeit. Zur Ethnographie neuer Arbeits- und Organisationsformen*, Frankfurt a.M./New York, S. 239–265.

Schönberger, Klaus/Springer, Stefanie (2003) (Hg.), *Subjektivierte Arbeit. Mensch, Organisation und Technik in einer entgrenzten Arbeitswelt,* Frankfurt a.M./New York.

Schröder, Hans Joachim (2000a), »Technikerfahrung im biographischen Erzählen«, in: *BIOS. Zeitschrift für Biographieforschung*, Jg. 13, H. 2, S. 262–284.

– (2000b), »Technik als biographische Erfahrung«, in: Vokus. Volkskundlich-kulturwissenschaftliche Schriften, Jg. 10, H. 1, S. 41–77, http://www.uni-hamburg.de/volkskunde/Texte/Vokus/2000-1/technik.html (Stand: 02.11.2001).

Siebers, Ruth (1996), Zwischen Normalbiographie und Individualisierungssuche. Empirische Grundlagen für eine Theorie der Biographisierung, Münster u.a.

Transformationserfahrung und Lebenszufriedenheit

Was wurde aus der Arbeitsgesellschaft? Zwei arbeitskulturelle Problemlagen in Ostdeutschland

Michael Hofmann

Nachdem Strukturuntersuchungen und Verlaufsanalysen der Transformation vor allem die ostdeutschen Brucherfahrungen und den raschen Wandel thematisiert haben, rücken jetzt stärker langfristige Wirkungen und subjektive Potenziale in den Vordergrund der (Post-)Transformationsforschung. Die Kontinuitäten werden interessant, also die Frage nach der Kombination von DDR-Mustern und -Erfahrungen (die ja auch intergenerational weitergegeben werden – also nicht nur die unmittelbaren Zeitzeugen der Wende betreffen, sondern auch ihre Kinder und Kindeskinder) mit den Strukturen und Möglichkeiten der Nachwendezeit. Aus dieser Kombination – so können wir hoffen – erfahren wir etwas über die Spezifik Ostdeutschlands nach dem sozialen Großexperiment der 1990er Jahre. Obwohl der transformative Wandel intensiv erforscht wurde, wissen wir über den Sozialraum Ostdeutschland in seiner heutigen Verfassung noch nicht allzu viel. Was wurde zum Beispiel aus der »arbeiterlichen Gesellschaft« (Engler 2000)? Die Arbeiter sind im ostdeutschen Alltag praktisch aus dem öffentlichen Leben verschwunden. Viele mentalitätsprägende Öffentlichkeitsformen der ostdeutschen Gesellschaft wie das »Kumpelhaft-Kollegiale« des Alltags und proletarische Öffentlichkeitsformen sind mit Betriebsschließungen verloren gegangen (Parmalee 1996). In der Folge der Deindustrialisierung befinden sich auch arbeiterliche Institutionen wie die Gewerkschaften in der Krise. Die viel beschworene Arbeiterklasse hat sowohl ihre Reputation als wertschaffende Klasse als auch den über betriebliche Verhandlungsmacht, Streiks und große Tarifauseinandersetzungen erlangten gesellschaftlichen Respekt und Einfluss verloren. Sie ist schlicht kein autonomer und ernst zu nehmender gesellschaftlicher Akteur mehr. Ostdeutschland ist heute eine »nach-arbeiterliche« Gesellschaft, in der die Arbeiter weitgehend unsichtbar geworden sind.

Während sich die Westdeutschen wie selbstverständlich als in einer Mittelschichtgesellschaft lebend einordnen (nur 28 Prozent ordnen sich hier der Unter- und Arbeiterschicht zu), verstehen sich im Jahr 2000 immer noch 51 Prozent der ostdeutschen Bevölkerung ihrem sozialen Status nach als Arbeiter (Geißler 2002: 243, 331). In Ostdeutschland können heute allerdings nur knapp 40 Prozent von ihrem Berufsstatus der Arbeiter- und Unterschicht zugeordnet werden. In dieser differierenden Selbsteinschätzung zeigen sich Verunsicherungen und Ambivalenzen. Die Ostdeutschen sehen sich mehrheitlich noch nicht in der westdeutschen Mittelschichtgesellschaft angekommen und dies hat nicht nur etwas mit der hohen Arbeitslosigkeit zu tun.

Man kommt der Spezifik Ostdeutschlands allerdings weniger auf die Spur, wenn vordringlich die Verlierer der Transformation untersucht werden. Die »Überflüssigen«, Langzeitarbeitslosen und Hartz-IV-Empfänger sind gezwungen, ihre angesparten finanziellen und sozialen Ressourcen zu verbrauchen, sie können nur enger und ängstlicher werden – sie müssen gewissermaßen vom »Eingemachten« leben – und können sich kaum mit neuen Kombinationen und Lebensentwürfen in der sozialen Hängematte aalen. Das ist ihre wirtschaftlich inszenierte Tragik. Bei den Erfolgreichen, den im Beruf gebliebenen und den um Anschluss ringenden Prekären in Ostdeutschland lassen sich Spezifika einer nacharbeiterlichen Gesellschaft vielleicht am ehesten ausmachen.

1. Vom Kollektiv zum Team. Der Wandel der Arbeitsbeziehungen

In den Beiträgen von Sönke Friedreich und Blanka Koffer in diesem Kapitel werden zwei ostdeutsche Erfolgsgeschichten erzählt: einmal die von in Beruf und Stellung verbliebenen Automobilarbeitern und zum anderen die von im Beruf, aber nicht in Stellung verbliebenen DDR-Volkskundlern. Was kann an diesen beiden Beispielen gezeigt werden?

Die alte Arbeit, findet Sönke Friedreich, hat ihr Ende gefunden, aber die normativen Vorstellungen von einer betrieblichen Verankerung auf einer Vollarbeitszeitstelle wirken nachhaltig weiter. Bei den Automobilarbeitern überlebte eine ganze Menge vererbtes sozialistisches Betriebsverständnis, wie Sönke Friedreich beschreibt. Die Arbeiter thematisieren nicht etwa die Zumutungen einer neuen Arbeitsintensität und Ausbeutung, sondern beklagen die eingeschränkte (informelle) Selbstbestimmtheit bei der Arbeit und die abgekühlten Arbeitsbeziehungen. Darin sehen sie einen schwer zu verarbeitenden Bruch mit ihren herkömmlichen Erfahrungen und Mustern. Sie bestätigen das Bild zahlreicher Meinungsumfragen, in denen von Erfahrungen mit neuer Rivalität und Entsolidarisierung nach der Wende in Ostdeutschland die Rede ist.

Während Angestellte und Leiter einen Zuwachs an Leitungskompetenz und Macht erleben, der sie die ebenfalls erlebte Veränderung der Kollegialität positiv deuten lässt, sehen sich Arbeiter in ein Arbeitsregime gespannt, das ihr Arbeitsethos zwar hinsichtlich der Arbeitsintensität herausfordert, ihnen aber weniger Freiräume zur Entfaltung ihres Berufsstolzes und ihrer Netzwerke gewährt. Wie reagieren die Arbeiter darauf? Was bewirkt der Erfahrungsbruch in den Arbeitsbeziehungen? Sönke Friedreich spricht davon, dass der Gewinn der Subjektivierungsprozesse von den Automobilarbeitern eher gering veranschlagt wird. Die alten Arbeitskulturen und Arbeitermilieus zerfallen, aber die subjektive Modernisierung und Individualisierung in den arbeiterlichen Lebenswelten führt nicht automatisch zu mittelschichtorientierten prätentiösen Arbeitnehmerorientierungen oder -milieus. Für individuelle Selbstentfaltung im Arbeitsprozess setzt der moderne Automobilbetrieb den Arbeitern, anders als ihren Leitern und Ingenieuren, enge Grenzen. Zwar kommen die Arbeiter mit den neuen Arbeitsanforderungen, Arbeitsinhalten und Arbeitsintensitäten gut zurecht, fühlen sich in ihren Betrieben und Kollektiven aber wenig heimisch. Die Arbeiter konnten ihre Netzwerke und ihre »passive Stärke« im Betrieb nicht rekonstruieren. Mit diesem Einflussverlust leiden die nach wie vor vollbeschäftigten Industriearbeiter an den gleichen Integrations- und Etablierungsproblemen wie ihre entlassenen Kollegen, auch sie sehen sich als unterprivilegierte Ostdeutsche an.

Einen ganz anderen Fall – und doch vergleichbar – stellt Blanka Koffer (2007) vor. Die Frage nach den DDR-Volkskundlern nach 1989 ist auch ein Beispiel dafür, was aus dem sozialistischen Bildungsmilieu geworden ist. In der DDR wurde ja ein ganz spezifisches akademisches Milieu herausgebildet. Strukturell bot die DDR den Bildungsaufsteigern in den 1950er und 1960er Jahren günstige Bedingungen, so dass es ihr gelungen war, den Verlust und die Vertreibung der bürgerlichen akademischen Eliten zumindest zahlenmäßig zu kompensieren. Das Problem für das sozialistische Bildungsmilieu in der DDR aber blieben die fehlenden intellektuellen Entfaltungsmöglichkeiten. Wie sehr die DDR-Akademiker darunter litten, zeigt der Ausspruch Frau Seidels: »Ich weine der Akademie der Wissenschaften keine Träne nach.« Frau Seidel, die nach der Arbeitslosigkeit gerade wieder in ein Projekt einsteigt, sehnt sich nicht zurück nach der unbefristeten Festanstellung an der Akademie. Alle drei von Blanca Koffer verglichenen Volkskundler betonen den großen fachlichen Gewinn durch die Wende. In Arbeitsweise und Arbeitsauffassung betonen sie die Kontinuität. Ebenso wie die Angestellten und Leiter im Zwickauer Automobilwerk sehen sich die Volkskundler von Gruppendruck und ideologischen Rollenerwartungen entlastet, spüren und genießen einen Zuwachs an Kompetenz und Wissenschaftlichkeit. Auch die neuen höheren Arbeits- und Publikationsanforderungen empfinden sie eher als positive Herausforderung denn als Problem. Die erzielten beruflichen Gewinne lassen zunächst auch die Abwicklung ihrer Stellen verkraftbar erscheinen. Aber die schlagartige Erweiterung der Arbeitsmöglichkeiten, so individuell befreiend sie von den Einzelnen auch erlebt wird, führt nicht immer zur Etablierung. Und so produzieren auch hier die Etablierungs- und Anerkennungsbemühungen der abgewickelten DDR-Volkskundler die neuen Konflikte und Problemlagen in diesem Berufsfeld. Blanka Koffer nennt zwei: einmal einen typischen Ost-Ost-Konflikt zwischen ehemals SED-Linientreuen und Bürgerbewegten, der sich zum Beispiel im Streit um die Stasi-Aufarbeitung bis heute fortbewegt, und zum anderen einen Ost-West-Konflikt, der sich aus den fehlenden Zugängen der Ostdeutschen zu den männlich und westdeutsch dominierten informellen Netzwerken des Berufsfeldes ergibt.

Auch in diesem Bildungsmilieu werden also nicht die neuen Arbeitsintensitäten und Forderungen problematisiert, sondern wie bei den Automobilarbeitern die fehlende Etablierung und Anerkennung. Die Kollegen beklagen die fehlende Lobby. Und damit haben sie Recht: Nicht die individuelle Entfaltung und Leistungsfähigkeit in der Arbeit schafft Etablierung, sondern der Einfluss und die passive Stärke der Netzwerke und Gruppen, denen man sich zurechnen darf. Sönke Friedreich bringt diese arbeitskulturelle Problemstellung auf den Punkt, wenn er von einer Neudefinition von Kollegialität spricht. Vor allem die Arbeiter auf der *Shop-floor*-Ebene sammelten in der DDR Erfahrungen in Brigaden und Arbeitskollektiven, die starke passive Verhandlungsmacht besaßen (siehe dazu Alheit/Haack 2004). Diese Stärke resultierte nicht zuletzt (wie jede Lobby) daraus, dass die Brigaden als freundschaftlich-persönliches Beziehungsnetzwerk funktionierten. Die arbeitsteilige Teamstruktur kommt auch ohne freundschaftlich-persönliches Zugetansein aus.

In Ostdeutschland, diese Schlussfolgerungen legen diese beiden Studien nahe, bereitet vor allem die ungenügende Verankerung der Beschäftigten in den Strukturen Probleme. Die Kämpfe von Arbeitern und Intelligenz drehen sich um mehr Einfluss, Anerkennung, größere Entfaltungsmöglichkeiten für Netzwerke und Selbständigkeit in den Betrieben und beruflichen Feldern. So erhöhte die Subjektivierung der Arbeit die Chancen individueller Verwirklichung in der Arbeit, was vor allem Wissenschaftler, Leiter und Angestellte als entscheidende Gewinne verbuchen. Der Subjektivierungsprozess bietet jedoch andererseits offenbar weniger Chancen zur Formulierung von Gruppeninteressen und zur sozialen Verankerung der Arbeiter in den Betrieben.

2. Diskontinuität und biografische Bilanz

Ein anderes Problem nimmt Petia Genkova (2007) in ihrem Beitrag in den Blick. Sie stellt Fragen nach dem Zusammenhang von Arbeitszufriedenheit und allgemeinem individuellen Wohlbefinden. Dabei kommt sie zur Feststellung, dass gerade in modernen Arbeitsgesellschaften das individuelle Glück und Wohlbefinden der Menschen von der Work-Life-Balance abhängig sei. Sie überträgt damit ein individualpsychologisches Konzept und die damit verbundenen normativen Ansprüche, die vor allem für die Führungsetagen der Industrie entwickelt wurden, auf die allgemeine Lebenszufriedenheit und das Wohlbefinden von Beschäftigten. Eine persönliche Lebenszufriedenheit basiert demnach auch in unseren Arbeitsgesellschaften nicht allein auf einer erfolgreichen Karriere, sondern sie ist zu wesentlichen Teilen ebenso abhängig von sozialen Faktoren und individuellen Bewertungen der jeweiligen Arbeitsinhalte und -verhältnisse. Die Arbeitszufriedenheit steht somit in Wechselwirkung zum individuellen Wohlbefinden, das seinerseits auf die Arbeitssituation rückwirkt: »Ein gutes Selbstwertgefühl, soziale Kompetenzen, Interessen und Wertvorstellungen führen zu mehr Erfolg in der Arbeit« (Genkova 2007). Das Selbstwertgefühl, das Arbeitserfolge befördert, ist jedoch keine individuell nachladbare Ressource. Die ostdeutsche Arbeitszufriedenheit wird maßgeblich von der sozialen Wertung und dem Prestige und natürlich der Sicherheit der Berufstätigkeit in einer Kultur beeinflusst. Da helfen keine individuellen Work-Life-Balancen.

Das Wohlbefinden wiederum hat mit unseren Ansprüchen (die aus unseren Erfahrungen und Prägungen erwachsen) zu tun. In der ostdeutschen

Arbeitsgesellschaft ist ein arbeiterliches Verständnis von Arbeit, das von lebenslanger Handarbeit, mit der man auf ehrliche Art und Weise seinen Unterhalt verdienen kann, überkommen. Diese Erfahrungen und Traditionen scheinen in den heutigen Ansprüchen immer wieder auf und führen zu Unzufriedenheit in den persönlichen Arbeitsbilanzen in Ostdeutschland, die ja sehr oft von diskontinuierlichen Erwerbsverläufen geprägt sind. Die biografische Verarbeitung von Diskontinuitäten wird so zu einer großen Herausforderung, und dieser Aspekt sollte in den Work-Life-Balancen stärker akzentuiert werden. Dabei geht es nicht allein um die individuelle Verarbeitung und die Anpassung persönlicher Ansprüche, sondern vor allem um eine gesellschaftliche Institutionalisierung von Diskontinuität. Bei ostdeutschen Arbeitern zum Beispiel lautet die Frage, wenn sie sich wiedersehen: »Hast du noch richtige Arbeit oder bist du in so einer Maßnahme?« (Schultheis/Schulz 2005: 167). Arbeitsbeschaffungsmaßnahmen oder Phasen der Arbeitslosigkeit, selbst wenn sie interessante neue biografische Felder eröffnet haben, werden als negative Erfahrungen interpretiert. Auch die Volkskundler blicken – wie die Mehrzahl der Ostdeutschen – nach der Wende nicht auf kontinuierliche Erwerbsverläufe zurück. Sie aber überdecken die Karrierediskontinuitäten mit der Betonung neuer Entfaltungschancen und der Beibehaltung des Arbeitsethos. Vor dem Hintergrund ostdeutscher biografischer Erfahrungen werden diese Diskontinuitäten eher negativ gedeutet.

Die Institutionalisierung von Diskontinuität in der persönlichen Biografie ist nicht nur ein arbeitskulturelles Problem. Es betrifft auch die persönlichen Bereiche der Liebe, Freundschaft, des Hobbys und der Ehe. Aber in Ostdeutschland wird es massenhaft über die Erfahrung mit diskontinuierlichen Erwerbsverläufen relevant. Petia Genkova stellt eindeutig fest, dass Karriere eine Voraussetzung für das Glücklichsein bildet. Aber die ostdeutschen Berufskarrieren verheißen nicht mehr lebenslange Vollbeschäftigung und stetigen stufenweisen Aufstieg. Individuell damit zurechtzukommen und gesellschaftlich zu akzeptieren, dass diskontinuierliche, das heißt von Phasen der Arbeitslosigkeit, bzw. von Berufswechsel oder Umorientierung unterbrochene Erwerbsverläufe (Struck 2006) moderne Karrieren etablieren, ist eines der drängendsten arbeitskulturellen Probleme der Posttransformationsetappe in Ostdeutschland.

Literatur

Alheit, Peter/Bast-Haider, Kerstin/Drauschke, Petra (2004), *Die zögernde Ankunft im Westen. Biographien und Mentalitäten in Ostdeutschland*, Frankfurt.a.M./New York.

Alheit, Peter/Haack, Hanna (2004), *Die vergessene »Autonomie« der Arbeiter. Eine Studie zum frühen Scheitern der DDR am Beispiel der Neptunwerft*, Berlin.

Bauer-Volke, Kristina/Dietzsch, Ina (Hg.) (2003), *Labor Ostdeutschland. Kulturelle Praxis im gesellschaftlichen Wandel*, Bundeskulturstiftung Berlin.

Bittner, Regina (1998), *Kolonien des Eigensinns*, Frankfurt a.M./New York.

Engler, Wolfgang (2000), *Die Ostdeutschen. Kunde von einem verlorenen Land*, Berlin.

– (2003): *Die Ostdeutschen als Avantgarde*, Berlin.

Friedreich, Sönke (2007), »Die alte Arbeit und ihr Ende. Erfahrungen aus zwei Systemen in den Schilderungen der Arbeitswelt ehemaliger Angehöriger der DDR-Automobilindustrie«, in: Manfred Seifert/Irene Götz/Birgit Huber (Hg.), *Flexible Biografien? Horizonte und Brüche im Arbeitsleben der Gegenwart*, Frankfurt a.M., S. 193-213.

Geißler, Rainer (2002), *Die Sozialstruktur Deutschlands*, Wiesbaden.

Genkova, Petia (2007), »Berufskarriere und Lebenszufriedenheit psychologische Aspekte«, in: Manfred Seifert/Irene Götz/Birgit Huber (Hg.), *Flexible Biografien? Horizonte und Brüche im Arbeitsleben der Gegenwart*, Frankfurt a.M., S. 227-237.

Giesen, Bernd/Leggewie, Claus (Hg.) (1991), *Experiment Vereinigung. Ein sozialer Großversuch*, Berlin.

Hofmann, Michael (2003), »Sozialkulturelle Milieus einer Industriegesellschaft in Bewegung«, in: Kristina Bauer-Volke/Ina Dietzsch (Hg.), *Labor Ostdeutschland. Kulturelle Praxis im gesellschaftlichen Wandel*, Bundeskulturstiftung Berlin, S. 145-156.

Hofmann, Michael/Keller, Carsten/Groh-Samberg, Olaf/Vogel, Berthold (2005), »Ostdeutsche Zustände – westdeutsche Verhältnisse«, in: Franz Schultheis/Kristina Schulz (Hg.): *Gesellschaft mit begrenzter Haftung. Zumutungen und Leiden im deutschen Alltag*, Konstanz, S. 165–268.

Koffer, Blanka: »Wissenschaftliche Arbeit im Wandel am Beispiel der DDR-Volkskunde nach 1989«, in: Manfred Seifert/Irene Götz/Birgit Huber (Hg.), *Flexible Biografien? Horizonte und Brüche im Arbeitsleben der Gegenwart*, Frankfurt a.M., S. 215-226.

Kudera, Werner (1997), »Die Lebensführung von Arbeitern – ein gesamtdeutsches Phänomen?«, in: Günter Voß/Hans J. Pongratz (Hg.), *Subjektorientierte Soziologie*, Opladen, S. 183–200.

Lange-Vester, Andrea (2007): *Habitus der Volksklassen. Kontinuität und Wandel seit dem 18. Jahrhundert in einer thüringischen Familie*, Münster u.a.

Niethammer, Lutz/von Plato, Alexander/Wierling, Dorothee (1991), *Die volkseigene Erfahrung. Eine Archäologie des Lebens in der Industrieprovinz der DDR*, Berlin.

Parmalee, Patty Lee (1996), »Brigadeerfahrung und ostdeutsche Identität«, in: *Beiträge zur Geschichte der Arbeiterbewegung*, H. 4, S. 70–86.

Schultheis, Franz/Schulz, Kristina (2005) (Hg.), *Gesellschaft mit begrenzter Haftung. Zumutungen und Leiden im deutschen Alltag*, Konstanz.

Struck, Olaf (2006), *Flexibilität und Sicherheit. Empirische Befunde, theoretische Konzepte und institutionelle Gestaltung von Beschäftigungsstabilität*, Wiesbaden.

Vester, Michael/Hofmann, Michael/Zierke, Irene (Hg.) (1995), *Soziale Milieus in Ostdeutschland*, Köln.

Vogel, Berthold (1999), *Ohne Arbeit in den Kapitalismus. Der Verlust der Erwerbsarbeit im Umbruch der ostdeutschen Gesellschaft*, Hamburg.

Die alte Arbeit und ihr Ende

Erfahrungen aus zwei Systemen in den Schilderungen der Arbeitswelt ehemaliger Angehöriger der DDR-Automobilindustrie*

Sönke Friedreich

I. Zweierlei Transformation

Mit dem Ende der DDR im Jahre 1990 und dem Untergang einer großen Zahl ostdeutscher Betriebe im Zuge des Tranformationsprozesses waren Umbrüche in den Berufsbiografien Hunderttausender von DDR-Bürgern verbunden. So wie die Umgestaltung der Zentralverwaltungswirtschaft einen grundsätzlichen Bruch mit realsozialistischen Heiligtümern wie dem Plan, dem Primat der Politik und der staatlichen Verwaltung der Wirtschaft bedeutete, so wurde auch im Bereich von Arbeit und Beschäftigung ein radikaler Wandel verkündet. Automatisierung des Produktionsprozesses, Flexibilisierung der Arbeit und neue Organisationsformen in Großbetrieben waren nur einige wenige Aspekte des Wandels, der – so die allgemeine Erwartung – zunächst unbekannte Welten für die ostdeutschen Beschäftigten (sofern sie noch oder wieder Arbeit hatten) eröffnete. Wie die industrie- und arbeitssoziologische Forschung nach 1990 hervorgehoben hat, wurde die alte Arbeitsordnung grundlegend verabschiedet. Als wichtigste Bereiche des Wandels in der Arbeitswelt wurden die Arbeits- und Qualifikationsanforderungen, die Eigenregulation der Beschäftigten, die Ausnutzung betrieblicher Ressourcen für private Zwecke oder die begrenzten Räume zur Äußerung von Widerspruch und Beschwerden (etwa in Eingaben, Plandiskussionen und Parteiversammlungen) genannt (Aderhold u.a. 1994; Alt u.a. 1994; Heidenreich 1992; Schmidt/Lutz 1995).

Die zugespitzte Gegenüberstellung von Alt und Neu ist inzwischen nicht zuletzt deswegen relativiert worden, weil der Transformationsvor-

---

* Überarbeitete und erweiterte Fassung meines Vortrags auf der Passauer Tagung der DGV-Kommission Arbeitskulturen »Arbeitsleben und biographische (Um-) Brüche in der späten Moderne«, 8.–10. September 2005. Ich danke allen Diskutanten für Anregungen und Kritik.

gang in Ostdeutschland unlösbar verknüpft ist mit einem Transformationsvorgang in allen kapitalistischen Staaten und so auch in der Bundesrepublik. Der Wandel, dem sich die ostdeutschen Arbeitnehmer ausgesetzt sahen, ließ und lässt die westdeutschen Beschäftigten nicht außen vor. Bereits in der Vorwendezeit hatte sich der Industriestandort Westdeutschland zumindest in der Theorie von überkommenen fordistisch-tayloristischen Produktionskonzepten zu lösen begonnen, ebenso wie Vollerwerbsstellen und so genannte Normalarbeitsplätze ihre Orientierungswirkung einbüßten. Diese Vorgänge haben in erheblicher Weise das Bild der spätmodernen Arbeitswelt geprägt und schlugen sich dementsprechend in soziologischen und kulturwissenschaftlichen Studien zur Arbeitswelt nieder. Hierzu rechnet nicht nur der symbolische »Abschied von der Arbeiterkultur« (Kaschuba 1991; Schriewer 2001), sondern auch die Öffnung neuer Perspektiven auf eine entgrenzte Arbeitswelt, die sich in Schlagworten wie »Informalisierung« und »Subjektivierung« fassen lässt (Schönberger/Springer 2003; Seifert 2004). Wenn es auch verfrüht wäre, von dem Ende des Industriestandortes Deutschland zu sprechen, so haben doch die Umstrukturierungen der Arbeitswelt den Bereich der klassischen Industrie(-moderne) nicht unberührt gelassen. Vor diesem Hintergrund des spätmodernen Wandels von Arbeit und Arbeitswelten sind die Ostdeutschen nach 1989 gelegentlich, etwa von Wolfgang Engler, als seine wahren Protagonisten verstanden worden. Engler sieht in ihnen eine »Avantgarde«, die aufgrund ihrer spezifischen DDR-Erfahrungen gerade prädestiniert sei für die Rolle des idealen Arbeitnehmers der Gegenwart. Wo die frühe Transformationsforschung vor allem Anpassungsprobleme und traumatische Erfahrungen ausmachte, zeigen sich in Englers Sicht die ostdeutschen Arbeitnehmer bereit für die Herausforderungen der Transformation, in die sie durch die friedliche Revolution unvermittelt gestürzt wurden:

> »Gerade weil die Ostdeutschen eine Arbeitswelt und Arbeitsweise konserviert hatten, die in weiten Segmenten vorfordistisch zu nennen war, konnten sie in einem Sprung, ohne Vermittlung und Anlaufzeit, von der historischen Etappe an die Front der globalisierten Weltgesellschaft übersetzen; die Nachhut wurde über Nacht zur Avantgarde.« (Engler 2002, 82f.).

Demnach hätte die Ulbrichtsche Formel des »Überholen ohne einzuholen«, jene Fantasie einer gesteuerten Modernisierung von oben, einen ganz neuen Sinn erhalten (Heismann 2000).

Die Aufgabe einer volkskundlich-kulturwissenschaftlichen Erforschung von Brüchen und Kontinuitäten im Arbeitsleben ehemaliger DDR-Bürger wird vor allem darin bestehen, der Frage nachzugehen, wie die Beschäftigten selbst aus ihrer heutigen Perspektive den Neubeginn nach 1990 einschätzen, wie also Erfahrungen aus zwei Systemen in Beziehungen zueinander gesetzt und gedeutet werden. Es gilt dabei nicht nur, den pauschalisierenden Feststellungen der Transformationsforschung die von den Subjekten her bestimmbare Erfahrung von Brüchen gegenüberzustellen, also etwa die Annahme zu differenzieren, mit der Wende sei das Selbstbild der DDR-Beschäftigten als arbeitende Menschen zusammengebrochen und ihr Selbstwertgefühl verloren gegangen (Fiedler/Steger 1996: 76f.). Daneben stellt sich auch die Frage, ob die DDR-Arbeitswelt tatsächlich spezifische Ressourcen zur Verfügung stellte, mit deren Hilfe heutige Arbeit bewältigt wird, und ob nicht diese Erfahrung bis zu einem bestimmten Grad verallgemeinert werden kann. Diese Problembereiche sollen im Folgenden anhand des Beispiels der ehemaligen Beschäftigten des VEB[1] Sachsenring Automobilwerke Zwickau untersucht werden.[2] Das Fallbeispiel der Automobilindustrie kann dabei durchaus als aussagekräftig gelten, obgleich Einschränkungen vorzunehmen sind. Da der VEB Sachsenring, Hersteller des berühmt-berüchtigten Pkw »Trabant«, im Zuge der Wende zerlegt und einzelne Betriebsteile entweder als eigenständige Unternehmen privatisiert oder als Altsubstanz abgewickelt wurden (Kirchberg 2001: 671ff.), gibt es allenfalls eine bruchstückhafte Kontinuität der Belegschaft. Zwar wechselten einzelne Kollektive geschlossen in neue Betriebe wie etwa das neue, seit 1996 komplettierte Fertigungswerk von Volkswagen in Zwickau-Mosel, doch zerfiel der Zusammenhang der betrieblichen Arbeitswelt in viele Einzelbereiche. Nicht zuletzt schieden viele Beschäftigte ganz aus dem Arbeitsprozess aus oder wechselten in nicht-industrielle Beschäftigungsverhältnisse. Von Interesse sind hier jene Arbeitnehmer (Leitungspersonal wie auch Arbeiter), die sowohl im VEB wie in neuen kapitalistischen Unternehmen gearbeitet haben oder noch arbeiten.

Festzuhalten ist des Weiteren, dass die Automobilindustrie in der Region Zwickau auch nach der Wende eine Kontinuität erlebte, die so in

---

1 VEB = Volkseigener Betrieb.

2 Grundlage ist das von 2002 bis 2005 vom Verfasser am Institut für Sächsische Geschichte und Volkskunde e.V. durchgeführte Forschungsprojekt »Arbeitswelt im gesellschaftlichen Transformationsprozess. Die Zwickauer Automobilindustrie und ihre Beschäftigten, 1945–2002«. Hauptquelle des Projektes sind themenzentrierte Interviews mit ehemaligen Beschäftigten des VEB Sachsenring sowie Akten des Betriebsarchivs und weitere schriftliche Quellen. Die hier verwendeten Zitate entstammen diesen Interviews.

anderen ostdeutschen Industrieregionen nicht immer gegeben ist. Nicht nur errichtete der VW-Konzern ein neues Fertigungswerk in Zwickau-Mosel, es siedelten sich außerdem eine Reihe von Zulieferunternehmen in der Region an und führten damit die Tradition des Automobilbaus fort. Diese Kontinuität in der Industriestruktur wirkt auf die Aussagen der Beschäftigten als Referenzpunkt sehr deutlich ein. Schließlich ist zu berücksichtigen, dass die hier vorgestellten subjektiven Sichtweisen von Brüchen und Kontinuitäten nur bezüglich einer bestimmten Arbeitsform, nämlich der – in der DDR dominierenden – zeitlich unbefristeten betrieblichen Vollerwerbsstelle (Wieschiolek 1999: 136), analysiert werden und daher nicht ohne weiteres verallgemeinert werden können. Gerade vor dem Hintergrund der Feststellung, dass die DDR in größerem Maße als die Bundesrepublik als »Betriebsgesellschaft« (Thomas Lindenberger; vgl. Volkwein 2005) verstanden werden kann, das heißt als eine Gesellschaft, in der Betriebe als »Basisinstitutionen« (Lutz 1995) konzipiert waren, darf man von einer besonders nachhaltigen normativen Wirkung des Idealbildes der unbefristeten Vollzeitstelle im industriellen Sektor Ostdeutschlands ausgehen. Trotz dieser Einschränkungen scheint die Automobilindustrie aber vor allem deswegen interessant zu sein und zu bleiben, da sie Besonderheiten der Transformation aufweist, die für biografische Brucherfahrungen allgemein relevant sind. Dies gilt vor allem in Hinblick auf die Vorreiterrolle der Automobilindustrie im Wandel hin zu postfordistischen Arbeitsformen und den Ausprägungen der spätmodernen Arbeitswelt.

II. Von der Planwirtschaft zur »schlanken Produktion«

Die Automobilindustrie ist seit dem Zweiten Weltkrieg zum vorrangigen industriellen Leitsektor der modernen kapitalistischen Volkswirtschaften geworden, der erst seit vergleichsweise kurzer Zeit Konkurrenz durch neue Informationstechnologien und die Mikroelektronik bekommen hat (Möser 2002, 189ff.). Gerade in Westdeutschland baute die Automobilindustrie seit 1945 ihre Vorrangstellung gemessen an Wertschöpfung und Beschäftigtenzahl nachhaltig aus. In der DDR verlief die Entwicklung insofern anders, als die Automobilindustrie und besonders die Pkw-Herstellung in der Planwirtschaft marginalisiert waren. Weder kam der privaten Massenmotorisierung in den frühen Konzepten der DDR-Verkehrsplaner eine vorrangige Rolle zu (Weymar 1985), noch erlaubte die auf die Grundstoff- und Schwerindustrie konzentrierte Ressourcenzuteilung der DDR-Planwirtschaft den Aufbau und die Aufrechterhaltung einer effizienten Fahrzeugproduktion (Bauer 1997: 107). Bereits in der zweiten Hälfte der 1960er Jahre wurden Innovationsblockaden und Investitionsrückstände deutlich, die die Erzeugnisse der DDR-Fahrzeugindustrie auf dem Weltmarkt unverkäuflich machten und schließlich in die lange Stagnationsphase der 1970er und 1980er Jahre einmündeten (Bauer 1999). Obwohl die Pkw der Marke »Trabant« und (in geringerem Maße) »Wartburg« zu den begehrtesten Konsumgütern der DDR zählten und zur Zeit der politischen Wende zu Symbolen für die DDR schlechthin avancierten, waren Sie im Rahmen der staatlich gelenkten Wirtschaft chronisch vernachlässigt worden.

Der Trabant setzte sich im Osten als Symbol der Rückständigkeit der sozialistischen Wirtschaft und damit der Notwendigkeit radikaler Reformen vor allem deswegen durch, weil sich durch ihn die maximale Diskrepanz zwischen kapitalistischer und sozialistischer Automobilindustrie abbilden ließ. In den 1980er Jahren hatte sich weltweit gerade die Automobilindustrie als Innovationsmotor im technischen Bereich erwiesen und begann darüber hinaus auch damit, Produktionsketten und Arbeitsorganisation in den Fabriken zu reorganisieren oder zumindest auf Einsparungspotenziale hin zu prüfen. Dabei waren es zunächst Automatisierungsprozesse und die Einführung von Robotertechnik, die eine besondere Rolle spielten. Doch unter dem Einfluss der in den USA verkündeten »zweiten Revolution in der Automobilindustrie« (so der deutsche Titel der Studie von Womack/Jones/Roos 1990) wurde die Autoproduktion als Ganzes auf den Prüfstein gestellt und auch die Reorganisation von Arbeitsprozessen in Gang gesetzt. Die Wiedervereinigung Deutschlands und das Ende der eigenständigen DDR-Autoproduktion fielen damit in jene Zeit, als sich die westdeutsche Automobilindustrie unter dem Einfluss des »Toyotismus« und des Konzeptes der »schlanken Produktion« wie auch zunehmender Globalisierungstendenzen vor einem Umbruch befand (Jürgens/Malsch/Dohse 1989; Steinkühler 1995; Möser 2002: 249ff.). Die Öffnung des ostdeutschen und der osteuropäischen Märkte gab den Ausschlag für eine Expansionsstrategie der westdeutschen Autohersteller, die zugleich mit der Absicht verbunden war, im Sinne einer »überholenden Modernisierung« (Kern/Voskamp 1994) neue Produktionskonzepte einzuführen, die heute fast schon zum – zumindest rhetorischen – Standardrepertoire gehören. Zu diesen Konzepten zählen insbesondere eine geringe Fertigungstiefe,

Just-in-time-Produktion, flache Hierarchien im Betrieb und Job-Rotation an Arbeitsplätzen.

Auf der Grundlage des anvisierten Innovationssprunges entwickelten jene Vertreter der Automobilindustrie, die an ostdeutschen Standorten neue Fertigungsstätten zu errichten beabsichtigten, eine verbale Strategie, mit der den Beschäftigten der DDR-Automobilindustrie eine Vorstellung von den Anforderungen der ›neuen Zeit‹ gegeben werden sollte. Im Falle der Zwickauer Automobilindustrie, die bereits vor der Wende als möglicher Standort einer Kooperation zwischen dem VW-Konzern und dem IFA Kombinat Pkw diskutiert worden war, trat Vorstandschef Carl Hahn im März 1990 vor die Belegschaft des VEB Sachsenring und erläuterte die Ausgangsposition:

»[...] ich weiß, dass wir in dieser vor uns liegenden Übergangszeit vor einer sehr schwierigen Periode der Umstrukturierung sind. Wenn eine Wirtschaft 40 Jahre in die falsche Richtung geführt worden ist, dann können selbst die tüchtigsten Mitarbeiter nicht verhindern, dass es mehr und mehr zu einem Niedergang, zu einem Verfall gekommen ist, und ich habe ja vor nicht allzulanger Zeit auch hier in Zwickau [...] mich umgeschaut und festgestellt, unter welch schwierigen Verhältnissen, mit welch einfachen Mitteln Sie hier arbeiten müssen, aber auf der anderen Seite – und das gibt uns Zuversicht – mit welch hervorragender Qualifikation hier gearbeitet wird [...].«

Nunmehr wolle er die Beschäftigten damit »vertraut machen«, was auf sie zukomme, denn die Zeit, in der man in der ostdeutschen Automobilindustrie nur so getan habe, als würde man arbeiten, sei vorbei.[3] Hahn beschwor den unvermeidlichen Bruch, den das Ende des Staatssozialismus mit sich bringe und der Auswirkungen auf die Arbeit jedes Einzelnen haben werde, gerade vor dem Hintergrund eines zunehmend härter werdenden, globalen Konkurrenzkampfes der Autohersteller. Die Sachsenring-Belegschaft habe sich denn auch auf die neuen Herausforderungen der Globalisierung vorzubereiten – wie auch immer diese letztlich aussehen würden. Mit dieser programmatischen Erklärung feierte die Automobilindustrie sich zugleich selbst als Vorhut eines historischen Wandels hin zu neuen Produktionskonzepten und Arbeitsformen. Das «atmende Unternehmen«, ein Schlagwort des ehemaligen VW-Personalchefs Peter Hartz, wurde in diesem Zusammenhang zum erklärten Ziel (Hartz 1996). Die

3 Transkription einer Tonbandaufnahme der Belegschaftsversammlung v. 20.3.90, 39 S., hier S. 1 und 5, in: Staatsarchiv Chemnitz, Best. Audi-Horch/Sachsenring, Nr. 5608: Umwandlung VEB in GmbH; Privatisierung BT Oelsnitz, 1990–1993.

neuen Autofabriken in Ostdeutschland, so auch das von VW projektierte Endfertigungswerk in Zwickau-Mosel, galten auch in dieser Beziehung als »Leuchttürme«.

III. Die Ostdeutschen in der neuen Arbeitswelt

Die Innovationsrhetorik der westdeutschen Unternehmen am Standort Zwickau stieß bei den Angehörigen des VEB Sachsenring insofern durchaus auf offene Ohren, als die Notwendigkeit zum Wandel grundsätzlich anerkannt wurde, ohne dass jedoch für den Einzelnen erkennbar war, welche Zukunftsperspektiven tatsächlich bestanden. Das Erfordernis, überhaupt den Arbeitsplatz zu erhalten bzw. einen neuen zu finden, trat rasch in den Vordergrund und machte die Frage, wie die neue Arbeit sich gestalten werde, oftmals sekundär. Außerdem existierten bereits vor der Wendezeit mehr oder weniger deutliche Vorstellungen über die Differenzen der ost- und der westdeutschen Arbeitswelt. Allein schon der Zugriff auf bundesrepublikanische Medien ermöglichte es den DDR-Bewohnern insgesamt und der Sachsenring-Belegschaft im Speziellen, ein Bild von den westdeutschen Produktionsstätten zu erhalten, dass einen deutlichen Gegensatz zu ihren eigenen Alltagserfahrungen markierte. Hinzu kommt, dass bereits vor der Wende grenzübergreifende Kooperationen des VEB Sachsenring bzw. des Pkw-Kombinates durchgeführt worden waren, zu denen der Bau eines Gelenkwellenwerkes in Zwickau-Mosel durch Citroën seit 1978 und die Übernahme eines VW-Motorenwerkes in Karl-Marx-Stadt (Chemnitz) seit 1983 gehörten, und in deren Rahmen ein zwar kleiner, aber nicht unwesentlicher Teil der Belegschaft mit westlicher Produktionstechnik vertraut gemacht worden war oder sogar in kapitalistischen Autofabriken gearbeitet hatte. Auch auf der Ebene des Wissenstransfers in Erzeugnisentwicklung und Produktionstechnik waren die Betriebe der DDR-Automobilindustrie keineswegs vollständig vom Wissen um Rationalisierungskonzepte in der modernen Autofabrik abgeschnitten. Von daher trafen die Verkündigungen des Neuanfangs, wie sie etwa von Carl Hahn ausgesprochen wurden, auf eine Zuhörerschaft, die durchaus nicht ohne differenziertes Wissen über spätmoderne Entwicklungen in der Automobilindustrie geblieben war, wenn dieses Wissen auch kaum einmal praxisrelevant geworden war.

Mit dem Engagement von VW seit einem Joint-venture mit dem IFA-Kombinat Pkw vom Dezember 1989, dem Beginn der Montage des VW Polo in Zwickau seit Mai 1990 und der Privatisierung von Teilen des VEB Sachsenring fanden sowohl im Bereich des Managements wie auf der shop-floor-Ebene direkte Begegnungen zwischen Ost- und Westdeutschen, zwischen alter und neuer Arbeitswelt statt. Während der einsetzende Ost-West-Diskurs bereits die (teilweise bis heute wirksamen) Interpretationsrahmen und Schlagwörter vorgab, die die Ostdeutschen und ihre Erfahrungen von den Westdeutschen trennte, zeigte sich in der Interaktion eine durchaus differenzierte gegenseitige Wahrnehmung. So machten die Beschäftigten des VEB Sachsenring sowohl positive wie negative Erfahrungen, in Abhängigkeit von der Qualifikation und der funktionalen Stellung im VEB. Während auf Leitungsebene eine tendenziell freundschaftlich-produktive Zusammenarbeit vorherrschte, nahm die Arbeit in den Werkshallen oft einen Konkurrenzcharakter an, eine Differenzierung, die signalisierte, auf welcher Ebene die Ängste um den Arbeitsplatz und die berufliche Zukunft am größten waren. So berichtet ein Werkzeugmacher, der im Zuge der Umstrukturierung aus dem Betrieb ausschied und noch heute seine Verbitterung über die Abwicklung kundtut:

»Unter anderem hatte ich mit meinem Kollege[n] den Auftrag, eine Eisen-, unter anderem eine Eisentreppe, die da hochging zu so einer Etage, zu entfernen. Ne? Die musste weg. Und da hatte ich, hatten wir uns gedacht, dann nehmen wir einen Winkelschleifer mit 'runter, und so wird das mit einem Winkelschleifer wird das abgetrennt. Wo wir unten ankamen, durften wir das nicht machen mit einem Winkelschleifer, weil da Funken entstehen. Das wurde uns verboten, wir sollten das so wegmachen. Und das Besondere ist ja jetzt-, [das] Unternehmen, VW hat zum Beispiel damals die eigene Truppe mitgebracht, Schäfer hießen die, das ist auch eine große Werkzeugbaufirma gewesen, die haben in unmittelbarer Nähe neben uns mit einem Winkelschleifer gearbeitet wie die Kaputten, da ist – da sind nur die Funken so fortgeflogen, und ich hab' mich mit meinen Kollegen mit einer Handbohrmaschine hingestellt und [wir] haben die ganzen T-Träger mit der Handbohrmaschine, ein Loch nach dem anderen gebohrt und haben dann mit einer Eisensäge das Ding 'rausgearbeitet. Also, ich muss sagen, jetzt auch dann diese Kollegen, die dort unten dann gearbeitet haben oder mit denen ich kurze Zeit dann zusammengearbeitet habe, die waren derart, also, westdeutsche Kollegen, die waren derart arrogant, also, dass wir uns praktisch nur mit dem Kopf geschüttelt haben. Das-, erstens kam dazu, die haben das überhaupt nicht gekannt, nicht wahr? Und haben aber im Endeffekt auch nur mit Wasser gekocht. Das ist nicht anders, die haben auch nur mit Wasser gekocht.« (BZ, 39–40)

Ungleichheitserfahrungen dieser Art erzeugten Abwehrhaltungen, die dem Einbruch der neuen in die alte Arbeitswelt kaum etwas Positives abzugewinnen vermochten. Dagegen befanden sich Gruppen wie etwa die Ingenieure, Investitions- und Fabrikplaner in einer Aufbruchstimmung. Ihre Bereitschaft, Sachsenring zu verlassen und zu Volkswagen zu wechseln, war groß, weil sie die Gelegenheit erhielten, am Aufbau eines komplett neuen Werkes mitzuwirken, eine Gelegenheit, die sie in der DDR nie bekommen hatten. So heißt es bei zwei Ingenieuren, die 1990 zu VW wechselten und bei der Projektierung des VW-Werkes in Zwickau-Mosel arbeiteten:

»Es war meine schönste Zeit als Ingenieur. Ist sie auch heute noch. Hätten sie sich damals nie träumen lassen, solche Herausforderungen zu erleben, denn ich hab' das ja alles live erlebt. Wenn in Wolfsburg einer erzählt hatte: ›Naja, ihr kriegt den, ihr kriegt ja nie den Golf, ihr macht bloß den Polo‹ – weil, wir haben mit'm Polo angefangen – ›das gibt, geben die Wolfsburger nicht raus.‹ Dann haben wir den Golf gemacht, und dann haben wir den Passat gemacht, hat uns auch nie jemand zugetraut [...].« (FW, 21)

»Also, das war, also, das waren Tage, die man eigentlich nicht vergisst. Das, also emotional war das, war das 'ne Zeit, da waren wir – sagen wir mal – sehr häufig gefordert.« (KL, 19)

Im Gegensatz dazu begegneten die Arbeiter dem Umschwung eher mit Abgrenzungen gegenüber den westdeutschen Kollegen sowie mit einem gewissen Konservatismus, wenn es um die Ergreifung neuer beruflicher Chancen ging. Diese defensive Haltung erklärte sich nicht zuletzt daraus, dass mögliche Veränderungen des Arbeitsplatzes nicht als positiv antizipiert wurden, dass aber auch noch keine Strategien einer individuellen Zukunftssicherung akzeptiert wurden. Selbstverwirklichung und Subjektivierung über die und in der Arbeit spielten hier eine geringere Rolle oder wurden mit Skepsis betrachtet. Diese Tradition einer eher konservativen Einstellung, das Beharren auf dem Bestehenden, war bereits zu DDR-Zeiten insofern ausgeprägt, als eine eher geringe Neigung bestand, dauerhaft den Arbeitsplatz zu wechseln, und dies selbst dann, wenn damit Vorteile wie die Verminderung der Arbeitsintensität, eine Erhöhung des Einkommens oder besserer Arbeitsschutz verbunden waren.

Die Verhaltensweisen und Interaktionen der Wendezeit waren seitens der ostdeutschen Beschäftigten in erster Linie von Vorannahmen und Erwartungen bestimmt, deren Bestätigung man in der einen oder anderen Weise erwartete und die eine durchaus kritische Aufmerksamkeit gegenüber dem ›Neuen‹ erzeugten. In den Folgejahren machten die ehemaligen

Sachsenringer je unterschiedliche Erfahrungen mit der kapitalistischen Arbeitswelt, die in deutlicher Weise ihre heutigen Aussagen über die seit 1990 eingetretenen Veränderungen prägen. Damit stellt sich die Frage, was sich aus heutiger Sicht der leitenden Angestellten und der Arbeiter in der Arbeit geändert hat und wie man mit dem behaupteten Bruch in der Arbeitswelt umging. Diese Fragen sind insofern von erheblicher Komplexität, als die Erfahrungen in der Arbeitswelt vielfältig mit alltäglichen Erfahrungen überhaupt verschränkt sind und daher eine analytische Trennung notwendig erscheint. Hier soll nach der Bewertung und Darstellung erstens der auszuführenden Arbeit, zweitens der Rationalität der Produktionsorganisation sowie drittens der Arbeitsbeziehungen unterschieden werden.

Arbeit

Die Arbeit in der Automobilindustrie, die sich für viele Betriebsangehörige über Jahre oder sogar Jahrzehnte in der DDR kaum veränderte, wird auch unter neuen Bedingungen als weitgehend unspektakuläre Routine wahrgenommen. Weder die Einführung neuer Technologien noch die veränderten Bedingungen der Produktionsorganisation werden als einschneidend begriffen. Dies liegt zum einen daran, dass nur ein geringer Teil der Befragten tatsächlich grundsätzlich neue Qualifikationen erlernen musste; neue Berufsbezeichnungen und Ausbildungswege (zum Beispiel der »Mechatroniker«) sind in der Regel jenen Jugendlichen und Jungfacharbeitern vorbehalten, die selbst keine Erfahrungen mit der DDR-Arbeitswelt gemacht haben. Zum anderen hat die Automobilindustrie aber auch in ihrer modernen Form keineswegs die umfassende Durchsetzung von Prinzipien der »schlanken Produktion« mit sich gebracht, wie sie etwa im Prinzip der Job-Rotation verkörpert sind. Die Tatsache, dass die neue Arbeit der alten Arbeit verdächtig ähnlich sieht, wird seitens der Interviewpartner damit umschrieben, man habe auch früher schon Gruppenarbeit gehabt; was früher das »Kollektiv« gewesen sei, nenne sich heute »Team«. Hinter dieser Gleichsetzung von sozialistischer und kapitalistischer Terminologie steht zum einen das Bedürfnis, die eigene Vergangenheit aufzuwerten, insbesondere im Lichte jener Erfahrungen, die die Erfolge und Vorzüge der kapitalistischen Wirtschaftsorganisation relativieren. In der Wendezeit der Jahre 1990 bis 1992 wurden die ostdeutschen Werktätigen zum Gegenstand eines »othering« durch ihre westdeutschen Kollegen, die ihnen mangelnde

Arbeitsmotivation und Qualitätsbewusstsein unterstellten und damit die Defekte der Planwirtschaft subjektiv attribuierten. Die Ostdeutschen entwickelten daraufhin das Bedürfnis, sich als ebenbürtig oder überlegen zu erweisen, weshalb in den hier zugrunde gelegten Interviews die Darstellung dominiert, man habe keine Anpassungsprobleme gehabt. Diese Aussage findet sich bei den Repräsentanten verschiedener Gruppen wieder, so etwa bei einem Arbeiter aus der Karosseriefertigung, nach dessen Aussage er und seine Kollegen den Westdeutschen gezeigt hätten, dass sie »so nicht ganz auf der Buttermilch hergeschwommen gekommen« (GW, 10) seien, oder auch bei einem Leiter aus der Fabrikplanung von VW, der von einem Vorgesetzten erzählt, der einer Weiterqualifizierung der ehemaligen Sachsenringer mit den Worten eine Absage erteilt habe: »Um Gottes Willen, niemanden nach Wolfsburg schicken. Die werden da nur versaut« (FW, 24).

Andererseits sind die Strategien der Gleichsetzung aber auch ein Hinweis darauf, dass sich die Arbeit tatsächlich nicht so einschneidend verändert hat, wie dies zunächst verkündet worden war. Es sind die Mittel und Wege zur Zielerfüllung, die sich gewandelt haben. Dies gilt vor allem für jene Umstände, unter denen die Normalität des Arbeitsalltags durchbrochen wird. Störungen des Materialflusses, defekte Maschinen und unüberwindbare bürokratische Hürden waren zu DDR-Zeiten tägliche Erfahrungen für viele Werktätige und erforderten das berühmte Improvisationsgeschick und eine intensive Beziehungsarbeit. Diese erzwungene Subjektivierung ist in der heutigen Zeit rückgängig gemacht worden, da die Problembehebung ausgelagert ist und aufgrund vorhandener Ressourcen meist prompt erfolgen kann. Damit aber fällt gerade jene informelle Qualifizierung weg, die von Seiten der Transformationsforschung zunächst als Vorteil der ostdeutschen Industriearbeiter angesehen wurde (Senghaas-Knobloch 1992). Die Kontinuität in den Arbeitserfahrungen, wie sie von den Beschäftigten dargestellt wird, geht von einem Normalbild industrieller Arbeit aus, das auch in der DDR Gültigkeit hatte, dort aber schwerwiegenden Verzerrungen durch die fehlgeleitete Planbürokratie ausgesetzt war. Die erforderliche Umstellung in der täglichen Arbeit ergibt sich in diesen Schilderungen lediglich daraus, dass die ostdeutschen Arbeitnehmer ihre schon immer vorhandenen Fähigkeiten und ihre Leistungsbereitschaft nun erstmals unter Beweis stellen konnten. Die Frage, ob die Arbeit sich verändert hat oder nicht, wird dann vor allem am Kriterium der persönlichen Verausgabung und der Einsatzbereitschaft (also am Arbeitsethos) festgemacht, nicht jedoch an veränderten Qualifikationsmaßstäben oder der Technisierung von Arbeitsplätzen.

Rationalität der Produktionsorganisation

Während die Arbeit selbst als ein Bereich von Kontinuität wahrgenommen wird, sieht dies bezüglich der Wahrnehmung betrieblicher Rationalität anders aus. Hier macht sich durchaus ein Bruch bemerkbar, da, wie gesehen, gerade die Irrationalität des sozialistischen Betriebes im scharfen Kontrast zum Idealbild stand. Dies betrifft vor allem jene Problemlösungsstrategien, die in der Hand der Mitarbeiter lagen. Ein Beispiel hierfür bietet der Umgang mit Werkzeug und Arbeitsmaterial. Angesprochen auf die Unterschiede zwischen alter und neuer Arbeit meint ein Betriebsmechaniker:

> »Und was auch natürlich ein deutlicher Unterschied ist, das ist mehr, hier wird mehr weggeschmissen. Weil's von der Kostensituation her gar nicht anders geht. Also, es ist einfacher, ein neues Teil zu kaufen, als das alte reparieren zu lassen, weil die Reparaturkosten meistens über 50 Prozent des Neuwertes gehen. Und das hatte man eben zur DDR-Zeit nicht, man musste eben versuchen, aus dem Alten wieder ein Neues zu machen. Und das war insofern manchmal etwas mühselig, aber auch befriedigend, wenn man es geschafft hat, diesen widrigen Umständen Paroli zu bieten. Das ist hier natürlich wesentlich einfacher, sofern einem die Budgetierung keinen Strich durch die Rechnung macht, also die Kostenvorgaben.« (CM, 6)

Aufgrund der Mangelsituation im sozialistischen Betrieb und der unzureichenden Aussagefähigkeit staatlich festgesetzter Preise war es den Beschäftigten nicht möglich, auf vorhandenes, aber defektes Material zu verzichten, etwa im Falle von Reparaturen. Im Vergleich dazu werden heute mehr Dinge weggeworfen (auch wenn ihre Reparatur möglich wäre), da ein kostengünstiger Ersatz ohne weiteres bereit steht. Dieses Verfahren führt einerseits zu einer Effizienzsteigerung der betrieblichen Prozesse und entspricht daher der wirtschaftlichen Logik im kapitalistischen Betrieb. Andererseits entzieht ein solches Vorgehen aber den Arbeitenden ein begrenztes Subjektivierungspotenzial, da Reparaturvorgänge und Improvisationen, die nicht zu den eigentlichen Arbeitsaufgaben gehören, zumindest gelegentlich als befriedigend angesehen werden. Sowohl die Chance auf eine Abwechslung während der Arbeit wie auch die Möglichkeit, nicht-arbeitsplatzgebundene Qualifikationen (in der Transformationsforschung gelegentlich auch als »Chaosqualifikation« bezeichnet; Marz 1991: 52) unter Beweis zu stellen, besetzen diese Vorgänge positiv, auch wenn sie als irrational und daher wirtschaftlich nicht vertretbar gelten. Dies wird durchaus auch auf Seiten der Leiter so gesehen, die in ihren heutigen Aussagen einen gewissen Stolz auf die so erlernten Fähigkeiten erkennen lassen. So führt ein ehemaliger Fertigungsbereichsleiter das Beispiel der Erfahrungen eines westdeutschen Unternehmers in der Wendezeit an, den er gleichsam als Kronzeugen aufruft:

»Der hat gleich nach der Wende einen Diplom-Ingenieur eingestellt hier aus der DDR, und da ist folgendes passiert: Da ist ein Maschine ausgefallen, [eine] CNC-Maschine ausgefallen, da ist 'ne Feder gebrochen. So, da hat der Meister dann die zuständigen Leute informiert, die haben den Betrieb angerufen, die Feder war also nicht gleich greifbar und die CNC-Maschine hat gestanden. Da sagt der dann nun, als der DDR-Bürger das gehört hat, ist der mit einem Stück Draht in die Werkstatt, hat 'ne Feder gedreht, hat die Feder eingebaut und die CNC-Maschine lief wieder. Sonst hätte die zwei Tage gestanden, bevor die-, ich übertreib' jetzt mal, vielleicht hätt' sie auch bloß noch drei Stunden gestanden, ich weiß es jetzt nicht, sagt er: ›Und das ist, das ist eure Stärke gewesen‹, und das ist tatsächlich auch so. Also, wenn wir alle Beispiele mal aufführen müssten, was alles organisiert und operativ geklärt worden ist, um das in den Griff zu bekommen, und das hat uns eigentlich unterschieden in dem Sinne. Dort hat man angerufen, also: ›Die Maschine ist kaputt, kommt her, schickt einen Monteur vorbei, das Ding muss wieder in Ordnung gebracht werden.‹ Die Zeit hatten wir gar nicht. Die Maschine muss wieder laufen. So, und der hat das nun eben gehört, war hier so geschult worden, [hat] 'ne Feder gedreht, eingebaut und die Maschine lief dann eben. Und so haben wir viele, viele Störungen aus der Welt geschaffen, weil jeder 'ne Idee hatte, in irgendeiner Form hat einer 'ne Lösung gebracht, das wurde schnell operativ umgesetzt und dann ging's weiter.« (JG, 19)

Hier wird eine Notfallsituation zum Prüfstein von Rationalität: die hohe Reaktivität und die Fähigkeit zur Improvisation verblüffen und beeindrucken die Westdeutschen, sind darüber hinaus aber auch wirtschaftlich effizient. Dieses Bild ist allerdings gerade aufgrund seiner exzeptionellen Stellung als Gegendarstellung gegen die Überlegenheit des kapitalistischen Wirtschaftssystems nicht die Regel, sondern eine Ausnahme. Dass hierbei oft auch ein moralisierender Unterton mitschwingt, zeigt eine weitere Passage aus dem Interview mit dem zitierten Fertigungsbereichsleiter:

»Also, wir haben sehr oft Autos wegschicken müssen, um das Material noch ranzuschaffen. [...] Ein bis zwei Positionen gab's dort in der Regel, wo also dann fix ein Lkw oder ein Pkw fortgeschickt wurde, um das Material noch so ranzuschaffen, dass die Bänder nicht zum Stillstand kamen. Es ist uns meistens gelungen. Also, mir ist nicht bekannt, dass in irgendeiner Form ein Band stillstehen musste, weil da was gefehlt hat. Es ist vorgekommen, dass einiges nachgerüstet werden musste, dort, wo es möglich war, das ist ja nicht in jedem Falle möglich gewesen. Wenn das Material gefehlt hat, wo es gerade mitten in der Montage war. Ja, aber es gab auch Positionen, die man nachrüsten konnte, wo man also die Autos erstmal zur Seite gestellt hat und hat dann die Teile im Nachhinein noch nachmontiert. Das ist auch vorgekommen, aber es gab natürlich entsprechend sehr viele Disponenten, das ist ja sicher heut' völlig anders. So, heute kommen sie auf dich zu und wollen dir was verkaufen. Das ist ja nun eine völlig neue Situation für die Leute heute. Wir mussten ja rausfahren und betteln, um überhaupt das Material zu bekommen. Weil ja auch alles bilanziert war. So. Und da musste auch-, einiges musste ja auch zusätzlich beschafft werden.« (JG, 12–13)

Die schwierige Lage von Zuliefer- und Dienstleistungsbetrieben, die sich heute oftmals in starker Abhängigkeit von den Finalproduzenten befinden, wird hier als eine Umkehrung der DDR-Situation verstanden, wo es der Finalhersteller war, der immer wieder (und oft vergeblich) auf die externen Betriebe zugehen musste. Eine rationale Begründung hierfür mag es zwar geben, doch führt diese Umstrukturierung nicht automatisch zur Verbesserung der Situation – ein neues Ungleichgewicht ersetzt das alte.

Was Subjektivierungsmöglichkeiten in der heutigen Arbeitswelt betrifft, so gibt es allerdings auch Einschätzungen des Wandels, die eine durchaus positive Tendenz besitzen. Sie müssen sich nunmehr an einer zwar informellen, jedoch als zwingend wahrgenommenen Rationalität des Gesamtbetriebes orientieren, wovon wiederum vor allem die Angestellten und Leiter der mittleren Managementebene profitieren. Sie beschreiben ihre Arbeit heute oftmals als Teil einer »Selbstverwirklichungsstrategie«. Ein Ingenieur, der seit 1990 in der Fabrikplanung von VW tätig ist, deutet dies bei der Beschreibung der schwierigen Arbeit als sozialistischer Leiter an:

»Also, wenn Sie Leiter im Sachsenring waren, da kamen Sie auch mit'm Achtstundentag nicht hin. Sie hatten bloß nichts davon. Da hatte der Dreischichter eben im Presswerk, der hatte mehr in der Tasche, netto, als Sie als Abteilungsleiter. Der ist aber nach acht Stunden nach Hause gegangen und war erstmal... Wir sind mit x Problemen nach Hause gegangen. Das war ja nicht so, dass man gesagt hat: ›Ja, ja, geht mich alles nichts an.‹ Sie hingen schon an den Problemen. Dann konnst'es noch weniger beeinflussen. Heute haben Sie ja ganz andere Möglichkeiten, Aufgaben zu lösen.« (KL, 41–42)

Während die leitenden Angestellten heute Probleme lösen können, denen sie einstmals hilflos gegenüberstanden, sind auf shop-floor-Ebene bestimmte Freiräume einer informellen Selbstbestimmung weggefallen. Dies wird zwar durchweg als Professionalisierung begrüßt, begrenzt aber Kreativität auf ein Feld, das durch betriebliche Erfordernisse gesteuert wird. In dieser Hinsicht wird deutlich, dass der zur Wendezeit durch die Betriebsleitungen propagierte Strukturwandel der Automobilindustrie auch solche Wirkungen in der Arbeitswelt zeitigte, die für die Beschäftigten durchaus ambivalent waren.

Arbeitsbeziehungen

Ein signifikanter Bruch zwischen Realsozialismus und Kapitalismus wird vor allem in den Arbeitsbeziehungen wahrgenommen. Auch hier sind Unterschiede in der Wahrnehmung durch Arbeiter und Angestellte auszumachen, die vor allem mit dem Verhältnis von Individuum und Gruppe und dessen Bewertung zusammenhängen. Beklagt werden auf shop-floor-Ebene sowohl neue Rivalitäten und Prozesse der Entsolidarisierung wie auch die eigene Machtlosigkeit gegenüber ungerechter Behandlung, vor allem durch Vorgesetzte. Die neuen Machtverhältnisse stellen im Extremfall eine Umkehrung bisheriger Abhängigkeitsverhältnisse dar, wie sich an der Aussage eines Arbeiters aus der Karosseriefertigung erkennen lässt:

> »Wer früher irgendwas gesagt hat gegen den Staat, der musste damit rechnen, dass er hier-, da gibt's einige Beispiele. Und dem Mann wurde unter Umständen auch – die Karriere auf alle Fälle – die Existenz versaut. Und heute ist-, jeder poplige Schichtführer kann Dir die Existenz vermasseln. Gerade jetzt, wie's jetzt der Fall ist, bei Massenentlassungen.« (GW, 18)

Die ehemals »passive Stärke« der Arbeiter wandelt sich aus dieser Sicht in eine auch im Arbeitsalltag bedeutende Position der Schwäche (Voskamp/ Wittke 1990: 23). Die Gruppenbildung im sozialen Raum des Betriebes wird zwar nach wie vor sowohl durch formale Vorgaben gestützt (etwa durch die Bildung von »Teams«) als auch durch informelle Prozesse gesteuert, doch haben die innerbetrieblichen Gruppen in der Hierarchie einen schwächeren und leichter angreifbaren Status als zuvor. Während nämlich die Arbeitskollektive der DDR weitgehend dauerhafte Strukturen und damit die Anlage zu einer hohen Binnenkohäsion aufwiesen, ist dies bei heutigen Arbeitsgruppen nicht mehr der Fall. Sie werden weitaus weniger als Schutzraum wahrgenommen; sie verlieren an Geschlossenheit, die Mitgliedschaft fluktuiert stärker und die Flexibilität wächst, mit den entsprechenden Folgen für die Gruppensolidarität. Die neue Offenheit der innerbetrieblichen Gruppen hat zwei Seiten: sie setzt den Einzelnen einem stärkeren Konkurrenz- und Rechtfertigungsdruck aus, bietet aber durch die deutlichere Trennung von arbeitsmäßigen und privaten Rollen auch Entlastung vom Gruppendruck. Damit geht eine Neudefinition von Kollegialität einher, die nun seltener als freundschaftlich-persönliches Zugetan-Sein verstanden werden kann, sondern als

»ein durchaus kühles Verhältnis, das mit einer gewissen Indifferenz [...] durchgestanden wird. Kollegen sind nicht durch gemeinsame Gefühle oder wechselseitige persönliche Wertschätzung, sondern durch ihr Wissen um die Kehrseite der formalen Organisation und die Notwendigkeit nichtlegitimierbarer Leistungen verbunden.« (Luhmann 1976: 323)

In den Wahrnehmungen der Interviewten wird diese subtile Änderung in der Bedeutung von Kollegialität indes oft gleichgesetzt mit ihrem gänzlichen Verlust. Dieser viel bemühte Topos der verlorenen Solidarität und Kollegialität wird von dem Betriebsratsvorsitzenden eines Sachsenring-Nachfolgeunternehmens beschworen:

»Also, da braucht man eigentlich gar nicht so sehr viel darüber reden. Das war in der Regel kollegial. Sehr kollegial, teilweise bis zu freundschaftlich. Man spricht immer über den Zusammenhalt, oder den besseren Zusammenhalt, den es damals gab. Der war natürlich auch teilweise aus der Not heraus geboren. Man hat sich gegenseitig geholfen, ob das im Gartenverein war oder bei seinen was weiß ich, bei seinen Hobbys, aber es gab damals bei weitem nicht diese Neiddiskussionen, die es heute gibt. Wenn Sie wissen, was ich meine! Es war vieles viel, viel kollegialer. Einschränkung: natürlich auch aus der Not heraus geboren.« (JB, 10)

In auffälligem Gegensatz zu Meinungsäußerungen dieser Art sehen sich aber vor allem Angestellte und Leiter in der ›neuen Zeit‹ als deutlich vom Gruppendruck entlastet an, was vor allem zwei Gründe hat: einerseits entfällt der Zwang zur Erfüllung einer Reihe von Rollenerwartungen (etwa gegenüber den politischen Machthabern), andererseits erfuhren sie nach der Umstrukturierung einen Zuwachs an Leitungskompetenz und an Macht. Nicht nur in fachlicher Hinsicht, sondern auch bezüglich sozialer Beziehungen (zu denen natürlich auch Machtbeziehungen zu zählen sind) wird ihnen heute die Möglichkeit einer größeren Entfaltung geboten. Der Wandel der Arbeitsbeziehungen ermöglicht ihnen eine Befreiung von lästigen Fesseln, durch die sie zuvor an Gruppenstrukturen gebunden waren. Aus diesem positiven Eindruck resultieren dann auch Einschätzungen von Arbeitsbeziehungen, die paradoxerweise gerade die bewahrte Kollegialität in den neuen Betrieben betonen. Diese Kollegialität stellt demnach heute ein nach wie vor wesentliches Unterscheidungskriterium zwischen west- und ostdeutschen Unternehmen dar. Einer der bereits zitierten Ingenieure und Fabrikplaner meint:

»Das ist heute auch noch kollegial, weil wir das eigentlich noch übernommen haben, das ist aber in den westlichen Werken, ist da ein Unterschied zwischen den heutigen, alten Bundesländern und uns. Bei uns gibt's 'ne sehr kollegiale Zusammenarbeit, die-, da kann man nun rätseln, entweder ist das eine typische Sachsenkomponente oder es ist 'ne Komponente der Vergangenheit, aber ich tippe da mehr auf 'ne mentale Sache, die sich in Sachsen abspielt. Sind wir im Konzern eigentlich immer in Führung in allen Beziehungen und wir haben 'ne sehr große Kollegialität auch bei uns. Das ist nicht meine Auffassung, sondern das prophezeien immer die Chefs, die von Wolfsburg hierher kommen, weil die das ja öfter wechseln. Und die Chefs, die hierher kommen, die sind immer begeistert von der Kollegialität, die es hier gibt. Man muss nicht Anweisungen mit'm Daumen erst durchdrücken, das ist so. Diese Kollegialität ist 'rübergewachsen und da kämpfen wir drum, das zu erhalten, weil das ein wesentlicher Vorteil ist jetzt gegenüber unseren Partnern in den alten Bundesländern, und wenn wir existieren wollen, müssen wir besser sein.« (FW, 15–16)

So verwandeln die neuen Verhältnisse jene überkommenen Tugenden, die gleichsam als »kulturelle Tradition« des Realsozialismus verstanden werden können, in einen ökonomischen Vorteil. Das Bild vom »Kapitalismus mit menschlichem Antlitz« verweist aus Sicht der Leiter auf Kontinuitäten in den Arbeitsbeziehungen, die im ›richtigen‹ Kontext auch effizientes Wirtschaften ermöglichen. Für die Arbeiter steht dagegen die Verlusterfahrung im Vordergrund.

Die Aussagen über die veränderten Arbeitsbeziehungen zeigen am deutlichsten die Neudefinition, die die sozialistischen Betriebe und die ostdeutsche Arbeitswelt nach 1990 erfahren haben. Diese besteht hauptsächlich in dem Wandel jener Faktoren, die den Betrieb als sozialen Raum konstituieren. Die Bewertung von Arbeitsbeziehungen durch die Interviewpartner erfolgt nach Maßstäben, die in der DDR-Zeit angelegt wurden. Dies macht der Gebrauch von Kriterien wie »Solidarität«, »Kollegialität« und »Gemeinschaft« deutlich. Zugleich stellt der dieserart verstandene Zusammenhang der Arbeitsbeziehungen auch ein Abbild der gesellschaftlichen Veränderung insgesamt dar. Das soziale Leben im betrieblichen Raum gilt als Gradmesser und Symbol dafür, wie die soziale Landschaft der Bundesrepublik gestaltet ist. Hier zeigt sich gleichsam ein Erbe der sozialistischen Betriebsplanung, mit den VEB gesellschaftliche Basisinstitutionen (Lutz 1995) schaffen zu wollen. Unternehmen werden von den ehemaligen DDR-Beschäftigten tatsächlich nicht als einzelnes, wenn auch wichtiges Funktionssegment, sondern umfassend als Abbild der Gesellschaft verstanden.

IV. Fazit

In der Zusammenschau zeigt sich, dass aus Sicht der ostdeutschen Beschäftigten Kontinuität und Wandel in der Zeit nach 1990 nebeneinander bestehen. Dieser Befund relativiert die Ergebnisse jener sozialwissenschaftlichen Transformationsforschung, die in den 1990er Jahren vor allem den Bruch in der Arbeitswelt betonten. Ganz offensichtlich werden unterschiedliche Aspekte von Arbeit in je unterschiedlicher Weise bewertet, zumal weitere Differenzierungen wie etwa diejenige nach Beschäftigtengruppen gleichfalls eine Rolle spielen. So ist erkennbar, dass Arbeiter und Angestellte in unterschiedlicher Weise Veränderungen kommentieren, da in Bezug auf die Funktionsbereiche dieser Gruppen Auf- und Abwertungsprozesse von Arbeit erfolgt sind, die sich in den Erfahrungen Einzelner niederschlagen müssen. Auch Lebensalter, Geschlecht und Ausbildungsstand haben – hier nicht berücksichtigte – Auswirkungen auf die Interviewaussagen der Beschäftigten, wodurch das Bild eine weitere Differenzierung erfährt.

Aus dem zeitlichen Abstand von inzwischen über 15 Jahren werden die Eindrücke eines dramatischen Strukturwandels gemildert und Kontinuitäten treten stärker in den Vordergrund. Dies ist nicht nur dem Bedürfnis der Interviewpartner nach biografischer Harmonisierung geschuldet, die einen Grundzug von qualitativen Interviews darstellt. Es hängt auch damit zusammen, dass zur Wendezeit die Betonung bruchhafter Erfahrungen naturgemäß im Vordergrund stand, und zwar sowohl in der Öffentlichkeit wie in der sozial- und kulturwissenschaftlichen Forschung. Dieser Eindruck ist inzwischen einer weniger strikten Abgrenzungspraxis gewichen.

Ob und wie die Beschäftigten der Automobilindustrie ihre Arbeitserfahrungen aus sozialistischer Zeit in gegenwärtigen Arbeitsverhältnissen verwenden können, ist eine praxisbezogene Frage, die pauschal nicht zu beantworten ist, weder im bejahenden Sinne eines Wolfgang Engler noch in der Verneinung. Die ostdeutschen Beschäftigten haben die kapitalistische Herausforderung erfolgreich angenommen (wenn sie nicht arbeitslos oder in die Frühverrentung verabschiedet wurden). So steht das VW-Werk in Zwickau-Mosel innerhalb des Konzernverbundes sehr gut da, wie nicht nur von offizieller Seite, sondern auch von den nicht dem Werk angehörenden Interviewpartnern betont wird. Allerdings ist diese Situation in erster Linie einer modernisierten Autoproduktion und einem »Verschlankungsprozess« zu verdanken, der auf einen großen Teil der Arbeitsplätze eher geringfügige Auswirkungen hatte. Neuartige Subjektivierungsprozesse lassen sich aber doch zumindest in Ansätzen festhalten, differenziert nach Arbeitsaufgabe und Stellung der Beschäftigten im Unternehmen. Dabei verdient vor allem festgestellt zu werden, dass dieser für die heutige Arbeitswelt so wichtige Aspekt der Subjektivierung von den ehemaligen DDR-Bürgern selbst eher gering veranschlagt wird. Für sie beschreibt er letztlich ein Distanzierungsbemühen gegen »die da oben«, das zu DDR-Zeiten selbstverständlich war.

Literatur

Aderhold, Jens u.a. (1994), *Von der Betriebs- zur Zweckgemeinschaft. Ostdeutsche Arbeits- und Managementkulturen im Transformationsprozeß*, Berlin.

Alt, Ramona u.a. (1994), *Vom Werktätigen zum Arbeitnehmer. Der Umbruch von Arbeitsbeziehungen und Sozialpolitik in ostdeutschen Betrieben*, hg. von der Hans-Böckler-Stiftung (Manuskripte 142), Düsseldorf.

Bauer, Reinhold (1997), »Car Manufacture in the German Democratic Republic in the Seventies – A Modernization-Project Failure«, in: ICON. *Journal of the International Committee for the History of Technology* 3, S. 106–123.

Bauer, Reinhold (1999), *PKW-Bau in der DDR. Zur Innovationsschwäche von Zentralverwaltungswirtschaften*, Frankfurt a.M.

Engler, Wolfgang (2002), *Die Ostdeutschen als Avantgarde*, Berlin.

Fiedler, Astrid/Steger, Thomas (1996), »Das Verhältnis der Werktätigen zur Arbeit in ostdeutschen Industriebetrieben – Beharrung oder Neuorientierung?«, in: Manfred Becker/Rainhart Lang/Dieter Wagner (Hg.): *Sechs Jahre danach: Personalarbeit in den neuen Bundesländern*, München/Mering, S. 75–96.

Hartz, Peter (1996), *Das atmende Unternehmen. Jeder Arbeitsplatz hat einen Kunden*, Frankfurt a.M./New York.

Heidenreich, Martin (1992) (Hg.), *Krisen – Kader – Kombinate. Kontinuität und Wandel in ostdeutschen Betrieben*, Berlin.

Heismann, Günter (2000), *Überholen ohne einzuholen. Neue Hochtechnologien zwischen Ostsee und Thüringer Wald*, Berlin.

Jürgens, Ulrich/Malsch, Thomas/Dohse, Knuth (1989), *Moderne Zeiten in der Automobilfabrik. Strategien der Produktionsmodernisierung im Länder- und Konzernvergleich*, Berlin u.a.

Kaschuba, Wolfgang (1991), »Arbeiterkultur heute: Ende oder Transformation?«, in: Ders./Gottfried Korff/Bernd Jürgen Warneken (Hg.), *Arbeiterkultur seit 1945 – Ende oder Veränderung?*, Tübingen, S. 31–53.

Kern, Horst/Voskamp, Ulrich (1994), »Bocksprungstrategie – Überholende Modernisierung zur Sicherung ostdeutscher Industriestandorte?«, in: *SOFI-Mitteilungen* 21, S. 98–138.

Kirchberg, Peter (2001), *Plaste, Blech und Planwirtschaft. Die Geschichte des Automobilbaus in der DDR*, 2. Aufl., Berlin.

Luhmann, Niklas (1976), *Funktionen und Folgen formaler Organisation*, 3. Aufl. Berlin (Orig.-Ausg. 1964).

Lutz, Burkart (1995), »Betriebe im realen Sozialismus als Lebensraum und Basisinstitutionen. Erste Hypothesen und offene Fragen zur Transformationsforschung«, in: Rudi Schmidt/Burkart Lutz (Hg.), *Chancen und Risiken der industriellen Restrukturierung in Ostdeutschland*, Berlin, S. 135–158.

Marz, Lutz (1991), »Selbstauflösung. Zu den mentalen Fundamenten realsozialistischer Unternehmenskulturen«, in: *Zeitschrift für Ethnologie* 116, S. 43–64.

Möser, Kurt (2002), *Geschichte des Autos*, Frankfurt a.M./New York.

Müller, Birgit (2003), »Produktivität und Identität: Vom Sozialistischen Wettbewerb zur kapitalistischen Mission gen Osten«, in: Sabine Hess/Johannes Moser (Hg.), *Kultur der Arbeit – Kultur der neuen Ökonomie. Kulturwissenschaftliche Beiträge zu neoliberalen Arbeits-und Lebenswelten*, Graz, S. 105–121.

Schmidt, Rudi/Lutz, Burkart (1995) (Hg.), *Chancen und Risiken der industriellen Restrukturierung in Ostdeutschland*, Berlin.

Schönberger, Klaus/Springer, Stefanie (2003) (Hg.), *Subjektivierte Arbeit. Mensch, Organisation und Technik in einer entgrenzten Arbeitswelt*, Frankfurt a.M./New York.

Schriewer, Klaus (2001), »Arbeitskulturen. Theorie der Arbeit, polykulturelle Gesellschaft und die Herausforderung Europa«, in: *Vokus* 11, H. 1, S. 4–15.

Seifert, Manfred (2004), »Arbeitswelten im Wandel. Zur Ethnographie der Arbeitsbedingungen und Arbeitsauffassungen«, in: *Rheinisch-westfälische Zeitschrift für Volkskunde* 49, S. 57–94.

Senghaas-Knobloch, Eva (1992), »Notgemeinschaft und Improvisationsgeschick. Zwei Tugenden im Transformationsprozeß«, in: Martin Heidenreich (Hg.), *Krisen – Kader – Kombinate. Kontinuität und Wandel in ostdeutschen Betrieben*, Berlin, S. 295–309.

Steinkühler, Mirko (1995), *Lean Production – Das Ende der Arbeitsteilung?*, München u.a.

Volkwein, Alice (2005), *Tagungsbericht »Interdisziplinäre Konferenz zur französischen DDR- und Transformationsforschung: Ein soziokultureller Ansatz der Politik«*, 22.04. 2005, http://frda.fr.funpic.de/index.php?site=artikel&id=13&lang=de (Abruf v. 7.10.2005).

Voskamp, Ulrich/Wittke, Volker (1990), »Aus Modernisierungsblockaden werden Abwärtsspiralen – zur Reorganisation von Betrieben und Kombinaten der ehemaligen DDR«, in: *SOFI-Mitteilungen* Nr. 18, S. 12–30.

Weymar, Thomas (1985), *Im Trabi zur Sonne, zur Freiheit. Entwicklungen, Folgen und Ursachen des Automobilverkehrs im realen Sozialismus am Beispiel der DDR*, Köln.

Wieschiolek, Heike (1999): *»... ich dachte immer, von den Wessis lernen heißt siegen lernen!« Arbeit und Identität in einem mecklenburgischen Betrieb*, Frankfurt a.M./New York.

Womack, James P./Jones, Daniel T./Roos, Daniel (1990), *The Machine That Changed the World*, New York.

Wissenschaftliche Arbeit im Wandel am Beispiel der DDR-Volkskunde nach 1989

Blanka Koffer

Für den gesellschaftlichen Umbruch nach 1989 kann der Bereich der Industriebetriebe und Unternehmen in der qualitativen Arbeitskultur- und Transformationsforschung als sehr gut beforscht bezeichnet werden. Weniger Interesse hat bisher der Bereich der Wissenschaften auf sich gezogen. Der folgende Beitrag beschäftigt sich mit der Frage, wie sich Arbeitsbedingungen und Arbeitsweise von DDR-Volkskundlern in der außeruniversitären Forschung nach der Wende von 1989 verändert haben. Im Folgenden skizziere ich zunächst die strukturellen Veränderungen im Bereich der außeruniversitären geisteswissenschaftlichen Forschung und die institutionelle Umstrukturierung der DDR-Volkskunde. In diesem Zusammenhang werde ich anschließend das Aufeinandertreffen der beiden deutschen Wissenschaftskulturen aus der heutigen Perspektive einiger vormals an der Akademie der Wissenschaften angestellten Kulturhistoriker darstellen.

Nach 1989 war die Frage nach dem Erhalt der zentralen Forschungsinstitution der DDR, der Akademie der Wissenschaften, eng mit der Frage der Eigenstaatlichkeit der DDR verknüpft. Im Einigungsvertrag vom 31. August 1990 wurde die Auflösung der Akademie der Wissenschaften zum 31. Dezember 1991 festgelegt. Einzelne erhaltenswerte Forschungseinrichtungen sollten in Länderverantwortung übergehen und die Forschung insgesamt an die bislang vorgeblich forschungsfreien Universitäten zurückgeführt werden. Folgerichtig erfolgte eine Evaluation der wissenschaftlichen Leistung nur für die Akademie der Wissenschaften, obwohl an den Universitäten durchschnittlich 30 Prozent der Gesamtarbeitszeit für Forschungen aufgewendet wurde (Steinwachs 1993; Kocka 1995; Pasternack 1996).

Die Naturwissenschaften wurden dabei erheblich vorbehaltloser in die neue Zeit übernommen als die vermeintlich systemnäheren Gesellschaftswissenschaften, wie Jürgen Mittelstraß 2002 im Rückblick verdeutlicht:

»Der Grundtenor in den Naturwissenschaften war: Da ist ideologisch manches nicht in Ordnung gewesen, aber wissenschaftlich seid ihr gut, also übernehmen wir euch. In den Geisteswissenschaften war es eher umgekehrt. Man sagte: Wissenschaftlich seid ihr gut gewesen, aber ideologisch war einiges im Argen, deswegen nehmen wir euch nicht. Im Wissenschaftsrat gingen große Einrichtungen aus den Naturwissenschaften [...] in Diskussionen von einer halben bis einer Stunde über den Tisch, im Sinne von: »Werden in das neue System überführt«. Mit Einrichtungen im Bereich der Geisteswissenschaften [...] ist man ganz anders umgegangen. Da gab es manchmal stundenlange Diskussionen um kleine Gruppen, und dies meist mit einem negativen Resultat.«[1]

Zur Integration der positiv evaluierten Wissenschaftler wurde vom Bund das Wissenschaftler-Integrations-Programm (WIP) aufgelegt. Während seiner Laufzeit bis Ende 1996 war das WIP für die aufnehmenden Universitäten in finanzieller Hinsicht attraktiv, weil es kostenloses Personal und zusätzliche Sachmittel einbrachte. Integriert im Sinne einer dauerhaften Weiterbeschäftigung wurden die insgesamt knapp 2.000 Wissenschaftler im WIP (Mayntz 1994) allerdings nicht. In Berlin etwa beträgt die Verbleibsquote im Jahr 2002 ganze 4 Prozent (Bloch/Pasternack 2004).

Im Gegensatz zum außeruniversitären Wissenschaftsbereich verlief die Umstrukturierung der Universitäten dezentral, da die vormalige zentralstaatliche Verantwortung für die Universitäten nun auf die Regierungen der neu gegründeten Länder überging. Festzuhalten sind als wichtige Ergebnisse der erfolgten Umstrukturierung der DDR-Wissenschaften: Veränderungen in der Art der Institutionalisierung, der Personalstruktur, der Beschäftigungsverhältnisse und des wissenschaftlichen Tätigkeitsprofils. Die Universitäten sind institutionell gesehen in ihrer Position innerhalb der Wissenschaftslandschaft gestärkt hervorgegangen. Als Neuerungen auch zum implementierten bundesrepublikanischen System sind eine Zunahme der so genannten Blaue-Liste-Einrichtungen und die Gründung der so genannten Geisteswissenschaftlichen Zentren zu verzeichnen: In diesen neu geschaffenen Forschungsschwerpunkten der Max-Planck-Gesellschaft wurden bis 1995 etwa hundert vormals an der Akademie beschäftigte Wissenschaftler aufgenommen. Zusätzlich bildete sich mit der Gründung von eingetragenen Vereinen die so genannte »Zweite Wissenschaftskultur« heraus.

Nach der Umgestaltung des politischen Systems stand genügend wissenschaftliches Personal aus der alten BRD zur Verfügung, das bereit und

1 Zitiert nach Bloch/Pasternack 2004: 33.

aufgrund der geforderten Qualifikation in der Lage war, die Ansässigen aus ihren Positionen zu verdrängen. Gleichzeitig wurde ein massiver Stellenabbau betrieben. Veranschaulichend sei hier die Veränderung der Personalstruktur an der Berliner Humboldt-Universität bis 1994 in Zahlen genannt: 75 Prozent der Professoren, 87 Prozent der Dozenten und 90 Prozent der Angehörigen des »Mittelbaus« wurden entlassen. Im gleichen Zeitraum wurde an der HU Berlin ein Drittel aller Stellen abgebaut, im einzelnen ein Drittel aller Professuren und vier Fünftel der Stellen im so genannten Mittelbau. In den neuen Bundesländern wurden im genannten Zeitraum insgesamt etwa 7.500 Professuren neu ausgeschrieben (Kocka 1995; Raiser 1998; Buck-Bechler/Jahn 1994). »Frauen und Geisteswissenschaften«, so Jürgen Kocka (Kocka 1995) sind bei den Verlierern überrepräsentiert, insgesamt ist neben einer »Vermännlichung und Verwestlichung« eine deutliche Statusverschlechterung der verbliebenen DDR-Wissenschaftler festzustellen (Pasternack 1996). Dabei spielten Entlassungen aus politischen Gründen eine untergeordnete Rolle: Nur etwa 10 Prozent der Kündigungen sind darauf zurückzuführen (Kocka 1995).

Nicht nur im Hinblick auf das Übergangskonstrukt WIP und den neu geschaffenen Bundesangestelltentarif BAT-Ost sahen sich die zuvor unbefristet angestellten DDR-Wissenschaftler in allen Einrichtungen mit neuen Arbeitsverträgen konfrontiert: Zeitlich befristete drittmittelfinanzierte Projektstellen, Werkverträge und Arbeitsbeschaffungsmaßnahmen markieren die Tendenz zu prekärer Beschäftigung auch in den Wissenschaften. Seit Herbst letzten Jahres werden auch an Hochschulen so genannte Ein-Euro-Jobs eingerichtet.[2] Zusätzlich wurde der Mittelbau abgewertet: Diese vormals unbefristeten Funktionsstellen in der Lehre wurden in zeitlich befristete Qualifizierungsstellen umgewandelt. Die unsichere Perspektive hinsichtlich einer Weiterführung der Forschungsprojekte, ein hoher Konkurrenzdruck, aber auch die Einführung verbesserter Kommunikationstechnologien und der Wegfall der Reisebeschränkungen bewirkten eine enorme Temposteigerung wissenschaftlichen Arbeitens. Zusätzlich musste Anschluss an bundesrepublikanisch geprägte Fachdiskurse gesucht werden. Die Wissenschaftler im WIP wurden teilweise vor die neue Aufgabe der Lehre gestellt. Angesichts wachsender Studentenzahlen bei gleichzeitigem

2 Dies geht aus der Antwort des Thüringer Kultusministeriums vom 6.12.2004 auf die Anfrage eines SPD-Landtagsabgeordneten hervor (Thüringer Landtag, 4. Wahlperiode, Drucksache 4/438).

Personalabbau mussten in der Folge viele Wissenschaftler an den Universitäten ihre Forschungsaktivitäten einstellen.

Diese allgemeinen Rahmenbedingungen bestimmten auch die Weiterentwicklung der Volkskunde. In der DDR war diese als wissenschaftliche Disziplin unter den Namen »Ethnografie« in der universitären Lehre und als »Kulturgeschichte/Volkskunde« in der außeruniversitären Forschung institutionalisiert. Es handelt sich insgesamt um eine kleine und überschaubare Disziplin: Am Bereich Ethnografie in der Sektion Geschichte der Humboldt-Universität waren zum Zeitpunkt der Wende sechs Lehrende beschäftigt. Der Wissenschaftsbereich Kulturgeschichte/Volkskunde am Zentralinstitut für Geschichte der Akademie der Wissenschaften umfasste insgesamt 29 Wissenschaftler in Berlin und in den beiden Außenstellen in Rostock und Dresden.

Der Wissenschaftsbereich wurde im Sommer 1991 positiv evaluiert. Die unterschiedliche regionalpolitische Entwicklung nach 1990 bestimmte die weitere Perspektive der vormaligen Außenstellen und ihres Personals: In Dresden und Rostock gelang es nach Gründung der neuen Länder mit Unterstützung lokaler und überregionaler Netzwerke in Wissenschaft und Politik, die Außenstellen unter Erweiterung des Institutsprofils und unter westdeutscher Leitung weiterzuführen. Das Institut für Sächsische Geschichte und Volkskunde e.V. in Dresden besteht nach wie vor als außeruniversitäre Forschungseinrichtung, das Institut für Volkskunde in Rostock ist inzwischen an die Universität angegliedert. In Berlin wurden die einzelnen Forschungsgruppen nicht weitergeführt, die einzelnen Mitarbeiter realisierten unterschiedliche individuelle Exit-Optionen. An der Humboldt-Universität besteht heute das Institut für Europäische Ethnologie, Inhalte und Personal haben sich deutlich geändert. Die Umbenennung des Bereichs erfolgte 1991 unter Verzicht auf den völkerkundlichen Ausbildungsteil in Abgrenzung zum Institut für Ethnologie an der Westberliner Freien Universität. 1994 arbeiteten am Institut für Europäische Ethnologie drei Professoren und neun wissenschaftliche Mitarbeiter, vom ursprünglichen Personal wurde lediglich die Sekretärin übernommen.

Im November 1989 waren in den genannten Institutionen 35 Wissenschaftler beschäftigt, davon waren bislang 20 bereit, sich im Rahmen meines Promotionsvorhabens interviewen zu lassen. Für den vorliegenden Beitrag wurden die Interviews mit Frau Seidel, Frau Fechner und Herrn

Schultz[3] zur detaillierteren Auswertung ausgewählt, da bei diesen drei Fachvertretern ähnliche Ausgangsbedingungen für den Start ins neue Arbeitsleben und Erfahrungen in der neuen Arbeitswelt nach 1989 gegeben sind: Alle drei sind um 1949 herum geboren, absolvierten ein Studium der Kulturwissenschaften und arbeiteten in den 1980er Jahren als promovierte wissenschaftliche Mitarbeiter am Bereich Kulturgeschichte/Volkskunde im Zentralinstitut für Geschichte an der Akademie der Wissenschaften in Berlin. Es ergeben sich unterschiedliche Problemwahrnehmungen und Handlungsstrategien entlang der Kategorien Geschlechtszugehörigkeit und politische Einstellung.

Grundsätzlich haben alle drei die Wende und die späteren Umstrukturierungen begrüßt. Frau Seidel sagt, sie habe der »Akademie keine Träne nachgeweint«. Positiv hebt Herr Schultz hervor, dass er nun berufliche Anerkennung und einen produktiven wissenschaftlichen Austausch erlebe. Auch für das Fach insgesamt sei die Entwicklung ein Gewinn. Einig sind sich Frau Seidel, Herr Schultz und Frau Fechner darin, dass nun eindeutig mehr Fachkompetenz und gegenseitiges wissenschaftliches Interesse zu verzeichnen sei. Zudem sei wegen des Wegfalls der umfangreichen Einflussnahme von außen unbefangeneres Arbeiten möglich. Die Diskussionen unter Kollegen würden deutlich sachbezogener und ergebnisorientierter verlaufen.

Zu dieser positiven retrospektiven Einordnung des Systemwechsels tragen drei Faktoren bei: Die individuellen Ressourcen, die jeweils vorgefundenen Arbeitsbedingungen und -kollegen, und drittens die Verarbeitung der eigenen Erfahrungen im Sinne einer biografischen Kontinuität. Der Begriff der »Ressourcen« umfasst hier die beruflichen Kompetenzen wie Ausbildung und Berufspraxis, die Integrationsfähigkeit der bisherigen Forschungsarbeit in aktuelle Fachdiskurse und den Zugang zu Netzwerken beruflicher und privater Art. Die gleiche wissenschaftliche Ausbildung, das Studium der Kulturwissenschaften, wird von Frau Fechner und von Herrn Schultz unterschiedlich positiv bewertet: Während Frau Fechner die bereits im Studium praktizierte Offenheit für die Nachbardisziplinen und damit für fachfremde Methoden und Theorien betont, hebt Herr Schultz die ausgeprägte Kompetenz zur Theoriebildung hervor. In Frau Seidels Erzählung spielt ihr Herkunftsfach kaum eine Rolle, breiten Raum nehmen hingegen ihre Erfahrungen an einem sozialwissenschaftlichen Forschungs-

---

3 Die Namen der genannten Zeitzeugen sind geändert.

institut ein: Hier erlebt sie einen wissenschaftlich fruchtbaren Arbeitszusammenhang, den sie allerdings nach wenigen Jahren aus politischen Gründen verlässt.

Alle drei sind letztlich Vertreter einer als »historische Kulturwissenschaft« verstandenen Volkskunde, die so allerdings nicht kollektiv am Akademieinstitut betrieben wurde. Vielmehr bestand hier seit der Akademiereform von 1968/69 ein Spannungsverhältnis zwischen Kulturhistorikern und Verfechtern der traditionellen Volkskunde. Herr Schultz versuchte die sozialhistorische Herangehensweise am Bereich zu etablieren, alltagsgeschichtliche Fragestellungen mit der Einbettung in übergeordnete Strukturen und Entwicklungen zu verbinden. Andere von der Ergiebigkeit seines Ansatzes zu überzeugen, wollte ihm jedoch laut Eigenaussage und Aussagen von Kollegen nicht recht glücken. Herr Schultz macht dafür die fachspezifische Detailverliebtheit der Volkskunde und die strukturimmanenten starren Hierarchien am Institut verantwortlich. Frau Fechner wählte zu Beginn ihres Arbeitsverhältnisses an der Akademie das Forschungsfeld Frauengeschichte und war eine der wenigen Kulturhistorikerinnen in der DDR, die mit der Methode der Oral History arbeiteten. Frau Seidel behielt ihren Forschungsgegenstand – weibliche Erwerbstätigkeit in der Industrie – bei, verlegte aber den Untersuchungszeitraum von der Gegenwart ins 19. Jahrhundert. Ihre Haltung gegenüber der traditionellen Volkskunde deckt sich mit der Einstellung von Frau Fechner. Die Kollegen arbeiteten teilweise an ungewöhnlichen Forschungsthemen, aber man habe sich ungestört seinen eigenen Themen widmen können, auch die so genannte »Rotlichtbestrahlung« – Versuche der ideologischen Beeinflussung – sei hier viel weniger intensiv gewesen als in der gegenwartsorientierten Forschung.

Bei allen drei Befragten sind unabdingbare Voraussetzungen für die Anpassung an eine neue Arbeitswelt vorhanden. Durch die Mitarbeit in parteipolitischen beziehungsweise gewerkschaftlichen Gremien, die Mitgründung und Mitgliedschaft in verschiedenen Gesprächszirkeln, Redaktionsarbeit und politisches Engagement zur Zeit der Wende wurde bei allen Befragten die Fähigkeit zur Auseinandersetzung und Meinungsbildung geschult. Frau Seidel und Frau Fechner sind aus der Soziologie und der Frauenforschung Projektdiskussionen gewöhnt. Mit Rückgriff auf diese Fähigkeiten und mit der Nutzung der bereits beschriebenen Ressourcen konnte auf die offene Situation des Umbruchs flexibel reagiert werden: Frau Seidel, Herr Schultz und Frau Fechner zeigten in verschiedenen Bereichen Eigeninitiative, sei es bei der Etablierung neuer Arbeitszusammenhänge, bei der Konzipierung von Gemeinschafts- und Einzelprojekten und bei der Mitarbeit in politischen Gruppierungen, oder bei der nötigen Netzwerkpflege.

Über das Studium und die Zugehörigkeit zur Wissenschaftlergemeinschaft der Kulturgeschichte ergaben sich wichtige Kontakte zu Dietrich Mühlberg und Wolfgang Jacobeit, die seit den 1960er Jahren als Knotenpunkte der fachlichen Netzwerke in beiden deutschen Staaten bezeichnet werden können. Neben der thematischen Prägung durch ihren Lehrer Mühlberg profitiert Frau Fechner von dem halbprivaten interdisziplinären Frauenzirkel, der sich auf Anregung von Mühlberg Ende der 1970er Jahre an der Sektion Kulturwissenschaften gründet und einen regen Austausch mit westdeutschen Wissenschaftlerinnen aus der Frauenforschung pflegt. 1989 geht aus dieser Gruppe das Zentrum für Interdisziplinäre Frauenforschung an der Humboldt-Universität hervor. Noch Jahre nach der Wende ergibt sich für Frau Fechner über einen Kontakt aus diesem Zirkel ein mehrjähriges Forschungsprojekt. Herr Schultz erhält zu DDR-Zeiten über Dietrich Mühlberg ebenfalls gute Kontakte in den Westen, hier vor allem zu Sozialhistorikern und zu Fachvertretern der Empirischen Kulturwissenschaft in Tübingen. Ihre beruflichen Netzwerke an der Akademie der Wissenschaften ermöglichen es Frau Fechner und Frau Seidel, ihre erste Anstellung nach der Wende zu erhalten.

Im Zusammenhang mit den privaten Netzwerken lässt sich in allen Interviews ein geschlechtsspezifisches Erzählmuster feststellen: Im Gegensatz zu den männlichen Befragten erwähnen die Wissenschaftlerinnen oft ungefragt die eigene Familie und den Rückhalt ihres Lebenspartners. So erwähnt Frau Fechner ihre beiden Kinder und die Hilfe ihres Mannes, der ihr zu DDR-Zeiten eine Stelle vermitteln konnte. Er ist im kulturellen Bereich tätig, ebenso wie Frau Seidels Ehemann. Dessen abgesicherte Existenz durch seine Verbeamtung nach 1989 bedeutet für Frau Seidel nach der Wende auch eine materielle Ressource für ihre Gelassenheit gegenüber den neuen Unsicherheiten.

Bereits vor der Wende wird den Fachkollegen aus dem Westen eine höhere wissenschaftliche Kompetenz zugeschrieben. Die Leistungsbewertung durch Westkollegen in Form der Evaluation und der neuen Bewerbungsmodalitäten wird daher ausnahmslos von allen drei Befragten als selbstverständlich angesehen. Frau Seidel gibt auf Nachfrage kurz zu bedenken, dass das Anlegen der Maßstäbe West an die wissenschaftliche Leistung Ost nicht angemessen gewesen sei, besonders im Hinblick auf das

Kriterium Publikationen. In der Soziologie seien generell keine Ergebnisse publiziert worden, wer eine Publikationsliste vorlegen konnte, sei daher »SED-gefärbt«. Sie selbst habe einen offensiven Umgang mit dem Thema geübt: »Bei Projektanträgen habe ich das immer reingeschrieben – nicht in der SED, aus politischen Gründen gewechselt und deshalb keine Publikationsliste vorzuweisen.« Die Tatsache, dass Frau Fechner, Frau Seidel und Herr Schultz nach der Wende meist in Gruppen mit ostdeutscher Mehrheit unter westdeutscher Projekt- und Institutsleitung arbeiten, wird in den Gesprächen kaum thematisiert und kann daher als weiteres Indiz für die Anerkennung dieser Hierarchie dienen.

Ein Ausschnitt aus dem Interview mit Frau Seidel illustriert den Hauptkonflikt des größten Teils aller bisher interviewten Zeitzeugen:

> »Und so hatten wir viele Auseinandersetzungen, die hörten nicht auf. […] Aber die Diskussionen liefen nicht, auch später nicht, zwischen Ost und West, sondern zwischen den Ostlern. Das ist wichtig, das nochmal zu registrieren, weil das häufig so hingestellt wird, ja, dann kamen die und mit ihrer ganzen Mentalität und was weiß ich. So war das bei uns nicht. Sondern die Konflikte, die wir hatten, waren unter den Ostlern.«[4]

Auch in den Absagen auf meine Interviewanfrage scheint das Bedürfnis der Abgrenzung zur Gruppe der »SED-Linientreuen« beziehungsweise. der »Bürgerbewegten« auf. So schreibt eine Zeitzeugin in ihrer Absage unter anderem, sie habe deutliche Nachteile beim Zugang zur internationalen Forschungsliteratur gehabt, »während unsere SED-Kader dann aus ihrem ›Herrschaftswissen‹ von Kongressen profitieren konnten.« Exemplarisch für diese Auseinandersetzung sei hier Frau Seidels Versuch erwähnt, an ihrem neuen Arbeitsplatz zusammen mit anderen Kollegen eine Überprüfung des gesamten Personals auf eine eventuelle frühere Zusammenarbeit mit dem Ministerium für Staatssicherheit zu veranlassen. Ihr Arbeitgeber, die Max-Planck-Gesellschaft, weist dieses Ansinnen zurück, wie sie sagt, »aus guten Gründen, da waren ja sehr viele Naturwissenschaftler, die sie behalten wollten. Daraufhin haben wir uns überprüfen lassen und haben dann die Erklärungen dem Institut übergeben.« Neben dem Motiv der gescheiterten endogenen Reformierung, das diesem Ost-Ost-Konflikt letztlich zugrunde liegt, scheint hier zusätzlich ein anderes Motiv auf: Der neue Arbeitgeber gerät in den Verdacht, nützliche Mitarbeiter vor dem Vorwurf der politischen Verstrickung in der Vergangenheit zu schützen,

4 Interview mit Frau Seidel, MiniDisc 11/05 (3,15ff.).

indem er Aufklärung verhindert. Frau Seidel hat diese Erfahrung der verhinderten politischen Erneuerung bereits zur Zeit der Wende 1989/90 in ihrem beruflichen Kontext und in der Bürgerbewegung gemacht. Dem Bedürfnis nach einer konsequenten Aufarbeitung der Vergangenheit kommt Frau Seidel schließlich in ihrer Forschungsarbeit nach.

Ein weiterer Schauplatz des Konflikts zwischen Etablierten und Außenseitern in den Geisteswissenschaften der DDR ist die Diskussion darum, wer DDR-Geschichte schreiben darf und welche Inhalte vermittelt werden sollen. Herr Schultz etwa wehrt sich gegen die einseitige Darstellung einer unterdrückten Mangelgesellschaft, die den »normalen« Alltag ausklammere. In seiner Tätigkeit als Dozent und Redakteur sieht sich Herr Schultz häufig mit einer Stereotypisierung der DDR-Gesellschaft konfrontiert. Frau Fechner problematisiert die zu Beginn der 1990er Jahre oft vorgenommenen Vergleiche mit der nationalsozialistischen Diktatur. Mit dieser Art von Historiografie würde das Prozedere der Transformation der DDR nach 1989 zusätzlich legitimiert. Während bei Herrn Schultz das Bedürfnis nach einer identitätsstiftenden Historiografie deutlich wird, sieht Frau Fechner in der Häufigkeit dieser Vergleiche eine Instrumentalisierung wissenschaftlicher Arbeit für letztlich politische Zwecke, von der sie sich deutlich distanziert.

Probleme mit den Westkollegen äußert ausschließlich Herr Schultz. In seinen Arbeitsbereichen erlebt er unterschiedliche Mehrheitsverhältnisse. In den Zeitschriftenredaktionen waren Ostdeutsche stets in der Mehrheit, an der Universität deutlich in der Minderheit. In den Diskussionen um den Einsatz von Fördermitteln und andere Belange der Institutspolitik machen sich die Unterschiede von Ost und West bemerkbar: Der früher anzustrebende Konsens auf Parteilinie wird hier abgelöst von der individuellen Durchsetzungsfähigkeit der in der Mehrheit westdeutschen Entscheidungsträger.

Die gravierendsten Schwierigkeiten ergeben sich aus Sicht der Befragten aus den neuen marktwirtschaftlichen Rahmenbedingungen. Die Sicherung der finanziellen Grundlage für die eigene Forschung ist in den Verantwortungsbereich des einzelnen Wissenschaftlers gerückt: Ein beträchtlicher Teil der Arbeitszeit muss damit für forschungsfremde Aktivitäten aufgewendet werden. Die Aufnahme und Fortführung von Forschungsprojekten wird damit aufgeschoben beziehungsweise ganz verhindert. Frau Seidel hätte sich daher wie Herr Schultz die Beibehaltung der Akademiestrukturen gewünscht: »Man konnte sich tatsächlich mit einem Thema beschäftigen. Alles, was ich danach kennen gelernt habe, war, dass man ständig, sie kennen das, damit konfrontiert ist, Projektanträge zu schreiben, Zwischenberichte und so weiter«. Ergänzend ist Frau Fechners Kommentar zum »Zeitluxus« der DDR-Wissenschaften zu erwähnen. Es habe aufgrund der gesicherten Situation die Möglichkeit gegeben, auch »Irrwege zu gehen«, was der wissenschaftlichen Ausbildung zugute komme. Zu dem erhöhten Zeitdruck kommt ein ungewohnter Konkurrenzdruck hinzu, der den Austausch von Informationen, etwa über Forschungsansätze und Arbeitsergebnisse, behindere. Dadurch wird Forschung in der Wahrnehmung der Befragten letztlich zunehmend ineffektiv.

Trotz dieser negativen Begleiterscheinungen wird das veränderte Arbeitsumfeld als weitgehend übereinstimmend mit den eigenen Bedürfnissen erlebt. Frau Fechner und Frau Seidel sind seit der Wende ambitionierter. Vor 1989 wollten beide nur einer »anspruchsvollen Betätigung« nachgehen, jetzt will Frau Fechner die Transformationsprozesse »abfedern«, Frau Seidel will hauptsächlich über die staatliche Repression in der DDR aufklären. Bei beiden zeigt sich damit eine deutliche Anwendungsorientierung ihrer Forschung. Herr Schultz ist zufrieden mit seiner neuen Rolle als Hochschullehrer, für die er allerdings eigene Forschungen vernachlässigt.

Die Erinnerungen und Bewertungen der Zeitzeugen sind selbstverständlich differenziert zu bewerten (Welzer 2000). Ausschlaggebend für die Konstruktion der Erzählungen ist zunächst die Gesprächssituation, die widersprüchliche Aspekte des *Studying Up* und der empathischen Sozialforschung in sich vereint. Wissenschaftler, die über Erfahrungen in zwei verschiedenen Gesellschaftssystemen verfügen und auch weiterhin in ihrem angestammten Beruf tätig sind, treffen auf eine in der Bundesrepublik sozialisierte Nachwuchswissenschaftlerin, die zur Generation ihrer Kinder gehört und aus einer anderen Position heraus einer ähnlich ungesicherten Zukunftsperspektive ausgesetzt ist. Zusätzlich zu dieser individuellen Konstellation und zum Ost-West-Diskurs in seiner aktuellen Färbung wirkt sich auch die momentane berufliche Position der Befragten deutlich auf die Gewichtung der einzelnen Themen im Interview aus: Herr Schultz befindet sich augenblicklich in einer temporär gesicherten Position an einer Hochschule. Im Vordergrund steht für ihn der Vergleich der konkreten Arbeitsbedingungen sowie die Diskussion der Fachidentität der Volkskunde. Frau Fechner ist momentan freiberuflich tätig und führt kleinere Forschungsprojekte im öffentlichen wie privatwirtschaftlichen Bereich durch. In ihren Erzählungen überwiegt die Betonung von eigenverantwortlichem Arbeiten und autonomer Lebensführung. Frau Seidel beendet gerade eine kurze Phase der Arbeitslosigkeit und beginnt ein neues Forschungsprojekt, ist aber gleichzeitig stark in ihre lokalpolitischen Aktivitäten eingebunden. Im Gespräch schlägt sich das in der intensiven Thematisierung von Auseinandersetzungen innerhalb kollektiver Zusammenhänge nieder.

Schluss

Aus den vorgestellten Interviews ergeben sich folgende Thesen zu systemübergreifenden Aspekten kulturwissenschaftlichen Arbeitens:

Unabhängig von den Regelungen für die Rekrutierung des wissenschaftlichen Nachwuchses und die Finanzierung von Forschung sind vielmehr informelle Netzwerke für das berufliche Vorankommen entscheidend. Es lässt sich eine geschlechtsspezifische Verteilung der unterschiedlichen Positionen im Netzwerk ausmachen, die strategisch wichtigsten sind durch männliche Akteure besetzt. In der Wahl der Forschungsthemen vor und nach der Wende und deren Integrationsfähigkeit in die nun gültigen Fachdiskurse spiegelt sich zum einen die vage »Linksorientierung« der Kulturgeschichte mit ihrem übergeordneten Interesse an der Kultur der Massen und der sozial Benachteiligten wider. Zum anderen fällt die häufige Nähe der Forschungsgegenstände zur eigenen Biografie auf. Kennzeichnend ist ein steter Wechsel von individuellem und kollektivem Arbeiten: Einzelprojekte alternieren mit der Zusammenarbeit mehrerer Personen in Gemeinschaftsprojekten. Konstituierend erweist sich für die kulturwissenschaftlichen Fächer die prinzipielle Offenheit gegenüber Theorien und Methoden aus Nachbardisziplinen. Systemabhängig sind demgegenüber die materiellen und institutionellen Rahmenbedingungen wissenschaftlichen Arbeitens und damit die Handlungsstrategien der Akteure zur Durchsetzung der eigenen Forschungstätigkeit.

Spezifische Charakteristika des Aufeinandertreffens der DDR- und BRD-Wissenschaftskultur sind aus Sicht der befragten DDR-Wissenschaftler zunächst einmal die schlagartige flächendeckende Verdrängung aus den angestammten beruflichen Positionen mit einer exogen vorgenommenen Neudefinition der geforderten Tätigkeitsprofile, was aber zum Teil akzeptiert wird durch die bereits vor der Wende erfolgte Zuschreibung einer höheren Sachkompetenz an die westdeutschen Fachkollegen. Zum anderen erfordern die Verbesserung der technischen Ausstattung, aber auch die geschilderte Deregulierung der Beschäftigungsverhältnisse die Anpassung an eine neue beschleunigte Arbeitskultur. Nicht zuletzt entstehen auch aus der Erfahrung des Abbruchs der endogenen Reformprozesse, wie sie nach 1989 in den meisten osteuropäischen, ehemals sozialistischen Staaten einsetzten, parallel nebeneinander existierende Milieus von Ost- und Westdeutschen mit jeweils eigenen Interessenkonflikten.

Literatur

Bloch, Roland/Pasternack, Peer (2004), *Die Ostberliner Wissenschaft im vereinigten Berlin*, Wittenberg.

Buck-Bechler, Gertraud/Jahn, Heidrun (1994) (Hg.), *Hochschulerneuerung in den neuen Bundesländern. Bilanz nach vier Jahren,* Weinheim.

Kocka, Jürgen (1995), *Vereinigungskrise. Zur Geschichte der Gegenwart,* Göttingen.

Mayntz, Renate (1994), *Deutsche Forschung im Einigungsprozess. Die Transformation der Akademie der Wissenschaften der DDR 1989 bis 1992*, Frankfurt a.M.

Pasternack, Peer (1996), *Geisteswissenschaften in Ostdeutschland 1995. Eine Inventur,* Leipzig.

Raiser, Thomas (1998), *Schicksalsjahre einer Universität. Die strukturelle und personelle Neuordnung der Humboldt-Universität zu Berlin 1989–1994,* Berlin.

Steinwachs, Burkhard (1993) (Hg.), *Geisteswissenschaften in der ehemaligen DDR*, Konstanz.

Welzer, Harald (2000), »Das Interview als Artefakt. Zur Kritik der Zeitzeugenforschung«, in: *BIOS*, Jg. 13, S. 51–63.

Quellen

Interview mit Frau Fechner, MiniDisc 08/05.

Interview mit Herrn Schultz, MiniDisc 10/05.

Interview mit Frau Seidel, MiniDisc 11/05.

Berufskarriere und Lebenszufriedenheit – psychologische Aspekte

Petia Genkova

1. Einleitung

Die Wissensgesellschaft, welche durch die Globalisierung und durch den strukturellen Wandel von der Industrie- zur Dienstleistungsgesellschaft bedingt ist, bestimmt neue Arbeitsbedingungen und stellt neue Anforderungen an die Unternehmen und an die Mitarbeiter (Henning/Sanders 2004). Die gegenwärtige Entwicklung wird als der sechste Kondratieffzyklus bezeichnet. Kondratieffzyklen sind Langzyklen, die seit dem 18. Jahrhundert von bestimmten technisch-wirtschaftlichen Innovationen, so genannten Basisinnovationen, ausgelöst werden. Bis jetzt konnten in den letzten 250 Jahren fünf Kondratieffzyklen empirisch nachgewiesen werden, die sich immer im Abstand von etwa 50 Jahren ablösten. Der fünfte Kondratieff setzte in den 1970er Jahren ein und ist der erste Langzyklus, der primär nicht von Bodenschätzen, Stoffumwandlungsprozessen und Energien getragen wird, »sondern von der Verwertung einer immateriellen Größe: Information« (Nefiodow 2001). Der zur Zeit vorherrschende ist der sechste Kondratieff. Das bedeutet, dass die zukünftigen wirtschaftlichen und sozialen Probleme nicht allein durch die Informationstechnik zu lösen sind. Die neuen Basisinnovationen dieses Zyklus sind weiterhin Information, dann Umwelt, Biotechnologie, optische Technologien und Gesundheit.

In Nefiodows Publikation werden sechs wichtige Unterschiede zwischen dem fünften und dem sechsten Kondratieff aufgezeigt. Im fünften Langzyklus spielen Informatik und Informationstechnik eine wichtige Rolle. Er beinhaltet die Rationalisierung gut strukturierter Arbeitsabläufe, den computergestützten Umgang mit sicherem Expertenwissen, die Optimierung von Energie- und Informationsflüssen in Organisationen, die Optimierung von Informationsflüssen zwischen Mensch und Maschine und vorherrschende Entweder-Oder-Logik. Im sechsten Kondratieff spielen hingegen psychosoziale Kompetenzen die zentrale Rolle. Weiterhin unterscheidet er sich vom fünften Zyklus durch die Rationalisierung wenig strukturierter Arbeitsabläufe, durch den computergestützten Umgang mit ungenauem Wissen, die Optimierung von Informationsflüssen auf der Ebene von Einzelpersonen wie auch interpersonell und die Organisation der zwischenmenschlichen Beziehungen. Zudem gewinnt in Zukunft das Sowohl-als-auch-Verhalten an Bedeutung (Nefiodow 2001).

2. Work-Life-Balance

Der Leitsektor, der den sechsten Kondratieff tragen wird, lässt sich allerdings eingrenzen und zwar in Gesundheit im ganzheitlichen Sinn – physisch, seelisch, geistig, ökologisch und sozial. Gesundheit wird hier verstanden als Energie und als etwas Aktives, das Voraussetzung für die Lern- und Arbeitsbereitschaft, für Ausdauer, Zusammenarbeit, Leistung und Kreativität ist. Gesundheit wird laut der Weltgesundheitsorganisation WHO definiert als stabiles Selbstwertgefühl, ein positives Verhältnis zum eigenen Körper, die Fähigkeit zu Freundschaft und sozialen Beziehungen, eine intakte Umwelt, eine sinnvolle Arbeit und gesunde Arbeitsbedingungen, Gesundheitswissen und Zugang zur Gesundheitsversorgung, eine lebenswerte Gegenwart und die begründete Hoffnung auf eine lebenswerte Zukunft (Nefiodow 2001). Die Work-Life-Balance Vorstellung bringt diese Kriterien zum Ausdruck. Somit spielt die Work-Life-Balance im sechsten Kondratieff eine wichtigere Rolle denn je hinsichtlich der individuellen Lebensweise wie auch der gesellschaftlich-wirtschaftlichen Entwicklung und Wertschöpfung. Work-Life-Balance wird sowohl Voraussetzung für die zukünftigen Aufgaben im Beruf und als auch im täglichen Leben sein.

Die gegenwärtige Arbeitswelt ist unter anderem durch verschärfte Anforderungen nicht nur an das Fachwissen, sondern auch an Schlüsselqualifikationen und ihren möglichst flexiblen Einsatz gerade auch in prekären Arbeitssituationen gekennzeichnet. Schlüsselqualifikationen sind kein fixes Gebilde, sondern sie unterliegen einem gewissen Wandel. Wenn man gleichzeitig teamfähig, flexibel, ambiguitätstolerant und eine Führungspersönlichkeit sein muss um erfolgreich zu sein, fordert dies eine permanente Reflexion und dabei eine Entwicklung der eigenen Persönlichkeit. Nicht zuletzt durch die zunehmende Psychologisierung der Gesellschaft gewinnt jeder an Kompetenzen, sich selbst und andere zu evaluieren. Derlei Erwartungshorizonte führen zu einem ständig vorverlagerten »biografischen Druck«, der möglicherweise in erster Linie eine unrealistische Selbstvermarktung begünstigt und genau das zerstört, was er erreichen soll. Ein noch verhältnismäßig neuer, wichtiger Trend ist es auch, die *Work-Life-Balance* als Schlüsselqualifikation zu fördern, um Menschen zu befähigen, nachhaltig und langfristig erfolgreich zu sein und dabei die beruflichen Anforderungen mit einem erfüllten Familienleben in Einklang zu bringen. Kritikwürdig erscheint der Begriff allerdings, wenn er nur dem pragmatischen Ziel der Effizienzsteigerung dient und nicht um seiner selbst Willen betrieben wird.

Die sozialen Veränderungen und die unsichereren Arbeitsumstände lösen schneller stärkeren Stress bei den Mitarbeitern aus und machen die Familien- und Partnerschaftsgestaltung schwieriger. Die Arbeitsverhältnisse garantieren nicht mehr die materielle Sicherheit und die Arbeitsplatzsicherheit. Die Mitarbeiter müssen immer häufiger die Risiken der Unternehmen tragen. Das bedeutet mehr ökonomische Unsicherheit und Mobilität, aber auch mehr Wahlfreiheit und Eigenverantwortung.

Um eine *Work-Life-Balance* zu garantieren, das heißt, um Beruf, Familie und individuelle Lebensplanung besser zu vereinbaren, wird ein flexibles Arbeitszeitmanagement angeboten, das aber wiederum zu einer stärkeren Bindung an die Firma führt und folglich oft mehr Selbstausbeutung bedeutet (vgl. Kastner 2004). Das Management von Familie, Beruf, Freizeit und Weiterbildung birgt großes Konfliktpotenzial. Sind beide Partner berufstätig, bedarf es einer genauen Abstimmung bei Familienaufgaben und Karriere, folglich kommt es oft zu einer Rollenüberlastung, geringerer gemeinsamer Freizeit oder auch getrennten Wohnsitzen und den daraus resultierenden emotionalen Beanspruchungen. Bisher waren von den oben genannten Problemen nahezu ausschließlich Führungskräfte betroffen, doch als Folge der Tendenz zu Multijobs müssen sich in Zukunft auch normale Arbeitnehmer mit diesen Konsequenzen auseinandersetzen.

Durch die neuen Kommunikationsmedien wie Internet, E-Mail etc. ist zwar die Vereinbarkeit von Beruf und Familie beziehungsweise Haushalt leichter geworden, jedoch nehmen stabile soziale Beziehungen zu Kollegen ab und somit kann soziale Unterstützung als einer der wichtigsten Stressreduktionsfaktoren nicht mehr wirken. *Work-Life-Balance* wird nicht mehr von Ordnung und Sicherheit bietenden Organisationen ermöglicht, so dass sie zu einer individuellen, eigenverantwortlichen Angelegenheit wird.

3. Wohlbefinden

Zu berücksichtigen ist, dass die Arbeit nicht nur in enger Verbindung mit Kompetenzentwicklung, Selbstverwirklichung und Selbstwertgefühl steht, sondern auch mit dem Wohlbefinden (Zapf 1991). Das harmonische Verhältnis zwischen Privat- und Berufsleben wird als Schlüssel für ein glückliches Leben angesehen. Dennoch wird die *Work-Life-Balance*-Auffassung als zielführender Zugang zum Glücklichsein als subjektives Wohlbefinden und eine subjektive Bewertung der persönlichen Lebensumstände kritisiert, da sie ein Forschungskonstrukt aus der Organisationspsychologie darstellt. Diese Balance der Mitarbeiter wird aus Unternehmersicht als erstrebenswert angesehen, da sie damit effizient arbeitende Mitarbeiter haben, anstatt primär glücklichere Mitarbeiter, was wiederum eine Art Verletzung der Balance darstellt.

Die psychologische Forschung ist noch in der Schuld, all diesen Veränderungen gerecht zu werden und die Menschen in der Bewältigung der *Work-Life-Balance* Anforderungen zu unterstützen. Die angebotenen Trainings zur *Work-Life-Balance* und die praxisorientierten Untersuchungen liefern widersprüchliche Ergebnisse, da das Erlangen höherer Lebens- und Arbeitszufriedenheit von komplexen Wechselwirkungen zwischen Umwelt und Person abhängig ist. Es stellt sich die Frage, ob eigentlich eine Balance zwischen Karriere und Familie zu mehr Glück führt. Zudem ist zu fragen, ob eine derartige Balance eine notwendige Vorbedingung für eine Durchschnittskarriere und eine Durchschnittsfamilie ist. Die Wohlbefindensforschung hat allerdings belegt, dass der *Zero*-Zustand, der gerade durch die Absenz von extrem guten oder schlechten Ereignissen gekennzeichnet ist, nicht als Glück wahrgenommen wird (vgl. auch Genkova/Hübl 2007). Lohnt es sich eigentlich die Belastungen und die Beanspruchungen einer Karriere auf sich zu nehmen, um glücklicher zu werden? Stellt das nicht einen paradoxen Zusammenhang dar?

4. Arbeitszufriedenheit

Empirische Ergebnisse weisen den Zusammenhang zwischen Karriere und Lebenszufriedenheit wie folgt auf: Intuitiv wäre zwar zu vermuten, dass erfolgreiche Personen mit einer Karriere glücklicher sind. Wider Erwarten sind aber die Personen mit erfolgreicher Karriere unglücklich, wenn ihnen eine intime Unterstützung fehlt. Weiterführend ergaben sich deutliche Hinweise dafür, dass die Arbeitsbedingungen und die Arbeitszufriedenheit – neben den familiären und sozialen Beziehungen – zu den relevanten Determinanten des Wohlbefindens gehören (vgl. Becker 1991). Arbeitszufriedenheit wird in der Psychologie als ein angenehmer oder positiver emotionaler Zustand definiert, der sich aus der Bewertung des eigenen Jobs oder der Joberfahrungen ergibt.

Die Arbeitszufriedenheit resultiert auch, wie die Lebenszufriedenheit, aus der Erfüllung unserer Bedürfnisse oder aber aus der Antizipation dieser Erfüllung. Die Arbeitsunzufriedenheit ist dementsprechend eine Folge der realen oder antizipierten Frustration, ein Ziel nicht erreicht zu haben. Viele psychologischen Fragestellungen haben die Wechselbeziehung zwischen Arbeitszufriedenheit und Wohlbefinden untersucht. Zusammenfassend kann man die Ergebnisse folgendermaßen darstellen:

1. Arbeitsbedingungen beeinflussen das Wohlbefinden: Die Anforderungen der Tätigkeit verlangen bestimmte fachliche und soziale Kompetenzen. Der verdiente und so anerkannte Erfolg bereitet der Person auch eine gesellschaftliche Bewertung (durch andere).
2. Wohlbefinden wirkt sich auf die Arbeitssituation aus: Ein gutes Selbstwertgefühl, soziale Kompetenzen, Interessen und Wertvorstellungen führen zu mehr Erfolg in der Arbeit (vgl. Becker 1994; Diener 1984; Diener/Suh 2000).

Diener (1984) legt dar, dass die Korrelation zwischen Arbeitszufriedenheit und allgemeiner Lebenszufriedenheit sehr hoch ist, so dass man Arbeitszufriedenheit als die kognitive Komponente des Wohlbefindens betrachten könne. Ob dies aber eher für eine Leistungsgesellschaft wie die USA gilt oder auch für andere Gesellschaften, wurde in dem Ausmaß weniger kulturvergleichend untersucht.

Nicht nur die Arbeitsverhältnisse beeinflussen die Arbeitszufriedenheit, sondern genauer gesagt das Zusammenspiel zwischen Person und Situation. Arbeitszufriedenheit ist somit im strengen Sinne nicht der Indikator für die Qualität des Arbeitslebens, sondern ein Indikator, der die subjektive Stellungnahme wiedergibt (vgl. Neuberger/Kompa 1987), die sich je nach Situation wieder verändern kann. Die Arbeitszufriedenheit ist also kein Persönlichkeitsmerkmal, das für längere Zeit konstant ist, sondern eine Art Disposition, die an die Motivbefriedigung gekoppelt ist und somit phasisch verläuft (vgl. v. Rosenstiel 1980).

In diesem Kontext ist auch der Befund zunächst etwas irritierend, dass die meisten befragten Arbeitenden (vgl. Bruggeman u.a. 1975; Neuberger/Kompa 1987) angeben, sie seien mit ihrer Arbeit zufrieden. Bruggemann u.a (1975) kommen daher zu der Feststellung, dass es mehrere Typen von Arbeitszufriedenheit gibt, die aufgrund verschiedener Verarbeitungsmechanismen entstehen. Demnach lässt sich differenzieren in die Zufriedenen, die Unzufriedenen und die eigentlich Unzufriedenen, die bei der Befragung explizit angeben, sie seien zufrieden. Neuberger (1974) vermutet, dass der Grund dafür nicht die Arbeitssituation per se ist, sondern vielmehr die allgemeine Zufriedenheit, die die Antworten determiniert. Diese Erklärung geht von der Annahme aus, dass die allgemeinen Lebenszustände für die Befragten zufriedenstellend sind oder als solche erlebt und damit auch entsprechend bewertet werden. Frese (1990) behauptet schließlich, man könne Resignation oder resignative Zufriedenheit als Indikator für das seelische Wohlbefinden betrachten. Abgesehen von der subjektiven Bewertung weisen jedoch mehrere Untersuchungen zur Arbeitszufriedenheit nach (Zapf 1991), dass Arbeitszufriedenheit vor allem von solchen Merkmalen abhängt, die in dem *job-charakteristics*-Modell von Hachman und Oldham (1980, nach Zapf 1991) auftreten. Zu diesen Merkmalen gehören abwechslungsreiche Arbeit, Identifikation mit der Arbeitsaufgabe, Wichtigkeit der Aufgabe, Autonomie und Rückmeldung über Arbeitsergebnisse. Alle diese Merkmale führen zu hoher Arbeitsmotivation und Arbeitszufriedenheit (vgl. auch Kleinbeck 1987).

Zufriedenheit korreliert also mit der Arbeitstätigkeit und mit der allgemeinen Arbeitszufriedenheit. Der Arbeitsplatz als Möglichkeit, mehrere Bedürfnisse zu befriedigen, ist von Bedeutung, um insgesamt eine höhere Zufriedenheit und ein gesteigertes Wohlbefinden zu erlangen. Es zeigt sich, dass Wohlbefinden über Variablen wie Absentismus, Produktivität, Unfallwahrscheinlichkeit etc. und mittelbar mit den Personalkosten zusammenhängt und darüber hinaus auch die Qualität der (Dienst-)Leistungsprozesse beeinflusst. Natürlich wird die Zufriedenheit nicht allein von der subjektiven Bewertung, den *Job-Characteristics* oder der Unternehmenskultur beeinflusst. Die befindensrelevanten Einflussfaktoren in der Arbeitswelt beziehen sich in deutlichem Maße auch auf die sozialen Interaktionen und Prozesse bei der Arbeit. Die Konkurrenz zwischen Kollegen oder mit dem Vorgesetzten, fehlende Unterstützung durch Kollegen oder Vorgesetzte, belastende oder unterfordernde Arbeitsintensität, zu viel oder zu wenig Verantwortung, die Gefahr, arbeitslos zu werden und die Arbeitsunsicherheit, Akkordarbeit und eine zu hohe Änderungsdynamik am Arbeitsplatz sind solche Faktoren, die empirisch kausale Zusammenhänge mit der Arbeitszufriedenheit nachweisen.

Die Arbeitszufriedenheit variiert zudem bei verschiedenen Jobs und Arbeitsplätzen, da die Persönlichkeit unterschiedlich gefordert wird. Dass die Mitarbeiter mit den Kollegen zufrieden sind, ist sehr wichtig. Auch ohne empirische Untersuchungen ist klar, dass die soziale Unterstützung oder beispielsweise Freundschaften unter Kollegen die Lebenszufriedenheit steigern und die Stressbewältigung begünstigen.

Somit schließt sich erneut der Kreis: die Berufskarriere und die Lebenszufriedenheit hängen sowohl mit der individuellen Bewertung als auch mit sozialen Faktoren zusammen. Denn wie hinreichend bekannt, findet das individuelle Verlangen nach Situations- und Verhaltensänderungen seine Grenzen außerhalb der eigenen Person. Die Umweltfaktoren und namentlich Kontaktpersonen können vom Individuum nicht oder doch nur sehr vermittelt verändert werden (vgl. auch Diener/Suh 2000; Abele/Becker 1991, 2. Aufl. 1994; Medrano-Kreidler 1995 etc.).

Dies gilt ebenfalls in Bezug auf die Partnerschaft und die Familie. Hoff u.a. (2005) nennen zwei Charakteristiken, die zeigen, warum *Work-Life-Balance* für Männer und Frauen in hoch qualifizierten Berufen so relevant ist. Das erste Charakteristikum ist die Subjektivierung und Entgrenzung von Arbeit. Diese Menschen sehen sich häufiger mit der Anforderung konfrontiert, alle persönlichen Ressourcen, Kompetenzen und Strebungen in den Dienst einer autonom und selbstverantwortlich zu verrichtenden Arbeit zu stellen. Das bedeutet auch, dass sie häufig ihre Rollen als Berufs- und Privatperson nicht mehr trennen können, sondern sich als ›ganze‹ Person in die Arbeit einbringen müssen und dies auch oft wollen. Solche beruflichen Anforderungen können dann natürlich mit privaten Lebenszielen kollidieren. Das kann intrapsychische Konflikte zur Folge haben, die dazu führen, dass die Person verstärkt über das subjektiv richtige Leben und über die Form einer ausbalancierten Lebensgestaltung reflektiert. Als zweites Charakteristikum ist die stetige Zunahme der Erwerbstätigkeit von

Frauen zu nennen. Der Begriff *Work-Life-Balance* umfasst hier Integration, Koordination und Balance von Beruf und Familie, die wesentlich häufiger von Frauen als von Männern erbracht wird. Die oben genannten Leistungen sind vor allem für jene Frauen kennzeichnend, die sich den Männern in ihrer zunehmend entgrenzten und arbeitszentrierten Lebensgestaltung angleichen. Frauen in hoch qualifizierten Berufen und mit Familie praktizieren in weitaus höherem Maße eine Integration von Berufs- und Privatleben als Männer. Sie folgen also dem Leitbild der Balance. Bei Männern findet sich häufiger die Segmentation beider Sphären, wobei der Beruf in aller Regel an erster Stelle steht. Beruf und Privatleben verlaufen als getrennte Handlungsstränge und stören sich im ›Normalfall‹ nicht gegenseitig. Darin sehen Hoff u.a. die Ursache dafür, dass Berufswege der Männer in dem selben Metier viel häufiger zu Berufserfolg im Sinne von Aufstieg, hohem Einkommen und Tätigkeiten in besonders prestigeträchtigen Fachgebieten führen als bei Frauen (Hoff u.a. 2005).

Fast alle empirischen Studien bestätigen, dass die innerfamiliäre Aufgabenverteilung trotz der Berufstätigkeit der Mutter nur geringfügig aufgelöst wurde. Männer und Väter verhalten sich weitgehend so, als wären sie von den Emanzipationsprozessen der Frauen gar nicht betroffen. In den Untersuchungen zu Paaren, in denen beide eine berufliche Karriere verfolgen, kommt man zu dem Ergebnis, dass die Männer einfach ihre Karriere fortsetzen (vgl. Hoff u.a. 2005).

Die Frauen- und Geschlechterforschung bietet drei Anschlussstellen für die *Work-Life-Balance* Debatte: Erstens das Konzept der geschlechtlichen bzw. geschlechtshierarchischen Arbeitsteilung, dann die Konzeption von Haushalt und Familie als Arbeitsplatz und drittens die Lebensplanung als Ressource im Lebenskonzept junger Frauen als Modus einer Rationalisierung des Lebens von Frauen. Diese Konzeptionierung von Haus- und Familienarbeit ist deswegen für die *Work-Life-Balance* von Bedeutung, weil sie zum Verständnis der entstehenden Spannungen in der Verteilung von Zeit und Aufmerksamkeit auf die beiden Lebensbereiche beitragen kann. Empirische Studien haben festgestellt, dass (entgegen allen Partnerschaftswünschen der Personen) die Geburt eines beiderseits gewünschten Kindes eine egalitäre Arbeitsteilung des Paares als Eltern wieder rückgängig macht. Männer konzentrieren sich wieder stärker auf den Beruf, während die jungen Mütter die Versorgung der Kinder übernehmen, die sie dann meist dazu zwingt, ihre Arbeit zu reduzieren. Somit ist es nicht verwunderlich, dass Teilzeitarbeit zu über 80 Prozent von Frauen wahrgenommen wird (Metz-Göckel 2004).

5. Zusammenfassung

Eine verbesserte *Work-Life-Balance* bringt Vorteile für Führungskräfte und Mitarbeiter mit sich: es ergeben sich verbesserte Beziehungen zu den eigenen Mitarbeitern, Teams entwickeln mehr Loyalität und bessere Motivation, sodass sie sich in einer stressvollen Umgebung effektiver behaupten können. Andererseits tragen die Mitarbeiter größere Verantwortlichkeit, sie gewinnen das Gefühl, selbstverantwortlich auch in der Zeitaufteilung für sich zu sorgen und haben eine stärker wahrgenommene Kontrolle in Bezug auf das eigene Arbeitsleben.

Um den Mitarbeitern eine *Work-Life-Balance* zu ermöglichen, müssen sich die Führungskräfte bezüglich ihrer Mitarbeiter mit folgenden Fragen befassen: Welcher Mitarbeiter ist in seiner *Work-Life-Balance* gefährdet? Welche Maßnahmen sind notwendig, um diese zu erreichen bzw. zu verbessern? Welche Ziele möchte man zusammen mit den Mitarbeitern erreichen? usw. Anschließend sollten Einzelgespräche mit den Mitarbeitern geführt werden, um ein angemessenes Feedback zu erreichen und auch, um sich (dem Mitarbeiter angepasste) Maßnahmen zu überlegen und zu besprechen. Dafür wiederum ist ein gutes Vertrauensverhältnis notwendig (Frey u.a. 2004).

Allgemein müssen Führungspersonen zwei Aspekte hinsichtlich der *Work-Life-Balance* beachten: Zum einen ihren eigenen Freiraum, ihre persönliche Balance und ihre hohe Leistung am Arbeitsplatz und zum anderen eine Fürsorgepflicht für ihre Mitarbeiter und die Verantwortung, für ihr Wohlergehen am Arbeitsplatz zu sorgen. Das Problem dabei ist jedoch, dass die meisten Führungskräfte die Ziele für ihren Aufgabenbereich ebenfalls von oben vorgegeben bekommen, und somit gelingt eine *Work-Life-Balance* der Mitarbeiter und der Führungskräfte erst, wenn diese auch von ganz oben gewollt und nicht von einzelnen Führungskräften verlangt wird. Da aber die anfallende Arbeit im Rahmen der jeweiligen unternehmensspezifischen Grundsatzstrategien nur teilweise beeinflusst werden kann, müssen Führungskräfte diese zumindest so optimal wie möglich gestalten. Dafür benötigen sie wie schon erwähnt Kompetenz, Autonomie, soziale

Eingebundenheit, ein hohes Selbstwertgefühl, Streben nach Sinn, aber auch Kenntnisse über die psychischen Grundbedürfnisse von Menschen, da sich daraus Anhaltspunkte für die Ausgestaltung von Führung und für die Arbeitsgestaltung ableiten lassen (Frey u.a. 2004).

Allerdings bleibt nach wie vor offen, wie man das Vertrauen zwischen Vorgesetzten und Mitarbeitern unter den Rahmenbedingungen größeren Leistungsdrucks und widersprüchlicher Anforderungen aufbauen soll. Viele psychologische Trainings und gruppendynamische Maßnahmen werden dazu angewandt, leider gibt es noch keine Evaluationsergebnisse, die deren Effekt langfristig nachweisen. Der soziale Druck sich gesundheitsorientiert zu verhalten (beispielsweise gesund essen und Sport treiben) wird von den Betroffenen häufig als Handlungszwang wahrgenommen und selbst als wohlbefindensbeeinträchtigend empfunden (Abele-Brehm/Becker 1991; siehe auch Genkova/Hübl 2007).

Die *Work-Life-Balance* ist nur dann eine Voraussetzung für das Glücklichsein, wenn wir diese Balance für uns auch empfinden. Sie wird aber weniger vom sozialen Kontext als vielmehr von unserer Anpassung und unserer subjektiven Bewertung dessen beeinflusst, inwieweit unsere Träume und Wünsche im privaten und/oder beruflichen Bereich als subjektiv realisiert angesehen werden. Die berufliche Karriere ist demnach nicht der einzige Prädiktor für unser Glück. Schließlich wollen wir alle auch geliebt werden...

Literatur

Abele, A./Becker, P. (1991) (Hg.), *Wohlbefinden. Theorie – Empirie – Diagnostik,* Weinheim.

Becker, P. (1991), »Theoretische Grundlagen«, in: A. Abele/P. Becker (Hg.) *Wohlbefinden. Theorie – Empirie – Diagnostik,* Weinheim, S. 13–49.

Bruggemann, A./Groskurth, P./Ulich, E. (1975), *Arbeitszufriedenheit,* Bern.

Diener, E. (1984), »Subjective Well-Being«, in: *Psychology Bulletin*, 95, S. 542–575.

Diener, E./Suh, E. M. (2000) (Hg.), *Culture and subjective Well-being,* Cambridge/London.

Frese, M. (1990), »Arbeit und Emotion. Ein Essay«, in: F. Frei/U. Ivars (Hg.), *Das Bild der Arbeit,* Bern, S. 285–301.

Frey, D./Kerschreiter, R./Raabe, B.(2004), »Work Life Balance: Eine doppelte Herausforderung für Führungskräfte«, in: M. Kastner (Hg.), *Die Zukunft der*

Work Life Balance. Wie lassen sich Beruf und Familie, Arbeit und Freizeit miteinander verbinden?, Kröning, S. 302–329.

Genkova, P./Hübl, C. (2007), »Work-Life Balance und Gesundheitsverhalten: Geschlechts-, Alters- und Berufsgruppen Unterschiede«, in: A.-M. Metz/H.-J. Rothe (Hg.), *Psychologie der Arbeitssicherheit und Gesundheit – Arbeitschutz, Gesundheit und Wirtschaftlichkeit,* Bd. 14, Kröning, S. 233–237.

Henning, K./Sanders, E.-M. (2004), »Partizipation und Empowerment als Chance für die Work Life Balance«, in: M. Kastner (Hg.), *Die Zukunft der Work Life Balance. Wie lassen sich Beruf und Familie, Arbeit und Freizeit miteinander verbinden?,* Kröning, S. 323–343.

Hoff, E.-H./Grote, St./Dettmar, S./Hohner, H.-U./Olos, L. (2005), »Work-Life-Balance: Berufliche und private Lebensgestaltung von Frauen und Männern in hoch qualifizierten Berufen«, in: *Zeitschrift für Arbeits- und Organisationspsychologie* 49, S. 196–207.

Kastner, M. (2004) (Hg.), *Die Zukunft der Work Life Balance. Wie lassen sich Beruf und Familie, Arbeit und Freizeit miteinander verbinden?,* Kröning.

Kleinbeck, U. (1987), »The effects of motivation on job performance«, in: F. Halisch/J. Kuhl (Hg.), *Motivation, intention and volition,* Berlin, S. 261–271.

Medrano-Kreidler, M. (1995), *Bedingungen für das Wohlbefinden von Mitarbeitern bei Auslandseinsätzen,* Frankfurt a.M.

Metz-Göckel, S. (2004), »Wenn die Arbeit die Familie frisst: Work Life Balance ein Genderproblem?«, in: M. Kastner (Hg.), *Die Zukunft der Work Life Balance. Wie lassen sich Beruf und Familie, Arbeit und Freizeit miteinander verbinden?,* Kröning, S. 124–127.

Nefiodow, L. A. (2001), *Der sechste Kondratieff. Wege zur Produktivität und Vollbeschäftigung im Zeitalter der Information,* Sankt Augustin.

Neuberger, O. (1974), *Theorien der Arbeitszufriedenhei,.* Stuttgart.

Neuberger, O./Kompa, A. (1987), *Wir, die Firma. Der Kult um die Unternehmenskultur,* Weinheim.

Rosenstiel, L. v. (1980), *Grundlagen der Organisationspsychologie. Basiswissen und Anwendungshinweise,* Stuttgart.

Zapf, D. (1991), »Arbeit und Wohlbefinden«, in: A. Abele/P. Becker (Hg.), *Wohlbefinden. Theorie – Empirie – Diagnostik,* Weinheim, S. 227–244.

Autorinnen und Autoren

Friedreich, Sönke: Dr. phil. habil., Studium der Volkskunde, der Mittleren und Neueren Geschichte und Wirtschafts- und Sozialgeschichte in Göttingen und Marburg, Promotion 1999, Habilitation 2006, Wissenschaftlicher Mitarbeiter am Institut für Sächsische Geschichte und Volkskunde in Dresden. Veröffentlichungen u.a.: »Erinnerungsleistungen – Leistungserinnerungen. Technische Symbole in berufsbiographischen Legitimationserzählungen ehemaliger Beschäftigter der DDR-Automobilindustrie« (in: *Zeitschrift für Volkskunde* 100, 2004); »Der Elefant und die Ameisen. Erinnerungen von staatlichen Leitern eines realsozialistischen Betriebes« (in: *BIOS* 16, 2003).

Genkova, Petia: Dr., Dozentin an der Philosophischen Fakultät/Fach Psychologie, Universität Passau. Veröffentlichungen u.a.: *Identity and Prosocial Behavior*, Sofia 2001; *Individualismus/Kollektivismus und hilfreiches Verhalten*, Frankfurt a.M. 2003; »Work-Life-Balance: subjektive Theorien und kulturelle Einflussvariablen« (in: *Innovationen für Arbeit und Organisation*, Dortmund 2006).

Götz, Irene: Prof. Dr., Studium der Volkskunde/Europäischen Ethnologie in Freiburg/Br. und München, Habilitation an der HU Berlin, seit März 2007 Professorin für Europäische Ethnologie LMU München, Arbeitsschwerpunkte: Arbeits- und Organisationsethnografie, Nationale Identitäten, Familienforschung. Veröffentlichungen u.a.: *Unternehmenskultur. Die Arbeitswelt einer Großbäckerei aus kulturwissenschaftlicher Sicht*, Münster u.a. 1997; zusammen mit Andreas Wittel (Hg.), *Arbeitskulturen im Umbruch. Zur Ethnografie von Arbeit und Organisation*, Münster u.a. 2000; »Brotlose Kunst? Der Faktor Unternehmenskultur« (in: *Kursbuch Arbeit. Ausstieg aus der Jobholder-Gesellschaft – Start in eine neue Tätigkeitskultur?*, Stuttgart/München 2000).

Großer-Kaya, Carina: M.A., Studium der Arabistik, Islamwissenschaft und Politikwissenschaft, zur Zeit Promotion an der Universität Leipzig über die Bedeutung von Arbeit in den Biographien von Migrantinnen und Migranten aus der Türkei. Veröffentlichung: »Auf der Suche nach Sicherheit: Der Alltag kurdischer Frauen in Leipzig« (in: *Gender in Kurdistan und der Diaspora. Beiträge zur Kurdologie*, Band 6, Münster 2004).

Heid, Michaela: M.A., Dipl.-Ing., Lehrbeauftragte an der Pädagogischen Hochschule Zürich und Doktorandin am Institut für Populäre Kulturen der Universität Zürich. Veröffentlichungen u.a.: »Lebenswelt Klassenzimmer. Überlegungen zur ethnografischen Methode im Forschungsfeld Schule« (in: *Tsantsa* 10/2005); »Marken, Mythen, Medien. Kulturwissenschaftliche Betrachtungen zum Schweizer Kreuz als Symbol« (in: *Weiss auf Rot. Das Schweizer Kreuz zwischen nationaler Identität und Corporate Identity*, 2004).

Herlyn, Gerrit: M.A., Forschungskolleg Kulturwissenschaftliche Technikforschung am Institut für Volkskunde der Universität Hamburg. Veröffentlichungen u.a.: »›Verführer‹ – ›Zeitverschlinger‹ – ›Gegenspieler‹. Rhetorische Figuren der (Computer-) Technikdeutung« (in: *Leben – Erzählen. Beiträge zur Erzähl- und Biographieforschung. Festschrift für Albrecht Lehmann*, Berlin 2005); zusammen mit Thomas Overdick (Hg.), *Kassettengeschichten. Von Menschen und ihren Mixtapes*, Münster u.a. 2003.

Hofmann, Michael: PD Dr., Privatdozent für Soziologie an der TU Dresden. Forschungsfelder: Transformations- und Milieuforschung, Alltagsgeschichte und Genderforschung. Seit 2001 wissenschaftlicher Geschäftsführer am Sonderforschungsbereich 580 »Gesellschaftliche Entwicklungen nach dem Systemumbruch« an den Universitäten Jena und Halle. Veröffentlichungen u.a.: zusammen mit Heinrich Best (Hg.), »Manager und Unternehmer im DDR Sozialismus« (in: *Historical Social Research*, Jg. 30 (2005), H. 112); zusammen mit Dieter Rink, »Vom Arbeiterstaat zur de-klassierten Gesellschaft? Ostdeutsche Arbeitermilieus zwischen Auflösung und Aufmüpfigkeit« (in: *Soziale Milieus und Wandel der Sozialstruktur*, Wiesbaden 2006); »Herr Vogel studierte auf Kosten der Arbeiterklasse. Sozialistische Bildungsaufsteiger und ihr Verhältnis zur Arbeiterschaft« (in: *Volksfreunde. Historische Varianten sozialen Engagements*, Tübingen 2007).

Huber, Birgit: Dr. des., Research Fellow (Post-Doc) am Max-Planck-Institut für ethnologische Forschung/Social Anthropology in Halle. Veröffentlichungen u.a.: zusammen mit Gunther Hirschfelder (Hg.), *Die Virtualisierung der Arbeit. Zur Ethnographie neuer Arbeits- und Organisationsformen*, Frankfurt a.M. u.a. 2004; »›Open-source‹-Software und ›kulturelles Erbe‹ indigener Bevölkerung zwischen Markt und alternativer Rationalität – Von der Anthropologie des Rechts zu einer Anthropologie als Basis des Rechts« (in: *Recht und Religion im Alltagsleben. Perspektiven der Kulturforschung*, Passau 2005); »Entgrenzung von Arbeit und Leben im Postfordismus und (Post-)Sozialismus. Subjektivierung als Ansatz für vergleichende Forschung« (in: Arbeitswelt – Lebenswelt. Facetten einer spannungsreichen Beziehung im östlichen Europa, 2006).

Koffer, Blanka: M.A., Doktorandin am Institut für Geschichtswissenschaften der Humboldt-Universität Berlin. Veröffentlichungen u.a.: »Mütter in Europa. Heute und vor 25 Jahren« (in: bob 3, 2006); »Living in Potsdamer Platz. Das Leben in einer Hochglanzbroschüre« (in: *Berliner Blätter* 32, 2004).

Pietsch, Kerstin: M.A. am Institut für Europäische Ethnologie der Humboldt Universität Berlin, Abschlussarbeit zum Thema Sabbatical, aktuell: Projektleitung im Bildungssektor (Umsetzung arbeitsmarktpolitischer Instrumente).

Reiners, Diana: Mag. phil., DOC-Team-Stipendiatin der Österreichischen Akademie der Wissenschaften am Institut für Volkskunde und Kulturanthropologie der Universität Graz. Veröffentlichungen u.a.: »Wenn Individualität zur Norm wird« (in: *Kuckuck* 17, 2002); »Geduldete Fremde« (in: *Das ganz alltägliche Elend. Begegnungen im Schatten des Neoliberalismus*, 2003) zusammen mit Gerlinde Malli und Gilles Reckinger, *Bürgerschreck Punk. Lebenswelten einer unerwünschten Randgruppe*, Wien 2006.

Schönberger, Klaus: Dr. rer. soc., Wissenschaftlicher Koordinator des Forschungskollegs Kulturwissenschaftliche Technikforschung am Institut für Volkskunde der Universität Hamburg, Mitherausgeber der Webzeitschrift *kommunikation@gesell-schaft – Journal für alte und neue Medien aus soziologischer, kulturanthropologischer und kommunikationswissenschaftlicher Perspektive* (http://www.kommunikation-gesellschaft.de). Forschungsschwerpunkte: Subjektivierung und Informatisierung von Arbeit sowie Neue Medien und sozio-kultureller Wandel.

Seifert, Manfred: PD Dr. phil., Bereichsleiter Volkskunde am Institut für Sächsische Geschichte und Volkskunde e.V./Dresden, Privatdozent für Europäische Ethnologie/Volkskunde an der Universität Passau. Veröffentlichungen u.a.: zusammen mit Peter Schimany (Hg.), *Globale Gesellschaft? Perspektiven der Kultur- und Sozialwissenschaften*, Frankfurt a.M. u.a. 1997; »Das Dilemma der Interpretation. Über moderne Wohnwelten und ihre kulturwissenschaftliche Erforschung« (in: *Komplexe Welt. Kulturelle Ordnungssysteme als Orientierung*, Münster u.a. 2003); »Arbeitswelten im Wandel. Zur Ethnographie der Arbeitsbedingungen und Arbeitsauffassungen« (in: *Rheinisch-westfälische Zeitschrift für Volkskunde* 49, 2004).

Witte, Albrecht: M.A. Kunstgeschichte, Dipl.-Kfm. (FH), Kulturwissenschaftler, Steuerberater. Veröffentlichungen u.a.: »Grundfarben und Grundformen in der Werbung. Von Mondrian zur Deutschen Bank« (in: *Symbole. Zur Bedeutung der Zeichen in der Kultur*, 1997); »Verlierer, Idioten, Amokläufer. Annäherungen an das Dokumentarische in Spielfilmen« (in: *Kulturwissenschaft, Film und Öffentlichkeit*, 2001).